W0063376

Der Dandy

Melanie Grundmann (Hg.)

DER DANDY

Wie er wurde, was er war
Eine Anthologie

Mit einem Vorwort
von Günter Erbe

2007

BÖHLAU VERLAG KÖLN WEIMAR WIEN

Bibliografische Information der Deutschen Nationalbibliothek:
Die Deutsche Nationalbibliothek verzeichnet diese Publikation in der
Deutschen Nationalbibliografie; detaillierte bibliografische Daten sind
im Internet über http://dnb.ddb.de abrufbar.

Umschlaggestaltung:
Kerstin Koller, Kall, unter Verwendung der Abbildungen von
Benjamin Disraeli, Lord Alvanley, Count d'Orsay und Edward Hughes
des englischen Malers Christopher Clark.

© 2007 by Böhlau Verlag GmbH & Cie, Köln Weimar Wien
Ursulaplatz 1, D-50668 Köln, www.boehlau.de

Alle Rechte vorbehalten.
Dieses Werk ist urheberrechtlich geschützt. Jede Verwertung außerhalb
der engen Grenzen des Urheberrechtsgesetzes ist unzulässig.

Druck und Bindung: Freiburger Graphische Betriebe
Gedruckt auf chlor- und säurefreiem Papier
Printed in Germany

ISBN 978-3-412-20022-0

INHALT

VORWORT

Der Dandy ist unsterblich wie die Laune, lautet ein Wort des französischen Schriftstellers Jules Barbey d'Aurevilly, eines ausgewiesenen Kenners dieser seltenen Menschengattung. Als Zwitter der Geschichte hat er ihn bezeichnet: Kavalier alter Schule und Nonkonformist, eine janusköpfige Gestalt, wie sie nur eine Zeit des gesellschaftlichen Umbruchs hervorbringen kann. Auch im Sexuellen tritt das Zwitterhafte in den Vordergrund. Schon sein Prototyp – der Engländer George Brummell – entzieht sich in dieser Hinsicht eindeutiger Zuordnung. Die Leidenschaften des Dandys sind erloschen oder lodern nur untergründig. Sie sind aufgehoben in der perfekten Selbstbeherrschung und einem raffiniert betriebenen Selbstkult, der im Äußeren, in der Kunst der Kleidung, sein Zentrum findet.

Dandys hat es schon in früheren Geschichtsepochen gegeben, noch bevor der Begriff überhaupt existierte. Doch erst zu Beginn des 19. Jahrhunderts kam eine bestimmte Spielart des extravaganten Mannes und mit ihr der Ausdruck »Dandy« in Mode. Die Frivolität des Daseins, die Freude an der zur Schau gestellten Eitelkeit, brachte in der »Unschuldsepoche der englischen Modeherrschaft« (Pückler-Muskau) einen elitären Typus hervor, in dem sich Exklusivitätsdenken, äußerste Verfeinerung der Lebensart mit Witz und spielerischer Eleganz paarten. In dieser Zeit, als der bürgerliche Lebensernst noch nicht von jedermann Besitz ergriffen und das »Kalifat der Kontore« (Huysmans) seine Macht noch nicht endgültig gefestigt hatte, nahm der Gentleman und aristokratische Grandseigneur die Gestalt des Dandys an.

Später, in der Phase der »décadence«, zog sich der Dandy angeekelt ins innere Exil zurück. Villiers de l'Isle-Adam lässt den Helden seines dramatischen Gedichts »Axel« sagen: »Wenn wir leben wollten, so würden wir uns dadurch einer Entweihung unserer selbst schuldig machen. Leben? Unsere Diener besorgen das für uns.« Der Dandy des Fin de siècle ist nur noch ein Zaungast des Lebens, exemplarisch verkörpert in der Gestalt des Lord Henry Wotton in Oscar Wildes »Das Bildnis des Dorian Gray«. Lord Henry ist ein Mann der Paradoxe, der Nonchalance und der Melancholie, eine kristalline Figur, kalt wie

Marmor, ein künstliches Wesen, dessen Gefühle abgestorben zu sein scheinen.

Wie die vorliegende Sammlung rarer, bisher schwer zugänglicher Texte zeigt, hat der Dandy kein einheitliches Gesicht. Seine sublime Verkörperung durch Brummell ist die Ausnahme. Er erlebte seine Kanonisierung durch geistreiche Deuter und Apologeten. Ein Fall für Theoretiker. Weit häufiger ist das Wort gebräuchlich zur Kennzeichnung exzentrischer Müßiggänger, oftmals synonym mit anderen Modeausdrücken wie Lion oder Fashionable. Die Geschichte des Dandys in seiner Blütezeit, dem 19. Jahrhundert, belegt, dass es einen festen Kern mit zahlreichen Ablagerungen gibt. Einen Idealtypus herauszuschälen verlangt, die ganze Breite des Phänomens zur Kenntnis zu nehmen. Dazu ist in diesem Band Gelegenheit gegeben.

Ist der Dandy ein Kleiderkünstler oder ist das Dandytum vor allem eine Geisteshaltung? Die Überbetonung der äußeren Erscheinung wie die einseitige Hervorhebung des geistigen Habitus verfehlen das Charakteristische des Dandys. Er muss die Balance, den archimedischen Punkt, finden. Die unauffällige Eleganz, die der Dandy anstrebt, erfordert Urteilsvermögen und Geschmack. Der Geist des Dandys lotet nicht tief. Er zeigt sich an der Oberfläche. »Seine Weste ist eine Anekdote, seine Lackschuhe sind ein Epigramm«, schreibt Marcel Boulenger über den englischen Ur-Dandy.

Unter demokratischen Bedingungen erscheint ein solches Wesen wie ein kostbares Museumsstück. Das macht den Dandy umso irritierender in einer unästhetischen Gegenwart, in der sich die Anmut fälschen muss, »um in einer Gesellschaft voller Falschheit bemerkt zu werden« (Barbey d'Aurevilly). Für die Fälscher unter uns, und nicht nur für sie, bietet die Anthologie Erhellendes und Anregendes aus der Geschichte dieser merkwürdigen Gattung.

Günter Erbe
Berlin, im Juli 2007

EINLEITUNG

Was ist ein Dandy? Nur ein »clothes-wearing man«,[1] wie Thomas
Carlyle spöttisch schrieb? Sicher nicht. Noch immer ist der Dandy,
trotz einer etablierten Dandy-Forschung, schwer zu greifen. Was daran liegt, dass der Dandy zuallererst ein Ideal ist. Er ist die fleischge-
wordene Utopie. Der Dandy will absolute Unabhängigkeit und die
Verwirklichung seiner Individualität und Originalität. Das lässt sich
jedoch in keiner Gesellschaftsform durchsetzen, schon gar nicht in der
bürgerlichen Gesellschaft, an deren Beginn der Dandy auftaucht. Die
Folge: Der Dandy steht im Kampf mit der Gesellschaft.

Das Phänomen des Dandysmus reicht weit zurück. Der Dandy trat
als egozentrische und selbstverliebte Gestalt in Form des Narziss
bereits in der griechischen Mythologie in Erscheinung. Der athe-
nische Staatsmann Alkibiades vereinte den Willen zur Macht mit
Extravaganz. Aristophanes bemerkte: »Das Volk haßt ihn, sehnt sich
nach ihm und kann ohne ihn nicht leben.«[2] Auch der exzentrische
römische Politiker Petronius, einer der »gefeiertsten Dandies«[3] Roms,
frönte dem Müßiggang und galt, wie später auch George Brummell,
als *arbiter elegantiae*, als Schiedsrichter des feinen Geschmacks. Der
Renaissance-Schriftsteller Baldassare Castiglione beschreibt im *Libro
del Cortegiano* die Verhaltensweisen der höfischen Schicht, die später
die Gentleman-Qualitäten des Dandys begründen: die scheinbare
Mühelosigkeit der Arbeit, Humor und Schlagfertigkeit, Eleganz und
ein urbaner Lebensstil sowie eine umfassende Bildung in den schönen
Künsten.[4] Ab dem 17. Jahrhundert bleibt es nicht mehr bei singulären
Erscheinungen. Unter der Regierung Philippes II. von Orléans treten
die *roués* auf. Der Begriff leitet sich vom
lateinischen *rota* (rotieren) ab. Das Wort
rouer bezeichnete seit dem Mittelalter das
Foltermittel des Räderns. Philippe II. von
Orléans wählte diese Bezeichnung angeblich auf Grund des zügellosen und verdorbenen Verhaltens der Mitglieder seines *set*,
die – sich selbst eingeschlossen – nichts
Besseres verdienen würden als das Los der
Folter, oder da sie sich nach ihren Ausschweifungen so fühlten, als hätte sie dieses

1 Thomas Carlyle: *Sartor Resar-
   tus. The Life and Opinions of Herr
   Teufelsdrökh.* Berkeley: University of California Press, 2000: 200.
2 Hans Joachim Schickedanz
   (Hg.): *Der Dandy. Texte und Bilder aus dem 19. Jahrhundert.*
   Harenberg: Harenberg, 1980: 9.
3 Ebd.: 9.
4 Vgl. dazu R. Payne: *Hubris. A
   Study of Pride.* New York: Harp-
   ter Torchbook, 1960: 259.

Los erwischt.[5] Die Heuchelei des Adels, wie sie noch unter Ludwig XIV. herrschte, schaffte Philippe II. von Orléans zugunsten einer offenen Zurschaustellung seiner Ausschweifungen ab. Als Freidenker stellte er die Zensur ein und förderte die Künste.[6] Die *roués* bringen die Sinnenfreude des Dandysmus zum Ausdruck – Anlehnung an die antike Kultur und Ursache des Vorwurfs der Unmoral -, aber auch die Freizügigkeit der Gedanken und die Verachtung der Heuchelei.

Auch in England gab es entsprechende Charaktere. Dort fällt das Phänomen unter den Namen *rake*. Nennenswert ist die sogenannte *Merry Gang*[7] unter John Wilmoth 2nd Earl of Rochester, dem das vermeintlich erste schriftlich fixierte pornographische Werk *Sodom, or the Quintessence of Debauchery* zugeschrieben wird.[8] Zu den *rakes* der *Merry Gang* zählen Henry Jermin 1st Earl of St. Albans, Charles Sackville Earl of Dorset, John Sheffield 1st Duke of Buckingham and Normanby, Henry Killigrew, Sir Charles Sedley, William Wycherley, George Etherege sowie George Villiers 2nd Duke of Buckingham, der auch als *Alcibiades of the 17th Century* verehrt wurde.[9]

1793 bis 1795 folgen in Frankreich die *muscadins*. Dieser Begriff diente der Beschreibung affektierter eleganter junger Männer, die sich am englischen Modell orientierten. Sie entstammten meist der Mittelklasse und traten mit rauher Stimme, obszöner Sprache, unhöflichen Manieren und einem Knüppel, dem sogenannten *pouvoir exécutif,* auf die Straße – eine Art Bürgerschreck.[10] Die *muscadins* hatten auch politisches Gewicht, sie standen in Opposition zu den revolutionären, bewaffneten Volksbewegung, den *sans-culottes,* die ihnen ihren Namen gab.[11] Ihre Kleidung war in

5 Vgl. Domna C. Stanton: *The Aristocrat as Art: A Study of the Honnete Homme and the Dandy in Seventeenth- and Nineteenth-Century French Literature*, New York: Columbia University Press, 1980: 55.
6 Vgl. Arnold Hauser: *Sozialgeschichte der Kunst und Literatur.* Frankfurt am Main: Büchergilde Gutenberg, 1970: 516f. Zum Leben Philippes von Orléans vgl. auch: Duc de Saint-Simon: *Mémoires complets et authentiques du duc de Saint-Simon sur le siècle de Louis XIV et la Régence.* Paris: Hachette, 1858-1878. 20 Vol.
7 Vgl. V. d. Sola Pinto: *Enthusiast in Wit: A Portrait of John Wilmot, Earl of Rochester 1647–1680,* Lincoln: University of Nebraska Press, 1962: 34.
8 Nach Wunnicke wurde eine verrufene Gegend an der Themse Sodom genannt (vgl. Christine Wunnicke: *John Wilmot, Earl of Rochester. Der beschädigte Wüstling. Satiren, Lieder und Briefe.* Hamburg: Männerschwarm-Skript, 2005: 59). Das Werk bezieht sich vermutlich unmittelbar darauf.
9 Vgl. Grace & Philip Wharton: *The Wits and Beaux of Society. Vol. 1.* New York: Worthington Co., 1890: 6.
10 Nach Roessler erniedrigten, schlugen und peitschten die *muscadins* Frauen sowie ehemalige Terroristen des Jakobiner-Regimes, die ihnen auf den Straßen und im Theater begegneten, vgl.

erster Linie ein Mittel des Protests gegen das repressive Regime und für mehr Freiheit. Die *muscadins* entstammten größtenteils Familien, die unter dem Terror gelitten hatten.[12] Sie trugen bereits steife, hochgeschlossene Kragen, eine Mode, die die *incroyables* des Direktoriums auf die Spitze treiben sollten.[13] Diese zeichneten sich, wie der Name ahnen lässt, durch recht exzentrische Kleidung und ein ebensolches Gebaren aus. Auch die *incroyables* zeigten sich anglophil und wurden von ihren weiblichen Konterparts, den *merveilleuses* begleitet, die sich im neoklassischen Stil kleideten. Die nachfolgende *jeunesse dorée* steigerte ihre Exzentrizität noch durch einen eigenen Sprachstil, in welchem die Konsonanten unausgesprochen blieben.[14]

In England gab es noch die *macaronies*, die um 1770 italienische Verhaltensweisen nach England brachten und einen eigenen Klub, den *macaroni club*, gründeten, zu dem nur Zutritt fand, wer Italien bereist hatte.[15] Nach und nach wurde der Begriff auf alle jungen Männer übertragen, die sich extravagant kleideten und benahmen. Ihre Kleidung war von femininen Elementen durchsetzt; das betraf Stoffe ebenso wie Accessoires. Lächerliche Frivolitäten wurden offen zur Schau getragen. Dazu zählten übergroße Kragen, winzige Hüte auf aufgetürmten Haaren, bunte Federn, diverse Formen von Röcken und Hosen, Korsetts, etc. Im 19. Jahrhundert lässt sich das Phänomen des Dandys dann in verschiedensten Ausformungen beobachten. Die *swells* waren gut gekleidete Gauner um 1810, die ihre unmoralischen Intentionen hinter einer schimmernden Fassade versteckten. In den 1820ern zeigten sich die *unmentionables* auch bekannt als *corinthians* oder *exquisites*, die sich in stark verzierter Kleidung und grellen, vollen Farben auf der Bond Street in London bewegten. In der Bond Street mischte sich damals die *beau monde* mit der *demi monde*. In der *demi monde* flanierte

S. E. Roessler: *Out of the Shadows: Women and Politics in the French Revolution, 1789-95.* New York: Lang, 1998: 166 sowie Barry Rothaus/Samuel F. Scott: *Historical Dictionary of the French Revolution 1789-1799, Vol. 2.* Westport: Greenwood, 1985: 693 f.

11 Vgl. G. Rudé: *The Crowd in the French Revolution.* London: Oxford University Press, 1967: 256. Der Name *muscadin* ist vermutlich auf deren Vorliebe für Moschus-Parfüm (frz. *musc*) zurückzuführen, vgl. Rothaus/Scott: a.a.O.: 693.

12 Vgl. F. W. J. Hemmings: *Culture and Society in France, 1789-1848.* New York: Lang, 1987: 69.

13 Nach Rothaus/Scott ein Zeichen der Trauer um den geköpften König (vgl. a.a.O.), vielleicht aber auch ein Zeichen der Opposition gegen die Gewalt des Jakobinertums.

14 Vgl. A. Cobban: *A History of Modern France, Vol. 1.* Baltimore: Penguin, 1961: 244.

15 Vgl. dazu Claude Jarrold: *The Beaux and the Dandies. Nash, Brummell and d'Orsay with their courts.* London: Paul, 1910: 175f.

einerseits der *blood*, eine Art aristokratischer Draufgänger, der die Milieus unterhalb seiner Schicht erforschte, andererseits aber auch der *coxcomb, fribble* oder *fop*, ein eitler und affektierter Geck. Weitere französische Synonyme dieser Erscheinungen sind der *cocodé*, der *gandin*, der *fat*, der *petit maître*, der *merveilleux*, der *fashionable* und schließlich der *lion*, der Salonlöwe.[16] Die Affektiertheit der Mode, die dem Dandy fälschlicherweise allzu häufig als einziges Merkmal unterstellt wird, rührt aus dieser Tradition. Alle diese Erscheinungen entwickelten sich nicht sukzessive sondern traten häufig parallel zueinander auf. Von *lions* und *incroyables* wird beispielsweise noch in den 1840ern in Frankreich gesprochen. Hinzu kamen neue Bezeichnungen wie der *gent*. Diese geckenhaften Vor- und Mitläufer prägten ein grundlegendes Element des Dandysmus: die Eitelkeit, die wichtige Rolle der äußeren Erscheinung, das gewollte Anderssein, das Erreichen eines wirkungsvollen Effektes.

Der *beau* ist der direkte Vorläufer des Dandys. Er mischt sich mit dem Gentleman-Ideal, wie sich an den englischen Vertretern sehen lässt: Richard Beau Nash spielte eine entscheidende Rolle bei der Gründung des Erholungsortes Bath. Er führte einen neuen, eleganten Kleidungsstil ein und erhob eine strenge Etikette zum gesellschaftlichen Umgang. Bath war nicht nur ein Badeort, sondern dem speziellen Laster Nashs entsprechend, ein Tempel des Glücksspiels, bis dieses 1745 verboten wurde. Wie später Brummell war auch Nash ein sozialer Aufsteiger bürgerlicher Herkunft. Beiden gelang es aufgrund einer extremen Selbststilisierung eine gesellschaftliche Machtposition zu erhalten. Im *set* des Prinzen von Wales, dem späteren Thronfolger, George IV. findet sich eine Unzahl solcher *beaux*: Lord Alvanley, Charles Howard 11th Duke of Norfolk, Lord Bedford, Beau Petersham, Sir Lumley Skeffington, ›Poodle‹ Byng, ›Golden Ball‹ Hughes, ›Old Q‹ Duke of Queensbury, Lord Barrymore, ›Long‹ Wellesley Pole und natürlich George Bryan Beau Brummell.[17]

16 Mehr zu den Vorläufern des Dandys findet sich bei Stanton in einem eigenen Kapitel, a.a.O., 13-62, bes. 54ff. Vgl. auch Yuko Nishikawa: *Balzac et le dandysme.* Kyoto: Midori no Yakata, 1977: 70ff zur Genese des Dandys in Frankreich sowie Ellen Moers: *The Dandy. From Brummell to Beerbohm.* New York: Viking, 1960.

17 Eine Reminiszenz dieser Dandies findet sich bei A. Lord Lamington: *In the Days of the Dandies,* London: Eveleigh Nash,1890. Lamington betont die geistige Überlegenheit dieser Herren, die sich hinter der Eitelkeit verbarg, vgl. 22f. Weitere Erinnerungen bei E. Beresford Chancellor: *Life in Regency and Early Victorian Times. Chapter II: The Reign of the Dandies.* London: Batsford, 1926: 24-38.

In letzterem findet sich das Urbild des Dandys. Am Anfang steht ein Paradox, ein wesentliches Merkmal des Dandys, denn eigentlich galt Brummell seinerzeit als *beau*. Doch Beau Brummell brachte etwas Neues mit: kühle Überlegenheit, absolute Sauberkeit, herablassende Kälte. Brummell kam von unten und schwang sich in der fashionablen Gesellschaft empor: Er wurde zum Herrscher der Mode – ihm verdankt die Welt den Stehkragen und mehrere Krawattenknoten. Seine Meinung war gesucht und gefürchtet. Er dominierte die Gesellschaft. Doch er wäre wohl in den Tiefen der Geschichte vergessen worden, hätte sich nicht Barbey d'Aurevilly seiner angenommen, um ein Buch zu schreiben, das die Dandy-Forschung begründen sollte. *Du Dandysme et de George Brummell* erschien 1844 und gab dem Begriff des Dandys, der bis dahin recht schwammig war und mal positiv, mal negativ bewertet wurde, erstmals feste Form.

Originalität, Individualität und Unabhängigkeit sind die Grundfeste, auf denen der Dandy fußt. Mut zum Neuen und zum Anderssein definieren seine Rolle in der Gesellschaft als Trendsetter und Neuerer. Mit Ironie, Witz und Satire getraut er sich, die gängigen Wertvorstellungen und Verhaltensregeln zu attackieren, die er durch sein abweichendes Verhalten auch real umgeht. Die Masse ist des Dandys Sache nicht: Er schafft sich seine eigene Elite. Der Begriff sagt es schon: Das Leben des Dandys ist teuer: Luxus, Hedonismus, ästhetische Sinnenfreude, überragende Aristokratie müssen in irgendeiner Form erkauft werden. Da nicht jeder Dandy über die notwendigen Mittel verfügte, rückte der Dandy oftmals in die Nähe des Verbrechens. Abgesehen von moralischen Verwerflichkeiten wie Scheinehen oder Ehebruch, gehören dazu das Anhäufen von Schulden (an erster Stelle die des Schneiders), aber auch Glücksspiel und Pferdewetten. Darauf folgt sehr schnell die Trinksucht zur Bewältigung dieser unglückseligen Lage.

Der Dandy ist ein Gegenentwurf zur entstehenden bürgerlichen Kultur. Dadurch gewinnt seine Rolle etwas Existenzialistisches. Er greift den aristokratischen Habitus der Lebemänner des 18. Jahrhunderts auf, distinguiert sich also durch Kleidung, Lebensstil, erlesenen Geschmack und Exzentrizität von der Masse. Dem oft maßlosen Leben seiner Vorgänger setzt er jedoch eine Beschränkung entgegen. Der Dandy unterliegt einer strengen Selbstkontrolle, er will absolute Unabhängigkeit, Individualität und Originalität. Um diese, der bürgerlichen Gesellschaft unliebsamen Werte, durchzusetzen ist ein beständiges Austarieren der gesellschaftlichen Regeln notwendig: Der Dandy ist immer wachsam, er weiß immer, wie weit er in seinem Sarkasmus, seiner Verachtung, seinem Hohn und Spott den Anderen gegenüber gehen kann. Er hält sich beständig im Randbereich des Erlaubten auf, denn ein Überschreiten der Grenze brächte den Ausschluss aus der Gesellschaft mit sich und genau das will der Dandy nicht. Dieser intellektuelle Dandysmus beginnt mit Brummell. Er lässt sich aber auch bei Stendhal beobachten, der zur gleichen Zeit in Frankreich lebte, und anschließend bei den französischen Romantikern um 1830, bei der Schlacht um *Hernani*, wo Théophile Gautier den Bürger mit seiner roten Weste erschreckte, in den Dandy-Gestalten der Romane und Erzählungen der Romantiker, schließlich die theoretische Konzeption bei Barbey d'Aurevilly und Baudelaire. Die perfektesten Dandys finden sich in der Literatur. Hier sind keine Grenzen gesetzt, wie sie die Dandys in der Realität erfahren mussten. Dass Brummell zum Dandy-Ideal avancierte, liegt sicherlich daran, dass er schwer zu fassen bleibt. Er war kein Schriftsteller, hat nichts hinterlassen, aus dem man seinen Geist und seine Einstellung der Gesellschaft gegenüber rekonstruieren könnte. Was bleibt sind einige wenige Anekdoten, die zur Legendenbildung ausreichten.

Konsultieren wir Barbey d'Aurevilly, um das System des Dandy-Ideals genauer zu verstehen. Er ist ein Gentleman, elegant aber nicht extravagant, scheinbar natürlich, intelligent und würdevoll, aber nicht affektiert. Brummells formvollendetes Auftreten basierte auf seinem Originalitätsstreben. Gerade in seiner akkuraten Geschlossenheit, seiner Unabhängigkeit und seiner Distanz unterschied er sich von den anderen. Der Bruch war jedoch nicht radikal. Auch Brummell zeigte sich hedonistisch, freundlich, unterhaltsam, arrogant und frivol. Nach seinem Bruch mit George IV. widmete er sich verstärkt dem Glücksspiel, Spielschulden waren die Folge. Hinzu kam eine kühne Unverschämtheit. Das ›Böse‹ Brummells lag nicht im Laster, denn dieses prägte die ganze *fashionable* Gesellschaft, sondern auf seiner Zunge. Er verletzte die Eitelkeit seiner Opfer durch Spott, Hohn, Satire und Sarkasmen. Sein Biograph Jesse schreibt, »his ambition was not only to shine in the fashionable world, but to be its dictator, and, to effect this object, he saw that [...] he must be feared.«[18] Brummells Aggression richtete sich also gegen die Ge-

18 C. Jesse: *The Life of George Brummell, Esq. commonly called Beau Brummell.* London: Swan Sonnenschein, 1893: 67.

sellschaft, in der er verkehrte. Hier zeigt sich der Wille zur Macht, der den Dandy entscheidend prägt. Die Rolle Brummells darf jedoch nicht überschätzt werden. Er war kein Held. Im Gegenteil, er war sehr taktvoll. Wie alle anderen, war auch er darauf bedacht, seine Position zu halten. Er wusste genau, wie weit er gehen durfte und konnte. Und so zügelt auch Barbey d'Aurevilly den Dandy, der mit der Regel tändle und sie dennoch respektiere.[19] Nichtsdestotrotz gewinnt der Dandy bei Barbey d'Aurevilly etwas Heroisches. Er zeichnet sich durch folgende Charakteristika aus: Ruhe, Gleichgültigkeit, also die stoische Gelassenheit des *nil admirari*, »majestätische Bosheit und [...] grausame[r] Egoismus«, Grazie, Kühnheit, Charisma, Extravaganz, Frivolität, Kälte, Affektiertheit, Unabhängigkeit sowie Spott und Ironie.[20] In seiner besonderen Exzentrizität verachte er alles Profane und Allgemeine.

Der Dandy provoziert, er will »immer das Unerwartete hervorbringen, das, was der an das Joch der Regeln gewöhnte Geist vernünftigerweise nicht erwarten kann. [...] Es ist eine ganz persönliche Auflehnung gegen die bestehende Ordnung, manchmal gegen die Natur; sie grenzt hart an die Verrücktheit.«[21]

Das radikale Anderssein des Dandys erscheint in einer auf Sicherheit bedachten Gesellschaft verdächtig. Wenn Barbey d'Aurevilly ihn als nahezu verrückt beschreibt, so weist das bereits auf die spätere Entartungs-Debatte hin.[22] Dort wird auch dem Dandy ein krankhafter, diagnostizierbarer Wahnsinn attestiert. Der Ausdruck der ›ganz persönlichen Auflehnung‹ deutet auf den überaus wichtigen Aspekt der Ich-Bezogenheit des Dandys. Der unabdingbare und wichtigste Wert ist ihm seine Individualität. Damit ist er letztlich zum Scheitern verurteilt, denn

19 Jules Amédée Barbey d'Aurevilly: *Vom Dandytum und von George Brummell*. Nördlingen: Greno, 1987: 50.
20 Vgl. ebd. 49.
21 Ebd. 50.
22 Vgl. Max Nordau: *Entartung. Erster und Zweiter Band*. Berlin: Duncker, 1892/93, worin der Autor Entartete durch Verblüffungssucht, Exzentrizität und Sucht nach Neuem charakterisiert (vgl. Band 1: 18f), ihnen einen Mangel an Sittlichkeit, Anstand und Schamhaftigkeit attestiert, der dazu führe, dass zwischen Gut und Böse nicht mehr unterschieden werden könne (vgl. ebd.: 30f). Die Ichsucht des Entarteten verhindere jede Rücksichtnahme auf seine Mitmenschen und die Gesellschaft, was angesichts seiner krankhaften Neigungen besonders gefährlich erscheine (vgl. Band 2: 29f). Schließlich spricht Nordau von ihrem gesellschaftsfeindlichem, antisozialen Wesen, einer permanenten Empörung gegen alles Bestehende, umstürzlerische Akzente und Hass auf die Menschheit (vgl. ebd. 2: 33f). Diese Charakterzüge sind Zeichen von Individualität. Nordaus Buch zeigt, wie unerwünscht Individuen in den jungen Demokratien waren, da sie die Unkontrollierbarkeit der Masse und den Kontrollverlust der staatlichen und moralischen Autoritäten erkennbar werden ließen.

er kämpft gegen eine Masse – die öffentliche Meinung –, gegen die nicht anzukommen ist. Barbey erkennt dieses Aufbegehren gegen die Gesellschaft, macht aber auch die Einschränkung, dieser doch nicht entkommen zu können:

> »Der Dandysmus tändelt mit der Regel und respektiert sie dennoch. Er leidet unter ihr und rächt sich an ihr, während er sich ihr fügt; er beruft sich auf sie, während er ihr entschlüpft; er beherrscht sie und läßt sich von ihr beherrschen.«[23]

Der Dandy stellt

> »kraft höchstpersönlicher Autorität eine Regel über der auf, die die aristokratischen, die Zirkel regiert, die am engsten mit der Tradition verknüpft sind, und es war der Scherz, der als Scheidewasser, war die Grazie, die als lösendes Mittel wirkt, mit deren Hilfe es ihnen gelang, diese bewegliche Regel zur Geltung zu bringen, eine Regel, die nicht zuletzt nichts ist als die Kühnheit, sich durchzusetzen.«[24]

Die beharrliche Anti-Haltung des Dandys mag zu Beginn der dandystischen Bewegung noch erstaunen und ihre provozierende Wirkung erreichen, doch im Prozess des gesellschaftlichen Wandels wird auch diese zu einem integrierbaren Element im Sozialgefüge. Die sich durch Opposition ausdrückende Individualität des Dandys führte auf diese Art und Weise zur Ausgestaltung der ersten Subkultur der Moderne. Der Dandysmus war eine der erstes spezifischen Lebensformen abseits des Mainstream. Sie war bewusst inszeniert und im Widerstand zur Gesellschaft bewahrt. Der Untergang kam, sobald die Gesellschaft akzeptierte, dass verschiedene Lebensstile und –formen zwangsläufig entstehen und nicht zu verhindern sind. Der Kampf des Dandys um Individualität musste nicht mehr geführt werden, nachdem Selbstverwirklichung möglich war. Dass der Dandy diesen Kampf gegen die Gesellschaft überhaupt führen konnte, liegt an seiner Position als Ausnahmemensch. Er ist nach Barbey ein höherer Mensch, ein Freigeist[25] und das Dandytum somit eine Elite.

Baudelaire fügt 1863 hinzu:

> »Ob diese Menschen sich *Raffinés, Incroyables, Beaux*, ›Löwen‹ oder ›Dandys‹ nennen: der Ursprung ist bei ihnen allen der gleiche; allen ist derselbe oppositionelle und revolutionäre Charakter gemeinsam; alle sind sie Repräsentanten dessen, was das beste am menschlichen Stolz und

23 Barbey: a.a.O.
24 Ebd. 59f.
25 Vgl. ebd. 58f.

Hochmut ist: jenes heutzutage nur allzu selten Bedürfnisses, die Trivialität zu bekämpfen und zu zerstören.«[26]

Baudelaire greift die Revolte des Dandys erneut auf. Er charakterisiert den Dandy als Übergangsfigur zwischen Aristokratie und bürgerlicher Gesellschaft, einer geschlossenen zu einer offenen Gesellschaft. Der blasierte Müßiggang des Gecken gehört noch immer zum Dandysmus. Doch er paart sich mit einem heroischen, oppositionellen und revolutionären Charakter. Der Dandy stellt sich gegen das Nützlichkeitsprinzip, außerhalb der Gesetze und des Alltäglichen sowie an den äußersten Rand des Schicklichen. Er legt großen Wert auf Distinktion, will sich unbedingt von den Anderen unterscheiden und abgrenzen. Seine Geckenhaftigkeit ist dementsprechend nicht oberflächlich, sondern wirkt erhaben. Auch der Baudelairsche Dandy ist elegant, kühl und unabhängig.

Woher kommt der Begriff des Dandys überhaupt? Das Wort existiert seit ca. 1710, doch erst mit Barbey d'Aurevilly gewinnt es eine philosophische und soziologische Bedeutung, mit der sich eine bestimmte Kategorie von Männern, mitunter auch Frauen, definieren lässt.[27] Die genaue Herkunft ist unklar. Seit ca. 1780 kennt man das Wort an der schottischen Grenze als Koseform von Andrew. Dort wird auch der Ursprung dieses Liedes angesiedelt, einem der frühesten Dokumente für das Wort ›Dandy‹:

»I've heard my granny crack
O' sixty twa years back
When there were sic a stock of Dandies O;
Oh they gaed to Kirk and Fair,
Wi' their ribbons round their hair,
And their stumpie drugget coats, quite the Dandy O.«[28]

In Irland galt »Jack-a-dandy« wiederum als Synonym für den Günstling einer Frau, wie in dem folgenden Reim:

»Smart she is, and handy, O!
Sweet as sugar-candy, O! ...
And I'm her Jack-a-dandy, O!«[29]

Eine andere Herleitung ist die aus dem Lied »Yankee Doodle«, welches die englischen Sol-

26 Charles Baudelaire: »Der Dandy.« In: Ders.: *Ästhetik der Malerei und der bildenden Kunst*. Minden: Bruns, 1906: 302.

27 Weibliche Dandies nannten sich Dandizettes, vgl. The Times: *To the Editor*. 07. Februar 1823: 3, Column E.

28 Zitiert nach dem Online Etymological Dictionary, vgl. Wendy C. Nielsen: *Wilde*. http://www.chss.montclair.edu/~nielsenw/wilde.html (24. Oktober 2006).

29 Bartleby: *Brewer, E. Cobham. Dictionary of Phrase & Fable. Jack-a-Dandy.* 1898. http://www.bartleby.com/81/9053.html (23. Juni 2007).

daten im amerikanischen Unabhängigkeitskrieg ansichtlich ihrer amerikanischen Gegner sangen:

»Yankee Doodle came to town
Riding on a pony
He stuck a feather in his hat
And called it macaroni.
Yankee Doodle, keep it up,
Yankee Doodle Dandy
Mind the music and the step,
And with the girls be handy.«[30]

Die Engländer machten sich damit über jene Amerikaner lustig, die dachten, eine Blume im Hut würde sie zu einem fashionablen *macaroni* machen. Das Wort ›Dandy‹ geht anderen Quellen zufolge auf eine kleine Silbermünze, das sogenannte *dandy pratt*, hergestellt unter Henry dem VII., zurück.[31] Sie war recht wertlos und wurde dementsprechend auf unnütze Personen der Gesellschaft, wie es die Regency-Dandys in ihrem übertriebenen Müßiggang waren, übertragen. Andere Berichte gehen vom schottischen Verb *dandil*, soviel wie ›herumstolzieren‹ sowie vom französischen Verb *dandiner* aus, eine bestimmte, stilisierte Art des Gehens.[32] Auch dies ist glaubwürdig, berücksichtigt man Honoré de Balzacs *Theorie des Gehens* (1833). Andere führen es auf Molières *Georges Dandin* (1792) zurück.[33]

Trotz der verschiedenen etymologischen Theorien gibt es ein gemeinsames semantisches Feld. Die Assoziationen einer wertlosen Münze, des oberflächlichen Yankees und des affektierten Umherstolzierens führen zurück zum geckenhaften Dandy, wie er in England und Frankreich vor Brummell existierte. Noch bis in die 1830er war der Begriff ›Dandy‹ überwiegend negativ besetzt.[34] Der Dandy galt als oberflächlich, eitel, übertrieben und *fake*. Er war eindeutig mehr Schein als Sein. Diese Definition setzt den Dandy jedoch nicht von seinen Vorläufern ab, so dass es angebracht erscheint, in den Auseinandersetzungen der Dandy-Intelligentsia nach einer Definition zu suchen. Es ist zu vermuten, dass Brummell aufgrund seiner herausragenden Position als

30 Bartleby: *The New Dictionary of Cultural Literacy, Third Edition.* 2002. Yankee Doodle. http://www.bartleby.com/59/8/yankeedoodle.html (23. Juni 2007).

31 Vgl. The Times: *Origin of the Word »Dandy«.* 15. April 1819: 3, Column E.

32 Vgl. The Times: *To the Editor.* 01. Februar 1823: 3, Column G.

33 Ebd.

34 Noch Jesse weigert sich, Brummell als Dandy zu bezeichnen, da ihm ein solch ordinäres Wort nicht gerecht würde, vgl. a.a.O.: 39.

Ur-Dandy eine Übergangsfigur vom *beau* zum Dandy des intellektuellen Typs darstellt. Brummell wurde zur Zeit seines gesellschaftlichen Wirkens noch als *beau* bezeichnet. Der Begriff ›Dandy‹ wurde ihm erst später zugeordnet, vermutlich um seine Andersartigkeit den ihn umgebenden *beaux* gegenüber herauszustreichen. Es erscheint eigenartig, dass dafür der negativ belegte Begriff des Dandys genommen wurde. Es ist anzunehmen, dass die Ordnungshüter der viktorianischen Moral ihn zuerst als Dandy bezeichneten. Brummell war schließlich nicht nur der berühmteste aller Dandys, sondern auch der bei weitem einflussreichste. Es brauchte erst den kulturellen Austausch mit Frankreich, um den Begriff Dandy positiv zu besetzen.

Der Dandy ist ein überlegener Geist, ein Genie, unerwünscht in einer Gesellschaft, in der die Masse beherrschbar sein soll. Originalität war in der Tat, es mag heute überraschen, zu Anfang des 19. Jahrhunderts ein negativ konnotierter Begriff. Laut Théophile Gautier

>»vermeidet man das Individuum so gewissenhaft wie die Pest oder die Cholera
> morbus. Schon dieses Wort, ›es ist ein Original‹, kommt einem Unbehagen gleich
> und errichtet wie ein cordon sanitaire zwischen Ihnen und diesen Dreux-Brezé
> der bürgerlichen Etikette, die sich, eingemauert in Konventionen, hinter dem
> Gewöhnlichen verbarrikadieren und deren große Maxime, deren sakramentales
> Apophthegma, lautet: Man muss so sein wie alle Welt.«[35]

Und so mag es nicht erstaunen, dass sich die Debatte einer sittlichen Entartung an den Dandy-Schriftstellern entzündet, an den Jungen Wilden, den Romantikern, die die Laster der Gesellschaft wahrheitsgetreu wiederzugeben wagten. Ihre Losung lautete:

>»Alle Kapricen der Gedanken, auch wenn sie den Geschmack, die Schicklichkeit,
> die Gesetze verletzen, frei entwickeln […] das vulgäre Profane […] hassen und
> weitgehend zurückweisen […] die Kunst als zweiten Schöpfer heiligen und ver-
> göttern.«[36]

Seit 1815 setzte sich der Dandy im Zuge einer um sich greifenden Anglomanie in Frankreich durch. Maßgebliche Einflüsse waren Brummell, Byron und die *fashionable novels*. Die drei wichtigsten dieser Romane waren Listers *Granby* (1826), Benjamin Disraelis *Vivian Grey* (1826) sowie Edward Bulwer Lyttons *Pelham* (1828). Die französischen Romantiker greifen diesen Typus

35 Théophile Gautier »De l'originalité en France«. In: Ders.: *Fusains et Eaux-Fortes*. Paris: Charpentier, 1880: 9-16. Erstmalig erschienen am 14. Juni 1832 in der Zeitschrift *Le cabinet de lecture*.

36 Oskar Sahlberg: *Auf der Suche nach dem Anderswo. Band 1*. Berlin: Freitag, 1983: 27.

auf. Doch ist die gesellschaftliche Situation in Frankreich eine andere. Die romantischen Künstler sind nur selten Teil der fashionablen Gesellschaft. Meist entstammen sie dem Bürgertum. Der soziale Dandysmus wird zum intellektuellen Dandysmus. Diese Künstler, die als Bohème oder Jeunes-France bekannt sind, nutzen den Dandysmus zur Abgrenzung gegen die Dummheit der Masse und die Ignoranz der Etablierten. Balzac schildert die Situation dieser Jugend sehr anschaulich:

>»In der Boheme findet man die nutzlos verwelkende Blüte der prachtvollen französischen Jugend, um die Napoleon und Ludwig XIV. warben – seit dreißig Jahren siecht sie unter der Herrschaft der Vorurteile, an der ganz Frankreich krankt, dahin.«[37]

Diese Jugend kann ihrer Individualität keinen Ausdruck geben und so kommt es zur Konfrontation zwischen den Romantikern und den Klassikern, die die tradierten Gesellschaftsformen aufrechterhalten wollen. Der Dandy ist die ideale Kampffigur, er behauptet sich gegen die gemeine Masse. Der Dandy ist ein Abweichler. Er ist das personifizierte Böse, wird oftmals als Teufel oder Vampir dargestellt, denn er lebt die verkehrten Werte.[38]

Die Industrialisierung drohte, das Ende des Dandys herbeizuführen. Es schien, als müsse jeder seinen Zweck in der Gesellschaft erfüllen. Ein müßiggängerisches Leben des süßen Nichtstuns galt schon früher manch einem als verdammenswert, schien nun aber schier unmöglich zu werden. Das Utilitaritätsdenken führte aber nur zur Neubesinnung: Nun kamen der Künstler-Dandy und der Playboy, auch dies Variationen des ewig gleichen Themas. Der Dandysmus war, ist und bleibt der Schrei der Revolte – mal schwächer, mal stärker – der sich gegen den Gang der Welt erhebt. Der Dandy ist die Verweigerung des Bestehenden, doch diese Verweigerung stellt sich nicht destruktiv dar, sondern als mutiger Schritt auf abweichenden Pfaden und in neue, oftmals auch neu entdeckte, alte Welten.

37 Honoré de Balzac: *Pariser Novellen*. Berlin, Rowohlt, o.J.: 97.
38 Zu der Verbindung Dandy-Vampir vgl. Kirstine Fratz: *Dandy und Vampir. Die Sehnsucht nach Ungewöhnlichkeit*. Sankt Augustin: Gardez!, 2001.

Melanie Grundmann

TAGEBUCH EINES MODERNEN DANDYS

Das Tagebuch eines modernen Dandys datiert auf 1818 und gibt eine aufschlussreiche Beschreibung des Alltags der ersten Generation von Dandys in England unter George IV. Die *Notes and Queries* druckten es am 30. März 1907 ab; ein Leser hatte das Dokument eingeschickt. Der Text lässt die Eckpunkte des dandystischen Lebensstils erkennen. Der Alltag ist eine lose Abfolge von Alkoholgenuss (der Regent's Punch ist natürlich nach dem Prinzregenten und späteren König Englands, George IV., benannt, der lange Zeit eng mit Brummell befreundet war), Kleidungszeremonien und dem ständigen Sehen und Gesehen-Werden auf den Flaniermeilen – natürlich im Wagen oder auf dem Pferd – im Theater, in den Klubs und Salons. Die Kleidung des Dandys ist legendär. Den steifen Kragen verdanken wir übrigens Brummell. Er hinterließ bei seiner Flucht auf den Kontinent nur eine kleine Notiz: »Starch is the thing.« Auch die Petersham Hosen und das Cumberland Korsett sind von Dandys erfundene Kleidungsstücke und nach diesen benannt. Der moderne Dandy trägt einen Kragen à la Guillotine, der so eng ist, dass es den Anschein hat, der Kopf sei guillotiniert. Richard Dighton zeigt uns diese Mode in seiner Karikatur *The Dandy Club* (1818). Der Dandy Klub in Clarendon ist wohl eine Anspielung auf Dightons Karikatur. Die Dandys trafen sich zu Brummells Zeiten in den berühmtesten Dandy-Klubs White's, Brooks's und Almack's, wo sie ihrer Trinkleidenschaft und dem Glücksspiel frönten. Das Bow Window von White's gelangte zu Berühmtheit: Brummell, ›Poodle Byng‹, Sir Lumley Skeffington und andere Berühmtheiten des Tages ließen von dort ihre trockenen Sarkasmen auf die Vorübergehenden fallen. Die Lokalitäten haben sich bis 1818 offensichtlich auf Long's, Clarendon und Grange's verschoben. Zu den Statussymbolen des Dandys gehört außer der Kleidung die unerlässliche Schnupftabakdose. Petersham, der sich hinter der Abkürzung P-m versteckt, war in dieser Hinsicht bestens ausgestattet und experimentierte freudig mit den verschiedensten Mischungen. Brummells Dosen wurden nach seiner Flucht eifrig versteigert, doch auch diese Mode verging und als sich das Dandytum um 1830 in Frankreich durchsetzte, begann die Zigarre ihren Triumphzug.

TAGEBUCH EINES MODERNEN DANDY

R. S. B.

Samstag – Aufgestanden um zwölf, mit verd…en Kopfschmerzen. Daran denken, nach dem Abendessen keinen Regent's Punch zu trinken. Grüner Tee hält wach. Frühstück um eins – die *Morning Post* gelesen – noch immer die beste aller Zeitungen – voller *wit*, herrlich geschrieben und interessante Nachrichten. Den Schneider und Korsettmacher kommen lassen – einen Morgenrock nach dem neuesten Pariser Schnitt in Auftrag gegeben, mit Kragen à la Guillotine, um den Nacken darüber zu zeigen – ein Paar Petersham Hosen[1] mit gestreiftem Volant am Fußende und ein Paar Cumberland Korsetts mit dem schwarzen Fischbeinrücken. – Eine Warnung an alle Unvorsichtigen: Das letzte Paar gab nach, als ich Lady B.'s Handschuh aufhob. Der Herzog von C-e war so geschmacklos, zu lachen und fragte mich in Fischermetaphorik, ob ich nicht »vergessen hätte beim Wenden zu stagen.«[2] Ich bemerkte, dass dies ein alter Scherz ist, den er bei der *Fudge Family* gestohlen hat. – Frage: Wo ist Tom Brown? – In Long's oder Clarendon nicht bekannt.[3]

Drei Uhr – Im Dennet[4] ausgefahren – einige Runden in Pall-Mall, St. James Street und Piccadilly gedreht – Grange's[5] verlassen – mir wurde gesagt, das Thermometer im Eiskeller war bei 80 – erstaunlich! – Drei Gläser Pine getrunken und eines mit Curaçao – des Prinzen Lieblingsgetränk, wie P- sagt. – P. ist ein ganz besonderer Witzbold.

Fünf bis Sieben. – Für den Abend gekleidet – um halb acht gegessen, ›mit nieman-

1 Viscount Petersham, Charles Stanhope (1780–1851) galt als Trendsetter, der viele seiner Kleidungsstücke selbst entwarf. Er verließ sein Haus angeblich nie vor sechs Uhr abends und soll im Besitz von 365 Schnupftabakdosen gewesen sein, eine für jeden Tag des Jahres.

2 Nautischer Begriff: Gegen den Wind wenden. Vergisst man, das Segel richtig auszurichten, bricht es.

3 *The Fudge Family in Paris* von Thomas Moore (1779–1852), erschienen 1818. Thomas Brown wird als Herausgeber genannt. Long's war ein First Class Hotel in 16, New Bond Street im Londoner Westend. Hier trafen sich die fashionablen Männer um zu trinken, zu rauchen, zu fluchen und über Pferde zu sprechen. Clarendon war ebenfalls ein First Class Hotel in 169, New Bond Street im Londoner Westend und eine der besten Adressen für gehobene Abendunterhaltung.

4 Leichter, zweirädriger, offener Wagen, der von einem Pferd gezogen wird

5 Feinbäckerei in 176, Piccadilly Street

dem als mir selbst‹, wie der alte Herzog von Cumberland sagte – ein schönes Abendessen in bester Long's Manier, das heißt, Schildkrötensuppe, etwas Steinbutt, ein Carlton-Schnitzel. Abgetragen: – Pute und Aprikosentörtchen. – Dessert – Ananas und Brandykirschen. Zwei Gläser Regent's Punch getrunken, auf Eis, und ein großes Glas Madeira – in bester Stimmung in die Oper gegangen – gerade vorbei – vergessen, dass der Vorhang am Samstag vor zwölf Uhr fällt. – Daran denken, samstags um sieben zu dinieren. Mit dem Dandy Klub im Clarendon diniert. – Kalter Imbiss – ein paar Runden gespielt und recht verkühlt zu Bett gegangen.

Sonntag. – Um drei Uhr gefrühstückt – den Tilbury[6] bestellt – eine Runde in Rotten-Row[7] und Squeeze, im Hyde Park gedreht, verflucht verärgert wegen des Sandes, der aus allen Richtungen kam – nüchtern mit P-m diniert und abends in den Salon der Marquise von S-y gegangen – langweilig aber vornehm – P. nennt es die Sonntagsschule.

N.B. P-m, der sehr eigen ist, wenn es um seinen Tabak und seine Tabakdosen geht, hat eine neue Mischung erfunden: Wellington's und Blucher's. Er nennt sie *La Belle Alliance*, zu Ehren des Treffens der beiden Helden nach der Schlacht von Waterloo – eine gute Mischung, nicht zu verachten.

Montag. – In der Stadt mit Sir W. C- diniert, der die neueste Mode ist, seit der Prinz weg ist. Ein verd…t gutes Dinner und verhängnisvolle Weine. – Der Baronet[8] – ein gastfreundlicher Bursche, aber vulgär – ließ sich zweimal Schildkrötensuppe nachschenken und trinkt Bier auf Käse! P-m war auch da – der Stadtrat bat, seinen Finger und Daumen ausstreckend, um eine kühle Prise. P – sagte, das solle er kriegen, und stellte die Dose auf den Eiskübel – lautes Gelächter – der Baronet sagte, es erinnere ihn an das Unterhaus – mag keine Scherze, hasse Rätsel und solche, die sie stellen. N.B. Niemand wird in unseren Klub eingelassen. – *Cœtera desunt.*[9]

---

6 Offener, zweirädriger Wagen
7 Reitstrecke im Süden des Hyde
   Park, während der Saison von
   Mai bis Juli auch Flaniermeile der
   fashionablen Gesellschaft
8 Erblicher Titel des niederen englischen Adels
9 Übersetzung: Der Rest fehlt.

DIE DANDY-MAXIMEN PELHAMS

Pelham or Adventures of a Gentleman erschien 1828 im Zuge eines Hypes der so genannten *fashionable novels*, die das Leben der High Society beschreiben. Die bekanntesten dieser Romane sind neben *Pelham* Benjamin Disraelis *Vivian Grey* (1826) und Thomas Henry Listers *Granby* (1826). Pelham galt den Zeitgenossen als ein Dandy im Brummellschen Sinn. Brummell selbst ist in dem Roman in der Figur Russelton verarbeitet. Was macht Pelham nun zum Dandy? Er ist zurückhaltend und distanziert, wie es dem englischen Gentleman-Ideal entspricht. Er pflegt die einfache und unauffällige Eleganz à la Brummell. Pelham gibt sich narzisstisch und eitel, was immer wieder auf Abneigung stößt. Er scheint nach außen hin gleichgültig, registriert jedoch aufmerksam jede Kleinigkeit. Er zeigt sich unabhängig, was ihm in seiner politischen Karriere Schwierigkeiten einbringt, da er sich keiner Partei anschließen will. Zuweilen ist er extrem gelangweilt, doch er erliegt dem Ennui nicht, sondern sucht Wege daraus. Dieses proaktive Element ist für den Dandy, der die Gesellschaft dominieren will, grundlegend. Pelham ist ganz darauf bedacht, Aufmerksamkeit zu erregen. Er pflegt seine elitäre Geistigkeit und zeigt seine Verachtung alles Bürgerlichen durch Hohn, Spott, Ironie, effektvolles Schweigen und einer ausdruckslosen Maske. In dem Roman wird deutlich, dass zum Dandy eine gewisse Reife, Belesenheit und Intelligenz gehört. Pelham, der sich selbst zunächst als *coxcomb*, also als Gecken, bezeichnet, zieht sich ein Jahr zurück, um sich auf seine gesellschaftliche Rolle als Dandy vorzubereiten. *Pelham* macht so deutlich, dass der Dandy ein reifes, sich selbst äußerst bewusstes Wesen ist, der die Rolle, die er in der Gesellschaft spielt, genau reflektiert.

DIE DANDY-MAXIMEN PELHAMS

Edward Bulwer Lytton

I. Achten Sie weniger darauf, dass Ihre Kleidung Ihnen passt, als dass sie Sie vielmehr schmückt. Die Natur sollte nicht kopiert, sondern von der Kunst erhöht werden. Apelles warf Protogenes zu viel Natürlichkeit vor.[1]

II. Verletzen Sie mit ihrer Kleidung niemals den allgemeinen Geschmack. Exzentrizität wird in großen Dingen als Genie geadelt; in kleinen Dingen ist es reine Narretei.

III. Vergessen Sie nie, dass Sie sich nicht um Ihrer selbst Willen kleiden, sondern um die Anderen zu faszinieren.

IV. Halten Sie jegliche leidenschaftlichen Gefühle von sich fern, wenn Sie sich kleiden. Eine philosophische Gelassenheit ist für den Erfolg absolut notwendig. Helvétius[2] bemerkte zu Recht, dass unsere Fehler auf unsere Leidenschaften zurückzuführen sind.

V. Denken Sie daran, dass nur Männer von unzweifelhaftem Mut das Wagnis eingehen können, feminin zu erscheinen. Die Spartaner waren es nur auf dem Schlachtfeld gewohnt, Parfüm zu tragen und ihr Haar in Locken zu legen.

VI. Erzeugen Sie nie den Eindruck, der Glanz Ihrer Ketten und Ringe sei Ihrer Wahl entsprungen; was natürlicherweise den Frauen gehört, sollte nur um ihrer Willen getragen werden. Albernheiten werden nur gewürdigt, wenn ein tieferes Gefühl den Anlass gibt.

VII. Um die Zuneigung der Geliebten zu gewinnen, erscheinen Sie nachlässig in Ihrer Erscheinung – um sie zu erhalten,

1 Protogenes und Apelles waren griechische Maler im 4. Jh. vor Christus. Apelles gilt als der größte Maler der Antike. Er war Hofmaler bei Philip II. von Macedonien und seinem Sohn Alexander III. der Große. Eines seiner bekanntesten Bilder zeigt letzeren mit einem Donnerstab. Apelles und Protogenes rivalisierten darum, wer die exaktesten Linien zeichnen konnte.

2 Claude Adrien Helvétius (1715–1771), französischer Philosoph. Sein berühmtestes Werk ist *De l'esprit*, erschienen 1758, das jede auf Religion basierende Moral kritisiert.

gewissenhaft. Ersteres ist ein Zeichen der Leidenschaft, letzteres von Respekt.

VIII. Ein Mann muss sehr berechnend sein, um sich vollendet zu kleiden. Man muss sich immer anders kleiden, je nachdem ob man einen Minister, eine Geliebte, einen habgierigen Onkel oder einen prahlerischen Cousin besucht. Die Kleidung ist die raffinierteste Art der Diplomatie.

IX. Ist der große Mann, den Sie beschwichtigen wollen, eitel? – Dann tragen Sie die gleiche Weste wie er. »Nachahmung,« sagt der Autor des Lacon[3], »ist das schönste Kompliment.«

X. Ein schöner Mann kann protzig wirken, ein durchschnittlicher Mann sollte tadellos erscheinen. So wie wir in großen Männern etwas Bewundernswertes suchen, wollen wir normalen Männern nichts vergeben müssen.

XI. Ältere Menschen kleiden sich anders als jüngere. Mangelnde Aufmerksamkeit schickt den einen genauso wenig wie den anderen. Der Unterschied äußert sich im Geschmack: die Jugend will geliebt, das Alter respektiert werden.

XII. Ein Narr mag sich auffällig, aber er wird sich nie gut kleiden können, denn dazu bedarf es Urteilsvermögens. Rochefoucauld[4] sagte zu Recht: »Man ist manchmal ein geistvoller Narr, doch niemals einer mit Urteilsvermögen.«

XIII. In der Form eines Kragens oder einer Locke kann mehr Pathos liegen als naive Menschen glauben. Würden wir sein Unglück mitfühlen und die Unaufrichtigkeit Charles I. vergeben, wenn er in seinen Bildern mit Bobperücke und Pferdeschwanz porträtiert wäre? Vandyke war ein größerer Sophist als Hume.[5]

3 *Lacon, or Many Things in Few Words, addressed to those who think* von Charles Caleb Colton (1780–1832), erschienen 1820. Colton war zunächst Kleriker und später Schriftsteller, Exzentriker und Spieler.

4 François de La Rochefoucauld (1613–1680), französischer Schriftsteller und Moralist, bekannt für seine *Reflexionen oder Sentenzen und moralischen Maximen*, in denen er die Scheinmoral der Gesellschaft anprangert

5 Anthonis van Dyck (auch Vandyke) (1599–1641), bekanntester flämischer Maler des 17. Jahrhunderts. Lebte ab 1632 als Hofmaler von Charles I. in England

XIV. Das würdevollste Prinzip der Kleidung ist Sauberkeit – das vulgärste Genauigkeit.

XV. Kleidung beinhaltet beide Seiten der Moral – die private und die öffentliche. Aufmerksamkeit ist die Pflicht, die wir Anderen schulden – Sauberkeit schulden wir uns selbst.

XVI. Kleiden Sie sich so, dass man nie von Ihnen sagen kann:»Welch ein gut gekleideter Mann!« – sondern:»Welch ein Gentleman!«

XVII. Vermeiden Sie zu viele Farben. Bemühen Sie sich, die Anderen durch einige dominierende und ruhige Töne zu ernüchtern. Apelles benutzte lediglich vier Farben und tönte die farbenfrohsten stets mit schwarzem Lack ab.

XVIII. Dem tiefen Betrachter erscheint nichts oberflächlich! Es sind Kleinigkeiten mit denen sich der Verstand betrügt.»In welchem Teil dieses Briefes,« sprach ein König zu dem weisesten seiner Diplomaten,»haben Sie eine Unschlüssigkeit bemerkt?« –»In den *n*s und *g*s!« war die Antwort.

XIX. Ein wohlwollender Mann wird die Gefühle der Anderen nie durch ein Übermaß an Unaufmerksamkeit oder Zurschaustellung schockieren. Aus diesem Grund dürfen Sie die Philanthropie eines schlampigen Mannes oder eines Stutzers anzweifeln.

XX. Es liegt Gleichgültigkeit darin, in einem herabgelassenen Strumpf zu gefallen – aber es mag Böswilligkeit in einem Diamantring liegen.

XXI. Neuerungen in der Mode sollten Addisons[6] Definition eines guten Schreibstils gleichen und aus»Verfeinerungen, die natürlich sind, ohne offensichtlich zu sein« bestehen.

XXII. Wer Kleinigkeiten um ihrer selbst Willen würdigt, ist ein Müßiggänger; wer dies aufgrund der Schlussfolgerungen und der Vorteile, die man aus ihnen ziehen kann, tut, ist ein Philosoph.

6 Joseph Addison (1672–1719), englischer Essayist, Dichter, Dramatiker und Politiker. Gründete mit Richard Steele die Zeitschriften *The Tatler* und *The Spectator*.

BRIEFE EINES VERSTORBENEN

Der deutsche Fürst von Pückler-Muskau (1785–1871) bereiste England in den Jahren 1826-29, um dort eine reiche Witwe zur Tilgung seiner Schulden zu finden und zu heiraten. Das Unternehmen blieb erfolglos, ganz im Gegenteil dazu die Briefe, die er von dort an seine deutsche Frau schrieb, mit der er diesen Plan ausgeheckt hatte. Die *Briefe eines Verstorbenen* wurden 1830 veröffentlicht und feierten einen großen Erfolg, auch außerhalb der deutschen Grenzen. Fürst von Pückler-Muskau ist einer der wenigen und mit Sicherheit der berühmteste deutsche Dandy. Er selbst hätte sich sicherlich nicht so bezeichnet, der Dandy erschien ihm als höchst impertinente Figur, wie der Text belegt. Sie erscheinen ihm unhöflich, egoistisch, leichtsinnig, äußerst eitel und kaltherzig. Diese Londoner *exclusives* sind laut Pückler nur eine schlechte Kopie der alten *roués*. Das ästhetische Empfinden und die Vorliebe für exotische Dinge, die sich auch in zahlreichen Reisen in den Orient ausdrücken, sind bei Pückler-Muskau schon erkennbar und schlagen in den 1830ern bei der Verquickung des englischen Dandys mit dem französischen Romantiker in den neuen ästhetisch dominierten Dandy-Typus um, der fortan bestimmend werden sollte.

BRIEFE EINES VERSTORBENEN

Hermann Fürst von Pückler-Muskau

Nach diesen Sitten war der Besuch zweier *noblemen* (selbst fremder, obgleich diese 50 Prozent geringer als die einheimischen stehen) für ein Haus von niederer *volée*[1] wie das S...sche eine Ehre, und man fetierte uns daher ungemein, selbst der *dandy* war, soweit es die Regeln seines Metiers gestatteten, artig und zuvorkommend gegen uns. Es ist eine fast allgemeine Schwäche der nichtadeligen Engländer, mit vornehmen Bekanntschaften zu prahlen, die Adeligen tun dasselbe mit den Fashionablen, oder Exklusiven, die eigene Kaste, ein Staat im Staate, der in gesellschaftlicher Hinsicht eine noch despotischere Gewalt ausübt, und sich nicht einmal an Rang, noch weniger an Reichtum kehrt, aber nur in jener erwähnten Schwäche der Nation die Möglichkeit seines Bestehens findet.

Als die ganze Gesellschaft wieder vereinigt war, teilte sich alles, völlig ungeniert, in beliebige Gruppen. Einige machten Musik, wobei die melancholische Schöne auf einer Orgel spielte, die wahrscheinlich zu religiösem Gebrauch hier aufgestellt war, andere spielten Whist, hie und da flüsterte ein Pärchen in der Fenster-*embrasure*,[2] mehrere politisierten, nur der *dandy* war allein geblieben. In einen großen Lehnstuhl versunken, hatte er seinen rechten zierlich beschuhten Fuß auf sein linkes Knie gelegt, und sich in dieser Stellung in Mme. de Staëls Buch *sur* ›l'Allemagne‹ anscheinend so vertieft, dass er von der ihn umgebenden Gesellschaft nicht die mindeste Notiz mehr nahm.

À tout prendre[3] musste ich dem hübschen jungen Mann die Gerechtigkeit widerfahren lassen, dass er höhere Originale gar nicht übel kopierte. Vielleicht wurde ich zu diesem vorteilhaften Urteil auch dadurch bestochen, dass er bei Tisch viel vom großen Goethe sprach, und seinen ›Fost‹ anpries, welche beide (Goethe und ›Fost‹) Lord Byron[4] in England Mode gemacht hat. ›Fost‹ schien ihm besonders wegen der, seiner Meinung nach, atheistischen Tendenz desselben zu gefallen, denn Mr. M... brachte, wie er uns erzählte, die

1 Von niederem Rang
2 Fensteröffnung
3 Alles in allem
4 George Gordon Noel, Lord Byron (1788–1824), englischer Dichter der Romantik, der mit seinem Werk und seiner Persönlichkeit in Frankreich eine wahre Anglomanie auslöste

halbe Zeit seines Lebens in Paris zu und erklärte sich für einen *esprit fort.*

Was zu der *dullness* der englischen Gesellschaften viel beiträgt, ist die hochmütige Weise, nach welcher Engländer (wohl zu merken in ihrem eignen Lande, denn *abroad* sind sie zuvorkommend genug) nie einen Unbekannten anreden, und wenn man sie auf diese Weise anspricht, sie es fast wie eine Beleidigung markieren. Sie machen sich zuweilen selbst darüber lustig, ohne doch jemals anders zu handeln, wenn sich die Gelegenheit dazu darbietet. Man erzählt: eine Dame habe einen Menschen ins Wasser fallen sehen, und den sie begleitenden *dandy*, einen bekannten guten Schwimmer, inständig gebeten, dem Unglücklichen doch zu Hilfe zu kommen. Ihr Freund ergriff, mit dem Phlegma, welches ein Haupterfordernis der heutigen Mode ist, seine Lorgnette, schaute ernsthaft auf den Ertrinkenden, dessen Haupt gerade zum letztenmal auftauchte, und erwiderte dann, sich ruhig zu seiner Gefährtin wendend: *»Unmöglich, meine Dame, ich wurde diesem Gentleman niemals vorgestellt.«*

Als ein Beispiel, was ein *dandy* hier alles bedarf, teile ich Dir folgende Auskunft meiner fashionablen Wäscherin mit, die von einigen der ausgezeichnetsten *elegants* employiert wird und allen Halstüchern die rechte Steife, und Busenstreifen die rechten Falten zu geben weiß. Also in der Regel braucht ein solcher *elegant* wöchentlich 20 Hemden, 24 Schnupftücher, 9–10 Sommer-*trousers*, 30 Halstücher, wenn er nicht schwarze trägt, ein Dutzend Westen, und Strümpfe *à discrétion.* Ich sehe Deine hausfrauliche Seele von hier versteinert. Da aber ein *dandy* ohne drei bis vier Toiletten täglich nicht füglich auskommen kann, so ist die Sache sehr natürlich, denn

1. erscheint er in der Frühstücks-Toilette im chinesischen Schlafrock und indischen Pantoffeln.
2. Morgentoilette zum Reiten im *frock-coat*, Stiefeln und Sporen.
3. Toilette zum *dinner*, in Frack und Schuhen.
4. Balltoilette in *pumps*, ein Wort, das Schuhe, so leicht wie Papier, bedeutet, welche täglich frisch lackiert werden.

Alle *dandys*, und auch viele junge Leute in der großen Welt, die dies eben nicht sind, pflegen hier Maitressen zu halten, denen sie ein eignes Haus mieten, sie darin einrichten, und ihre müßigen Augenblicke dort zubringen, ganz wie ehemals die *petites maisons* in Frankreich. Sie kommen bald auf einen förmlich-häuslichen Fuß mit ihnen, und sind auch in diesem Verhältnis so systematisch als in allen übrigen. Treu sind diese Art ›Weiber auf Zeit‹ selten, aber oft weit gebildeter an Geist und Sitte als ihresgleichen in andern Ländern.

Ein heutiger Londner *exclusive* ist daher in Wahrheit nichts anders, als ein schlechter Nachdruck, sowohl der ehemaligen *roués* der Regentschaft, als der Höflinge Ludwig XV. Beide haben miteinander gemein: Selbstsucht, Leichtsinn, unbegrenzte Eitelkeit und einen gänzlichen Mangel an Herz – beide glauben sich mit Hohn und Übermut über alles hinwegsetzen zu können, und kriechen nur vor einem Idol im Staube, jene Franzosen ehemals vor ihrem König, diese Engländer vor dem von ihnen eben anerkannten Herrscher im Reiche der *fashion*. Aber welch ein Kontrast in dem ferneren Resultat! In Frankreich wurde die Abwesenheit der Moralität und Ehrlichkeit wenigstens durch ausgesuchte Höflichkeit ersetzt, für den Mangel an Gemüt durch Geist und Amabilität entschädigt, die Impertinenz, sich für etwas Bessers als andere zu halten, durch hohe Eleganz und Gefälligkeit der Formen erträglich gemacht, und die selbstsüchtige Eitelkeit wenigstens durch den Glanz eines imponierenden Hofes, ein vornehm repräsentierendes Wesen, die vollendete Kunst des feinen Umgangs, gewinnende *aisance*,[5] und eine durch Witz und Leichtigkeit fesselnde Unterhaltung gewissermaßen gerechtfertigt, oder wenigstens entschuldigt. Was bietet uns dagegen ein englischer *dandy* dar! Sein höchster Triumph ist, mit den hölzernsten Manieren ungestraft, so ungeschliffen als möglich aufzutreten, ja selbst seine Höflichkeiten so einzurichten, dass sie der Beleidigung nahe sind, in welchem letztern Benehmen er besonders seine Zelebrität sucht. Statt nobler *aisance*, sich jeder *gêne*[6] der Schicklichkeit entledigen zu dürfen, das Verhältnis mit den Frauen dahin umzukehren, dass diese als der angreifende und er nur als der duldende Teil erscheint; seine besten Bekannten, sobald sie ihm nicht durch die *fashion* imponieren, gelegentlich aus Laune so zu behandeln, als kenne er sie nicht mehr, ›to cut them‹, wie der Kunstausdruck heißt, den unsäglich faden *jargon* und die Affektation seines ›set‹ gut inne zu haben, und stets zu wissen, was ›*the thing*‹ ist – das ohngefähr macht den jungen ›*lion*‹ in der Modewelt.

5 Gewandtheit
6 Befangenheit

Hat er noch dazu eine besonders hübsche Maitresse, und ist es ihm nebenbei gelungen, irgendeine Törin zu verführen, die albern genug war, sich der Mode zu opfern, und Mann und Kinder seinetwegen zu verlassen, so erhält seine Reputation einen noch höhern Nimbus. Verschwendet er dabei auch noch viel Geld, ist er jung und hat einen Namen im Peerage-Buch, so kann es ihm kaum mehr fehlen, wenigstens eine vorübergehende Rolle zu spielen, und er besitzt jedenfalls in vollem Maße alle Ingredienzien für einen Richelieu[7] unserer Zeit. Dass seine Konversation nur in trivialen Lokalspäßen und *médisance*[8] besteht, die er einer Frau in großer Gesellschaft ins Ohr raunt, ohne darauf zu achten, dass noch jemand anders außer ihr und ihm im Zimmer ist, dass er mit Männern nur vom Spiel und Sport sprechen kann, dass er außer der Routine einiger Modephrasen, die der seichteste Kopf gewöhnlich am besten sich merkt, höchst unwissend ist, dass seine linkische *tournure*[9] nur die *nonchalance* des Bauerburschen erreicht, der sich auf die Ofenbank hinstreckt, und seine Grazie viel Ähnlichkeit mit der eines Bären hat, der im Auslande tanzen gelernt – alles das raubt ihm keinen Stein aus seiner Krone.

Schlimmer noch ist es, daß trotz der vornehmen Rohheit seines äußern Betragens, der moralische Zustand seines Innern, um modisch zu sein, auf einer noch weit niedrigern Stufe stehen muss. Wie sehr der Betrug in den vielen Arten von Spiel, die hier an der Tagesordnung sind, in der großen Welt vorherrscht, und lange mit Erfolg ausgeübt, eine Art von Relief gibt, ist notorisch, aber auffallender ist es noch, dass man den krassesten Egoismus, der doch auch solchen Handlungen nur zum Grunde liegt, gar nicht zu verbergen sucht, sondern ganz offen als das einzige vernünftige Prinzip aufstellt, und ›*good nature*‹ oder ›Gemüt‹ als *comble*[10] der Gemeinheit belacht und verachtet, wie es in keinem andern Lande der Fall mehr ist, wo man sich solcher Gesinnungen wenigstens schämt, wenn man sie hat. ›*Wir sind ein egoistisches Volk*‹, sagt ein beliebter Modeschriftsteller, ›*Ich gebe es zu, und ich bin überzeugt, dass das, was in anderen Ländern Vaterlandsliebe genannt wird bei uns nur eine große Ansammlung von Eigenliebe ist; aber ich bin froh darum; ich mag Egoismus; er erfüllt seinen Zweck*‹ und ferner, nicht etwa satirisch, sondern ganz ernsthaft eifrig gemeint: ›*Gutartigkeit gehört in London zum schlechten Ton und ist*

7 Louis François Armand de Vignerot du Plessis (1696–1788), Großneffe des Kardinals Richelieu und Lebemann, Diplomat und General
8 Tratsch
9 Haltung
10 Gipfel

ein Stil, den man sich nie angewöhnen sollte. Ich werde das sicherlich nie tun.‹

Freilich, wenn man jedes Gefühl auf das spitzfindigste analysieren und verfolgen will, so wird man vielleicht immer eine Art von Egoismus im tiefsten Grunde entdecken, aber eine edle Scham wirft eben deshalb bei allen andern Nationen einen Schleier darüber, wie auch der Geschlechtstrieb etwas sehr Natürliches und Wahres ist, und dennoch, auch vom Rohsten, verborgen wird.

Hier schämt man sich aber der krassesten Eigenliebe so wenig, dass mich ein vornehmer Engländer einmal belehrte, ein guter *fox-hunter* müsse sich durch nichts in der Verfolgung des Fuchses irremachen lassen, und wenn sein Vater vor ihm, über eine Barriere gestürzt, da läge, so würde er, ›*wenn es denn sein müsste*‹, mit seinem Pferde unbedenklich über oder auf ihn springen, ohne sich vor beendigter Jagd weiter um sein Schicksal zu bekümmern).

Bei alledem hat unser *pattern* eines *dandy* auch in seinen bösen Eigenschaften nicht die geringste Selbstständigkeit, sondern erscheint nur als der ängstlichste Sklave der Mode bis in die größten Kleinigkeiten, sowie der demütigste Trabant des Glücklichen, der noch höher steht, als er. Würde plötzlich Tugend und Bescheidenheit Mode, so würde niemand exemplarischer darin sein, so schwer es ihm ankommen möchte. Ohne alle Originalität und ohne eigne Gedanken ist er eigentlich jener Tonfigur im Galgenmännchen zu vergleichen, die eine Weile mit allen menschlichen Eigenschaften täuscht, aber plötzlich in Kot zusammenfällt, sobald man entdeckt – dass sie keine Seele hat.

Wer die besten der neueren englischen Romane liest, namentlich vom Verfasser des ›*Pelham*‹, wird aus ihnen eine ziemlich richtige Idee der englischen fashionablen Gesellschaft sich abstrahieren können, wenn er *nota bene* nicht vergisst, das abzurechnen, was die nationale Eigenliebe sich zuschreibt, ohne es zu besitzen, nämlich Grazie für ihre *roués*, verführerische Formen und gewinnende Unterhaltungsgabe für ihre *dandys*. Ich habe eine Zeitlang sowohl die Zirkel derjenigen besucht, die den Gipfel bewohnen, als der, welche sich in der Mitte des modischen Narrenberges, und auch derjenigen, die an seinem Fuße sich angesiedelt haben, und sehnsüchtig nach jenem für sie unerreichbaren Gipfel blicken – selten aber fand ich eine Spur jener anziehenden Gesellschaftskunst, jenes vollkommen und wohltuend befriedigenden Gleichgewichts aller sozialer Talente, ebenso weit entfernt von Zwang als *licence*,[11] welches Verstand und Gefühl gleich angenehm anspricht, und fortwährend erregt, ohne je zu ermüden, eine Kunst, in der die Franzosen so lange fast das einzige europäische Vorbild waren.

Statt dessen sah ich in der Modewelt, mit wenigen Ausnahmen, nur zu oft eine wahre Gemeinheit der Gesinnung, ein wenig gezierte Immoralität, und den offensten Dünkel, in grober Vernachlässigung aller Gutherzigkeit, sich breit machen, um in einem falschen und nichtigen *refinement* zu glänzen, welches dem gesunden Sinn noch ungenießbarer wird, als die linkische und possierliche Preziosität der erklärtesten *nobodies*. Man hat gesagt: Laster und Armut sei die widerlichste Zusammenstellung – seit ich in England war, scheint mir Laster und Plumpheit noch Ekel erregender.

Nur in der Unschuldsepoche der englischen Modeherrschaft, wo man noch das Ausland für seine Sitten kopierte, und nicht die jetzige Selbstständigkeit, die nun sogar als Muster für andere Länder aufzutreten anfängt, erlangt hatte, regierte ein *dandy* hauptsächlich durch seine Kleidung, und der berühmte Brummell[12] tyrannisierte mit diesem einzigen Mittel bekanntlich jahrelang *town and country*. Jetzt ist dies nicht mehr der Fall; der höhere *exclusive* affektiert im Gegenteil eine gewisse Unaufmerksamkeit auf seine Kleidung, die sich fast immer gleich ist, und, weit entfernt jeder Mode zu folgen oder solche zu erfinden, bleibt sein Anzug höchstens nur durch Feinheit und Sauberkeit ausgezeichnet. Es gehört jetzt allerdings schon mehr dazu, der Mann nach der Mode zu sein. Man muss unter andern, wie einst in Frankreich, den Ruf eines herzlosen Weiberverführers haben, und ein gefährlicher Mensch sein. Da man es aber den ehemaligen Franzosen an glänzender Liebenswürdigkeit und einnehmender Gewandtheit, mit einem undistinguierten Äußern und unbezwinglich holprigen Manieren, auch bei dem besten Willen nicht gleich zu tun imstande ist, so muss man sich dafür, wie Tartuffe,[13] als ein gleich süßer und giftiger Heuchler geltend zu machen wissen, mit leisem Gespräch, welches jetzt Mode ist, und falschen Worten sich die Bahn zu jeder gewissenlosen Handlung im Dunkeln brechen, als da sind falsches Spiel und Betrug des Neulings in jeder Art von Sport, bei dem so mancher junge Engländer, statt gehoffter Belustigung, Selbstmord und Verzweiflung einern-

11 Zügellosigkeit
12 George Bryan ›Beau‹ Brummell (1778–1840), gilt als Ur-Dandy
13 Protagonist der gleichnamigen Komödie von Molière, uraufgeführt 1664

tet, oder, wo diese Künste nicht anwendbar sind, durch Intrigen aller Art die im Wege stehenden um Ehre oder Vermögen zu bringen suchen, im geringsten Fall aber sie wenigstens ihres Einflusses in der ausgewählten Gesellschaft zu berauben wissen.

Wer Englands Schattenseite genauer kennt, wird mich hier nicht der Übertreibung zeihen, und es nicht auffallend finden, dass der von mir erwähnte Modeheld, ein junger Mann von guter Abkunft, aber ohne Vermögen und im Grunde nichts als ein geschickter *chevalier d'industrie*,[14] sich durch den Namen *sweet mischief* ebenso gut charakterisiert als geschmeichelt fühlt.

Der *bel esprit*, – dessen kaustische Kraft man so ungeheuer fürchtet, dass man ihn, wörtlich, wie die Wilden den Teufel, hofiert, damit er nicht beiße, – hat eine der widerlichsten Außenseiten, die mir noch vorgekommen sind. Er ist wohl über fünfzig Jahre alt, und sieht vollkommen aus wie eine in Galle eingemachte bittere Pomeranze, ein grau und grünlicher alter Sünder, der bei Tisch nicht essen kann, bis er zwei oder drei Menschen ihres guten Namens beraubt, und ebensoviel andere, oft nichts weniger als geistreiche, Bosheiten gesagt hat, die aber dennoch von allen sich in seinem Bereich befindenden, stets mit lautem Beifall und konvulsivischem Lachen aufgenommen werden, obgleich manchem dabei die Gänsehaut überrieseln mag, dass, sobald er den Rücken gekehrt, ihm Gleiches widerfahren werde. Aber der Mann ist einmal Mode. Seine Aussprüche sind Orakel, sein Witz muss exquisit sein, seitdem er das Privilegium dazu von der fashionablen Gesellschaft erhalten hat, und wo die Mode spricht, da ist, wie gesagt, der freie Engländer ein Sklave. Überdem fühlt der *vulgaire* wohl, dass er in Künsten und geistreichen Dingen im Allgemeinen kein recht kompetentes eigenes Urteil hat, und applaudiert daher am liebsten blindlings einem *bon mot*, wenn er andere lachen sieht, so, wie ihn jedes Urteil, wenn es aus patentiertem Munde kommt, – ebenso wie das hiesige Publikum einen ganzen Winter lang sich durch die Tiroler Gassendudler für schweres Geld, welches die grüne Fleischerfamilie lachend einstrich, – bis in den dritten Himmel entzücken ließ.

In der Stadt begegnete ich einem Londner *dandy*, der mich anrief, denn ich erkannte ihn nicht, herzlich darüber lachte, uns *in such a horrid place* miteinander zu sehen, eine Weile über die Dubliner Gesellschaft fortsatirisierte, und am

14 Wörtlich: Industrie-Ritter
   Im übertragenen Sinn: Vertreter
   des Geldadels

Ende damit schloss, mir zu eröffnen, dass er, durch den Kredit seiner Familie, eben eine Direktorstelle hier bekommen, die ihm zwar über 2000 L. St. einbringe, auch nichts zu tun gebe, aber doch zwinge, *pro forma* eine Zeitlang des Jahres diesen chokanten Aufenthalt zu wählen. So, und noch viel reichlicher, wird mit Sinecuren ohne Zahl überall in England für die jüngeren Söhne der Aristokratie gesorgt – ich glaube aber, der Krug wird auch hier nicht ewig zu Wasser gehen, ohne zu brechen, obgleich man gestehen muss, dass diese Fehler in der englischen *Constitution*, gegen die Willkür anderer Staaten gehalten, immer nur Wolken am reinen Himmel bleiben, versteht sich, Irland ganz ausgenommen, das fast in jeder Hinsicht stiefmütterlich behandelt zu werden scheint, und doch fast den stärksten Beitrag zur Größe und der Macht des englischen Adels geben muss, ohne dafür einen einzigen Vorteil, wie England deren so viele, zurückzuerhalten.

DER MANN VON WELT

Dieser Artikel erschien unter dem Titel *L' Homme du Monde*1829 in der Zeitschrift *Lycée Armoricain*, die von 1823–31 in Nantes erschien und die erste literarische Zeitschrift der Bretagne war. Der Mann von Welt erscheint hier als Snob. Er ist ein Produkt der Salonkultur. Der Unterschied zum Dandy ist markant: Originalität, Individualität und Unabhängigkeit sucht man bei ihm vergebens. Im Gegenteil, der Mann von Welt ist ein Nachahmer, der sich vor einer eigenen Meinung fürchtet. Er ist bestrebt, in die oberen Gesellschaftskreise aufzusteigen und sich dort zu halten. 1829 wird Frankreich von Charles X. regiert, die reaktionären Kräfte bemühen sich, das Aufstiegsstreben des Bürgertums einzudämmen. Es mag der politisch instabilen Situation zu verdanken sein, dass der Mann von Welt sich nicht wie ein Cincinnatus oder ein Curtius gebärt. Spätestens mit der Julirevolution und der literarischen Revolution der Romantik, in deren Mittelpunkt die Schlacht um *Hernani* (1830) steht, fasst der Dandysmus auch in Frankreich breiten Fuß. Erste Anzeichen dafür gab es bereits bei Stendhal und während der Anglomanie, die 1815 einsetzte. Die romantischen »Jungen Wilden«

erfinden den Dandy, ihren gesellschaftlichen Umständen entsprechend, neu. Die ermüdete Salonkultur bekam so eine neue
Frische, denn der Dandy reißt die Gesellschaft aus
ihrer Langeweile.

DER MANN VON WELT

Anonym

Der Mann von Welt ist ein Mann, der seinen Esprit nur in dem Maße ausbildet, wie es nötig ist, um in der Gesellschaft voranzukommen und den die Urteilskraft niemals verlässt, die ihm gegeben wurde, um zu wissen, welcher sein Platz in der Welt ist. Die Erde macht ihm, wie einer schönen Frau, die Finger schmutzig und er setzt sich niemals der Unannehmlichkeit aus, zu erfahren, ob es einen Platz auf der Welt gibt, der nicht gepflastert ist. Ländliche Gegenden sind ein ihm unbekanntes Land: Die Wunder der Natur muss man nur kennen, um im Salon darüber zu reden oder um ein Buch zu schreiben, doch man müsste verrückt sein, sie um ihrer selbst willen zu bewundern. Er verwendet seine ganze Energie darauf, ein Epigramm zu reimen und verschwendet nicht einen Moment an wichtige Fragen, die Gott und die menschliche Seele betreffen. Er hat irgendwo gehört, dass die Metaphysik eine aussichtslose Wissenschaft sei und ist erfreut, sagen zu können, dass alles ihm Unverständliche metaphysisch ist.

Er respektiert die Bücher entsprechend der Namen ihrer Autoren und seine Bewunderung richtet sich immer nach ihrem sozialen Rang. Er bewundert, was alle Welt bewundert. So irrt er sich nie und muss über seine Meinung nicht erröten. Er legt Sokrates auf seinen Kamin, weil er es beim Präfekten so gesehen hat. Aber wenn der Minister sagen würde, dass Sokrates ein Träumer war, würde die Büste morgen von ihrem Platz verschwinden. Wenn man ihm etwas vorliest, wird er Le Batteux[1] oder La Harpe[2] suchen, um Ihnen zu zeigen, dass Sie sich geirrt haben. Da er es nie gewagt hat, selbständig zu denken, ohne von einem Schwindelanfall bedroht zu sein, ist ihm die Möglichkeit undenkbar, dass sich jemand anders verhält als er. Überall, wo ein Gedränge ist, können Sie sicher sein, ihn zu finden. Die Einsamkeit ist seiner Meinung nach ein grausamer Zustand: er langweilt sich darin oder schläft ein.

Versuchen Sie, ihn kraft der Autorität der Bücher zu überzeugen, dass sich das Studium der Natur lohnt. Er wird Beweise brauchen, Bücher, um das große Buch zu inter-

---

[1] Charles Batteux (1713–1780), französischer Philosoph und Schriftsteller

[2] Jean-François de la Harpe (1739–1803), französischer Schriftsteller, Kritiker und Herausgeber des *Mercure de France*

pretieren; denn er kann diesen Quellen erst Glauben schenken, wenn es mehrere Ausgaben gibt und der Autor mit allen Akademien Europas assoziiert ist. Wenn er auf diese Art eingeladen wird, die Natur zu betrachten, wird er sich darauf einlassen, um es wie alle Welt zu machen. Doch er wird zurückkommen und nichts weiter gesehen haben als die Frisuren der Frauen auf dem Land und ohne etwas anderes gewürdigt zu haben als die Küche des Hotels, in dem man abgestiegen ist.

Um es zusammenzufassen: Der Mann von Welt ist in seinem Ambiente perfekt assimiliert, doch anderswo ist er völlig verloren. Die frische Luft sagt seinen Lungen nicht mehr zu, denn er hat sich an die der Salons und Damenzimmer gewöhnt. Wenn die Sitten von Vernunft bestimmt sind, nimmt der Mann von Welt ein natürliches Aussehen an, das seine Gesellschaft angenehmer macht als die Rohheit des Wilden. Doch wenn Vorurteile das Denken beherrschen, wenn die Gesellschaft von der Tollheit gelenkt wird, dann ist der Mann von Welt an vorderster Stelle aller Verrückten. Und wenn es einen Maßstab der menschlichen Gattung gäbe, der durch unmerkliche Abstufungen an andere Lebewesen grenzt, erschiene der Wilde an der Spitze dieser Skala als natürlicher Mensch *par excellence*, während der Mann von Welt, bei dem Nachahmung die Regel ist, an der Stelle der Skala erschiene, wo die menschliche Familie endet und die der Affen beginnt.

Bevor man den Mann von Welt nun bewundert oder tadelt, muss man die Welt selbst untersuchen. Es gab eine Zeit in der römischen Republik, da war der Mann von Welt ein Cincinnatus[3] oder ein Curtius[4] und es gab andere, wo er ein Séjan[5] oder ein Narcissus[6] war. Bei uns war der Mann von Welt eine Zeit lang mit roter Kappe ausstaffiert.[7] Aber da es sehr selten vorkommt, dass

3 Lucius Quinctius Cincinnatus (519–430 v.C.), römischer Staatsmann, Symbol des guten Führers, der sich in Zeiten der Krise selbstlos in die Dienste der Republik stellte

4 Marcus Curtius (4. Jh. v. C.) legendärer Held, der sich für Rom opferte. Der Legende nach öffnete sich 362 v.Chr. ein Abgrund im Forum Romanum. Die Seher ließen verlautbaren, dass er sich erst schließen würde, wenn der wertvollste Besitz Roms hineingeworfen würde. Marcus Curtius behauptete, der wertvollste Besitz Roms sei ein mutiger Bürger und sprang in die Kluft, die sich daraufhin schloss.

5 Lucius Aelius Seianus (20 v. C.–31), machthungriger Konsul unter Tiberius, der nach dem Kaiserthron strebte und Tiberius' Sohn Drusus Caesar ermordet haben soll. Tiberius ließ ihn schließlich töten.

6 Tiberius Claudius Narzissus, Zeitgenosse von Seianus. Narcissus war ein ehemaliger Sklave und später Leiter der Kanzlei, was ihm großen politischen Einfluss sicherte.

7 Die rote Kappe galt als Symbol der Freiheitskämpfer der Französischen Revolution.

die großen Tugenden oder die großen Verbrechen langfristig die Basis
der Gesellschaft bilden, und da Frivolitäten heute noch immer Mode
sind, ist der Mann von Welt nahezu immer frivol.

ÜBER DAS LEBEN IN LONDON

Dieser Artikel erschien 1835 in der *Revue de Paris*. Autor ist der Journalist, Schriftsteller und Dandy Roger de Beauvoir (1809–1866). Sein Bericht ist zweigeteilt. Beauvoir, der selbst einige Zeit lang in London lebte, schildert zunächst die Widersprüchlichkeiten dieser Stadt: auf der einen Seite die fashionable Gesellschaft, andererseits die graue Tristesse. Er konstatiert die Nivellierungserscheinungen, die dazu führen, dass auch Nichtadelige *fashionables* aristokratische Verhaltensweisen annehmen, ebenso wie die Aristokraten sich der fashionablen Kultur annähern. Die engen Standesgrenzen lockern sich allmählich auf. In der Aufzählung der verschiedenen Arten des Gentlemans zeigt sich das Individualitätsstreben, das in England schon immer stark ausgeprägt war und die grundlegende Struktur des Dandys bildet. Eben dies macht es so schwer, zu sagen, was ein Dandy genau ist: Denn jeder Dandy ist anders. Beauvoir widmet sich im zweiten Teil dem Dandysmus Byrons und es wird erkenntlich, dass er diesen kühnen, unabhängigen und abenteuerlustigen Dandysmus dem stoischen eines Brummell vorzieht. Tatsächlich zeigt sich der französische Dandysmus aggressiver als der englische und Byron muss in diesem Zusammenhang eine wichtige Rolle als Mittlerfigur zugestanden werden. Er rief in Frankreich eine wahre Anglomanie hervor. Der Dandysmus eines Byron erscheint Beauvoir intelligenter, verfeinerter und geistvoller als der eines Brummell und schon der ist nicht unbeträchtlich. Wie Beauvoir zu dieser Einschätzung kommt? Es liegt wohl daran, dass Byron den Dandysmus um die romantische Ästhetik erweiterte. Brummell war kein Schriftsteller. Er schuf nicht wie Byron literarische Werke, in denen sich sein Dandysmus ausprägt. Byron bot den französischen Dandys ein großes Reservoir an Identifizierungsmöglichkeiten und Anknüpfungspunkten. Letztlich geht Beauvoir noch auf Pelham ein, dessen Maximen des Dandysmus weiter oben abgedruckt sind. Dieses Buch schildert seiner Meinung nach den Niedergang des englischen Dandysmus nach Byron. Der englische Dandy habe demnach sein Genie verloren und zeigt sich nur noch impertinent und lasterhaft. Tatsächlich lag der englische Dandysmus zu diesem Zeitpunkt in seinen letzten Zügen. George IV., an dessen Hof sich so viele Exemplare dieser Gattung sammelten, starb 1830. 1837 begann das Viktorianische Zeitalter, in dem das Dandytum keine Entfaltungsmöglichkeiten mehr fand und mehrere Jahrzehnte ruht.

ÜBER DAS LEBEN IN LONDON

Roger de Beauvoir

Das englische Leben ist derart: viel Laster, viel Lärm, sprachlicher Missbrauch, Skandal, unzählige Zeitschriften, die sich kaum von den enormen Geldbußen einschüchtern lassen; hier schreiende Andeutungen bezüglich des Königshauses hinter den Schaufenstern; dort Pamphlete, Karikaturen, Satiren; aber neben dieser Überfülle, die man nicht ignorieren kann, eine tiefe Verachtung und echte Sorglosigkeit, eine sehr kluge Vernunft bezüglich der Zeit und der Dinge. [...] Die exquisiten Banderolen von Daniell, die gravierten Porträts von Cochrane, Bond, Henry Brett, Cook genügen, um in uns das lebendigste Verlangen hervorzurufen, die Londoner Sitten kennen zu lernen, dieses Leben aus Konzerten, Einkäufen, Tavernen und Wetten; ein dichtes und zugleich feinsinniges Leben; elegant und laut, lebhaft und ermüdend; ein Leben von Buffets, Empfängen und großen Bällen, dessen Mohren mit goldenen Stöcken, die hinter den Landauern[1] stehen, die Kutscher, die den *four in hand* lenken, die Lakaien in Livree und die darauf folgenden *tiger*,[2] uns immer wie die Könige dieser repräsentativen Maskerade schienen. Unser Bild dient nicht dazu, die falschen oder wahren Ansprüche der Kasten, die in England den Namen des guten Tons (*high life*) erstreben, zu beurteilen. Der Vorrang, den unsere *fashionables* selbst dem englischen Geschmack geben, gibt uns nur die Aufgabe, die gegnerischen Meinungen zusammenzutragen und zu ergründen. [...] Erzählen Sie uns, schöne Komtess von Orsay, von der Perücke Lord Broughams, den Abenden des Prinzen Esterhazy und von Lord Hertford, der Pracht von Blenheim, den Kaleschen von Brighton, der Oper von London, den Moden des Parc, den Kostümbällen, den Teelesern, den Blaustrümpfen, den Baronets und Ministern! Weihen Sie uns ein, in diese große Welt, die auf prächtigen Pferden auf einem makadamesierten Boden laufen, klären Sie uns über die alten Komtessen auf, die wie in den guten Zeiten von Louis XV. Affen besitzen; über die wütenden Musikliebhaber, Oberste in Seidenstrümpfen und mit Schnurrbärten, die sich um eine Blume schlagen, die aus der Frisur der Diva Malibran fiel! Ergründen Sie uns diese Dinge und diese Welt und der alte Minister S.,

1 Kutsche mit vier Sitzen
2 Reitknecht in Livree

der eine Lorgnette am Ende seiner Reitpeitsche trug und so auf dem Pferd galoppierte, kurzsichtig wie er war; und Lady H., die Schönheitspflaster und Rouge auflegt; und die Herzogin von C., die niemals spielt, ausgenommen Lotterie; und die Fräulein, welche die Autoren in ihr Album schreiben lassen; und die schönen Kapitäne, die den Frauen schreiben; Ihre Wintergärten voller Ananas und Grenadillen, Ihre Bäume im Gewächshaus und die Marmorfasanerien Ihrer Schlösser! Wir verdanken es dem Mädchen der raffinierten Lady Blessington, zuerst erfahren zu haben, wie man schön ist und wie man in London gefällt; warum Fräulein Norton und Stafford auserlesene Figuren sind, die eine unter der Feder von Kendrick, die andere unter der von Hayter; wie Miss Iervis, Misstress Stanhope, Lady Howard de Walden, Miss Gardner, Lady Bayley, Miss Barton die *lionnes* dieser brillanten Bälle sind, Bälle der Zeremonie und der Etikette! Beim ersten Anblick ist das Londoner Leben seltsam. Da ist der Lärm und das Stampfen der Passagierschiffe; die Straßen und die Bezirke schreien, die Räder der Maschinen und Fabriken, die Kutschen und der Rauch, der sich unaufhörlich auf Ihren weißen Hals legt, alles, bis zum Geräusch der Absätze der Frauen auf dem Pflaster (die Frauen des Volkes gehen in England auf einer Art Eisenstelzen, die sie an ihre Füße heften), erstaunen die Pariser Fantasie. Auf der einen Seite der schmutzige Ameisenhaufen der Stadt, auf der anderen eine graue und blasse Architektur, eine Architektur von Schornsteinen und uniformen Dächern, ein seltsam stolzes Gemisch von Palästen, Brücken, Gefäßen und Kirchtürmen bildend. [...] Wenn Sie nicht im Mai nach London fahren, finden Sie die Stadt von jeder fashionablen Etikette verlassen, die Oper verstorben und den Park ohne Kavaliere. Lenken Sie Ihren Flug also zu den Lusthäusern, den Schlössern und den herrschaftlichen Wohnungen ringsum! Gehen Sie nach Blenheim, Kew, Oxford, Richemond oder, noch bescheidener und weniger prachtvoll, folgen Sie dem grünen Band nach Greenwich. [...] Gehen Sie nach Duncaster oder New-Market oder Epsom; schauen Sie zu, wie die Jockeis sich *in training* begeben, das heißt sich vorbereiten, schwitzen und auf Null reduzieren; wetten Sie mit den ersten Ministern Englands, mit Domestiken im Frack, mit Gaunern, Hochstaplern und den Stallburschen. Die *fashionables* gleichen sich nun den *noblemen* an, wie die *noblemen* den *fashionables*. Welch komische Typen bei diesen Rennen, denen unsere Pariser Eigenliebe gleich zu kommen versucht! Der neugierige Gentleman, der Wetter-Gentleman, der Klub-Gentleman, der Gentleman mit Reitpeitsche, der Gentleman mit Augengläsern und der Gentleman mit Regenschirm! […] Dieses erste Leben als Bohémien schöpfte Byron wie einen Kelch aus. Er wollte nur in Gesellschaft von geistvollen Menschen trinken, wie um das englische Volk besser anschuldigen zu können, das närrisch zwischen zwei grünen Vorhängen in den ernsten und kalten Kabaretts trank. Dieser Dichter, der die Mission des Sarkasmus und der Reform auf sich genommen hatte, wollte in einem einzigen Versuchsjahr die Londoner Dandys belehren, dass er ihr Meister war. […] Gelangweilt von den Vorstellungen am Hof, gelangweilt vom Marquis von Buckingham, von Lord Gower, von Madame de Staël, von allen; gütiger Skeptiker, der Sheridan trunken in der Kutsche begleitete, Sheridan, sein einziger Freund! Wie neu, intelligent und tief ist dieses Leben, das Byron sich schuf! Sein Dandysmus bedrückt die Dandys, die ihn nicht imitieren können, die diese hitzige Liebe nicht verstehen und diese fast kindliche Frömmigkeit für seinen Orgien-Kompagnon, seinen alten Sherry, wie er Sheridan nannte, den er mit der Überlegenheit einer guten Seele verteidigte. […] Zwischen diesen Männern, Sheridan, Rogers, Sharpe[3] und anderen, alles berühmte Namen und schneidende Geister, versuchte Byron dieses irritable Leben zu leben. Dieser Lord, der von seinesgleichen beneidet wurde, trank nur mit Dichtern, er verfeinerte den Dandysmus, er hob ihn zu der Höhe eines Gedankens hinauf. Der Dandysmus Londons wäre miserabel, wenn es Byron nicht gegeben hätte! Diese Menschen in Seymour-Place, Strand, dem Carlton-House, konnten sich nicht vorstellen, dass Byron die Zeit hatte, *Le Diable en course*, *Le Corsaire* und *Le Giaour* zu schreiben, während er die *Morning Post* las, sich mit der Karte der Erfolge von Napoleon beschäftigte, der Kunst wie Jakson zu boxen, den Attacken der Presse, die ihn stichelte und ihm das Schreiben vorwarf, ihm, Byron! Wegen Geldes! Den Charakter dieses Mannes konnten sie nicht begreifen. Byron hatte einen Wagen, der nach dem Modell desjenigen von Napoleon in Waterloo gebaut war, ein Wagen mit Bett, Spiegel, allem Komfort. Er schien ihnen verrückt oder ein gefährlicher Mann, der sie an Größe überragte. Byron bewegte sich im Übrigen fast nur in der großen Welt; er war kein Mann der Rennen und der Wetten. Er lebte für seine Freunde und für sich, machte sich wenig aus Bällen, Konzerten und

3 Richard Brinsley Sheridan (1751–1816), irischer Dramatiker und Politiker; Richard Sharp, (1759–1835), englischer Kritiker; Samuel Rogers (1763–1855), englischer Dichter und *Wit*

Kammermusik, lachte viel über diese Treppenfeste, wo das Kaschmir vom Geländer hängt, wo die Umhänge, die Pelze und Plaids von Écosse das Bild eines echten Bazars abgaben. Der arme Byron hätte auf diesen Bällen den Eindruck eines Löwen in Exeter-Change gemacht; er hätte mit seiner Kralle all die Neider und Verleumder zerreißen wollen, die ihn umgaben, diese ganze leere und böse Welt!

Das Leben Byrons in London war bereits das Vorzeichen seines italienischen Lebens, das Leben eines Künstlers und müßigen großen Herren. Anstatt ein *raffiné* der Etikette zu sein, akzeptierte Byron also keinen einzigen Artikel des Codes der *fashion*; er schuf sich seinen eigenen Code des Vergnügens, die beste und bittersüßeste Satire dieses Dandysmus, dem er sich verweigerte. Byron fühlte in London sehr wohl, dass er nur ein Zugvogel war, einer dieser *absentee* deren Vaterland und Himmel Italien oder Griechenland ist. All dessen müde, was ihn umgab, träumte er von einem anderen Leben, einem Reiseleben. Nach der Veröffentlichung von *Childe Harold* hatte er nur noch einen Plan, so sagt man, den, sich in Naxos im griechischen Archipel niederzulassen und die Kleidung des Orients anzulegen um die Dichter besser zu studieren. Mit derartigen Vorhaben konnte das Leben in London für ihn nur ein Übergang sein. In seinem Tagebuch gibt es zwei verschiedene Seiten: Die erste, wo er sich, wie so viele andere, dem Lauf des Lebens opfert, aber nicht *wie* alle anderen; die zweite, und das ist nicht die abwegigste (denn sie bildet den Prolog des zweiten Bandes), wo es scheint, als schwöre er dem Tisch ab, wie Herr von Bonneval, der Pascha, es einst dem Wein tat. [...] Auf Byron folgten die Kommentatoren. Man ahmte seine Schuhe nach, seine Verhaltensweisen und seine Soupers. Als Kritik dieser burlesken und faden Nachahmung, sammelte England *Pelham*, der schönste, der eleganteste der Romane des *mauvaise ton*, die es auf der Welt gibt. *Pelham*, in dem der Protagonist ein Regal von tausend Büchern zerbricht, weil sie seinen Teint grün färben; dieser Pelham ist, wie man weiß, das Werk eines erfahrenen Londoner *fashionables*. Aber in Wahrheit ist es nicht der Fehler von Herrn Bulwer, wenn Pelham so sonderbare Verhaltensweisen zeigt, wenn er so grotesk ist, so leidenschaftlich, ein schlechter Spieler, der sich in den untersten Etagen und Stätten aufhält! *Pelham* ist der englische Dandysmus nach Byron, das heißt der *dandysme fat*, ohne Haltung, ohne Intelligenz, über kein anderes Hilfsmittel verfügend als den unentwirrbaren Krawattenknoten!

Pelham ist das *desinit in piscem* von Horace;[4] ein genauso gut gekleideter Mann wie Brummell mit einem faden Jargon und den Sitten
seines Kreises *(set)*, aber dessen Gebaren zu Recht von unserem
Robert-Macaire[5] kommt; Robert-Macaire am Hof, kühn, elegant,
gefeiert! *Pelham* ist, in einem Wort, eine bittere Karikatur des der-
zeitigen englischen Dandysmus und seiner unglaublichen
Ansprüche. Byron und seine hitzigen Orgien heizen niemals die
blassen Heldentaten des *roué* Pelham auf; man spürt, dass diesem
unglücklichen blasierten Gast, der sein Leben für den *allegro* Marsch
Don Juans gäbe, die Schminke die Wangen herunter läuft! Geschaffen, um die Laster seiner Epoche zu versammeln, ist Pelham
gezwungen, sich an Allem zu stoßen, was er sieht und antrifft; er
attackiert die Kanapee-Plaudereien, die Fuchsjagden und die Gesellschaften der Blaustrümpfe; doch dies erfolgt nicht mit Enthusiasmus
und voller Leben, sondern in Form eines Pamphlets. Stellen Sie sich
vor, Sterne[6] ließe sich eines Tages im Anzug des jungen Pelham erwi-
schen und er hätte nur eine Rute unter seinem Frack versteckt, da
haben Sie eine Idee des Buches von Herrn Bulwer, das nichts anderes ist als eine bittere und traurige Ernte aller langweiligen Lächer-
lichkeiten einer Gesellschaft.

Dennoch, haben Sie einmal Byron gelesen, öffnen Sie das Buch von
Pelham. Es ist unmöglich, dieses Buch dem französischen Geist anzu-
passen; es ähnelt den Romanen der Marquis des 18. Jahrhunderts
nicht mehr als die Londoner Aristokratie
der von Frankreich gleicht. Diese englische
Gesellschaft, in der jede Kaste von der
anderen getrennt ist, wie ein englisches Feld
durch Weißdornhecken, die ihre Ausdrücke
hat und ihren eigenen *cant*; eine Gesellschaft, die vielmehr egoistisch als liberal ist,
eher reserviert als verschwenderisch; diese
Gesellschaft, sage ich, hat Glück, sich so
misshandelt zu finden, der Autor hat einen
für sie sehr glorreichen Dandysmus und
fashionable Eleganz angefertigt.

4 Horace schrieb in seinem Brief
Ars Poetica: »Desinit in piscem
mulier formosa superne« Übers.:
In einem Fischschwanz endet
das oben schöne Weib.

5 Räuber aus dem Theaterstück
L'Auberge des Adrets, das mit dem
damals berühmten Schauspieler
Frédéric Lemaître 1823 uraufgeführt wurde. Honoré Daumier
(1808–1879) nahm Robert
Macaire 1836 als Typus des
soziopolitischen Bösewichts in
seine Karikaturen auf.

6 Laurence Sterne (1713–1768),
englischer Schriftsteller und
Autor von *Tristam Shandy* und
A Sentimental Journey

DER BOULEVARD DE GAND

Auch dieser Text stammt von einem Dandy und Schriftsteller: Alfred de Musset. Er wurde vermutlich als Vorwort oder Einleitung zu der Erzählung *Die beiden Geliebten* geschrieben. Der Text ist für eine kulturhistorische Verortung des Dandysmus sehr aufschlussreich und gewährt dabei einen kleinen Einblick in den Tagesablauf des französischen Dandys, der sich als äußerst geheimnisvoll erweist. Die gesuchte Isolation und Abgrenzung von der Gesellschaft, der mit Verachtung und Zynismus begegnet wird, findet darin ihren Ausdruck. Die geheimnisvolle Aura ist ein wesentliches Merkmal des Dandys, da er so immer wieder von Neuem überraschende Effekte und Aufmerksamkeit erzielen kann. Im Vergleich zum Leben in London zeigt sich das Pariser Leben lockerer. Die Stände vermischen sich, auf dem Boulevard paaren sich die Bürger, die Grisetten, die Dandys, die Höflinge, die Touristen und die Journalisten. Es ist leicht erkennbar, dass sich der Dandysmus, der in England strenge Formen pflegte, in Frankreich offener gestaltete. Ausschlaggebender Grund dafür ist die Rezeption durch die jungen Künstler und Journalisten der Bohème, die diesen Lebensstil aufgriffen und ihren Umständen entsprechend modellierten.

DER BOULEVARD DE GAND

Alfred de Musset

Der Platz zwischen der Rue Grange-Batelière und der Chaussée d'Antin liegt, wie Sie wissen, Madame, in direkter Reichweite. Dieser Platz ist im Winter voller Schlamm und im Sommer voller Staub. Einige Kastanien, die im Sommer Schatten spenden, wurden während der Barrikadenkämpfe abgeholzt. Als Zierde bleiben nur fünf oder sechs Sträucher und ebenso viele Laternen. Ansonsten gibt es nichts, was Aufmerksamkeit verdient und auch keinen Grund, sich dort länger als an irgendeiner anderen Stelle des Boulevards aufzuhalten, der ebenso lang ist wie Paris. Dieser kleine Platz, voller Schmutz und Dreck, ist unterdessen einer der angenehmsten Plätze der Welt. Er ist einer der seltenen Orte der Erde, an denen sich das Vergnügen konzentriert. Der Pariser lebt dort, der Provinzler strömt herbei, der vorüberziehende Fremde erinnert sich seiner wie an die Straße, die von Toledo nach Neapel führt, wie früher an die Piazetta von Venedig. Restaurants, Cafés, Theater, Bade- und Freudenhäuser, alles drängt sich dort. Man braucht nur hundert Schritte zu gehen und das Universum tut sich auf.

Madame, Sie sind sicher nicht mit den Sitten dieses seltsamen Landes vertraut, das man den Boulevard de Gand genannt hat. Das Leben setzt sich dort nicht vor Mittag in Bewegung. Die Caféjungen bedienen jeden, der vor dieser Uhrzeit dorthin kommt, auf herablassende Art. Dann kommen die Dandys. Sie kehren bei Tortoni durch die Hintertür ein, da die Freitreppe von Barbaren eingenommen wurde, will heißen, von den Menschen der Börse. Die Welt der Dandys frühstückt, rasiert und frisiert, bis zwei Uhr mit großem Lärm, dann schwirrt sie in Lackschuhen davon. Was sie aus ihrem Tag macht ist undurchschaubar: eine Partie Karten, ein Waffengang, doch nichts dringt nach außen und ich vertraue es Ihnen nur im Geheimen an. Der Boulevard de Gand ist während des Tages der Masse ausgesetzt, die sich dort von drei bis ungefähr fünf Uhr aufhält. Während die gepuderten Equipagen ruhmreich auf der Chaussée regieren, läuft die ignorante Menge nur auf der schönen Seite, auf der die Sonne scheint. Welch Schande! Im Vorbeigehen betrachtet man die schmale Taille der Grisetten, die hübsche Mutter, die ihren Knirps hinterher zieht, das klassische Summen des Flaneurs und die Federn des Fräuleins, das aus der Theaterprobe kommt. Um fünf Uhr tritt ein vollkommener Wechsel ein: Alles leert sich und bleibt bis sechs Uhr verlassen. Dann kommen nach und nach die Stammgäste der Restaurants und betreten ihre planetaren Welten. Der Rentier begibt sich, umständlich gekleidet, mit dem Logenticket in seiner Tasche in das Café Anglais, der schön geschniegelte Höfling, der halb-Fashionable setzt sich ins Hardy; aus einigen klappernden Mietkutschen steigen große englische Familien, die das Café de Paris im Glauben an eine vergessene Welt betreten. Die Sitzecken des Café Douix sehen zwei oder drei erlesene Parteien ankommen, fröhliche, aber unbekannte Gesichter. Der Club de l'Union wird erleuchtet und die Equipagen halten davor, die Dandys hüpfen heraus und dort hinein, bevor sie in den Jockey Club gehen. Um sieben eine neue Wüste. Einige Journalisten trinken Café, während die ganze Welt zu Abend isst. Um halb neun das kollektive Rauchen, hundert Magen verdauen und hundert Zigarren brennen, die Kutschen rollen, die Stiefel klacken, die Stöcke glänzen, die Hüte geraten durcheinander, die Wämser fließen über, die Pferde tummeln sich. Es ist der perfekte Moment. Die Frauen, die der Rauch erstickt und die diesen schrecklichen Tabak verabscheuen, kommen dazu. Sie drängen sich, stapeln sich, husten und plaudern. Die Welt der Dandys schwingt sich erneut empor, die Herren sind im Theater und die Damen pirouettieren. Um zehn Uhr bleiben nur noch wenige Raucher übrig und die Frauen können wieder atmen und gehen. Die Gesellschaft, die mehr als durchmischt ist, wird zunehmend schlechter. Man hört den Ruf des Abendjournals in der Einsamkeit, nur die Untätigen halten sich gut. Um halb zwölf Uhr leeren sich die Vorstellungen. Man bricht sich vor Tortoni das Genick, um ein Eis zu bestellen, bevor man sich schlafen legt – an einem Sommerabend werden tausende verschlungen. Um Mitternacht kommt ein verirrter Dandy für einen Moment zurück, er ist von seinem Tag erschöpft, wirft sich in einen Stuhl, streckt seinen Fuß auf einem anderen aus, schüttet im Gähnen ein Glas Limonade herunter, tippt irgendjemandem auf die Schulter, wie um Adieu zu sagen und verdrückt sich. Der Gasmann kommt, alles erlischt. Einige Gruppen bleiben noch, man trennt sich rauchend im Mondschein. Eine Stunde später rührt sich keine Seele mehr und drei oder vier geduldige Fiaker warten einsam vor dem Café Anglais auf die Gäste, die nicht vor Tage herauskommen.

Nun, Madame, das ist getreue Porträt des Boulevard de Gand. Nun werden Sie vielleicht fragen, welche außergewöhnlichen Vergnügungen sich dort bieten? Man muss zunächst wissen, dass es ein maskulines Paradies ist und dass es mir demzufolge schwierig erscheint, es Ihnen verständlich zu machen. Ich habe Ihnen nur das Äußere skizziert. Was ich Ihnen jetzt zeigen muss, ist das Innere, die Einrichtung der Einheimischen, kurz, die Seele des Boulevards. Nur, wie stelle ich das an? Wenn ich Ihnen sage, dass es für einen jungen Mann ein erlesener Genuss sein kann, einen Stiefel, der ihm Schmerzen verursacht, zu tragen, so werden Sie lachen. Wenn ich Ihnen sage, dass ein Pferd mit lieblichem und bequemem Aussehen, ein wirklich schönes Pferd, vielleicht beim Händler bliebe, während man sich auf ein bösartiges Vieh stürzt, das an jeder Straßenecke ausschlagen wird, so werden Sie es mir nicht glauben. Wenn ich Ihnen sage, dass regelmäßige Teilnahme an allen Uraufführungen, der vorsaisonale Genuss von Erdbeeren, eine Prise Tabak am Braten, das Wissen wovon gesprochen wird und wann man lachen muss und welches die letzte Neuigkeit eines Theaters ist, dass man sein Teuerstes auf alles Beliebige verwettet und es am nächsten Tag lächelnd bezahlt, seinen Diener duzt und den Namen seines Kutschers nicht kennt, dass der Geruch von Jasmin und Pferdestall, die Lektüre des Veranstaltungsjournals an Orten, an denen man sein muss und dabei den Zerstreuten und den Vielbeschäftigten spielt, während man die Fliegen beobachtet; dass enorm viel trinken oder überhaupt nichts, die Frauen mit gelangweilter Miene mit einer Rose des Tivoli am Knopfloch zu krönen und schließlich eine schöne Dame zur Geliebten haben, die für drei Francs einem ganzen Parterre das größte Geheimnis ihres Haushalts zeigt; wenn ich Ihnen sage, dass dies das größte Vergnügen ist, werden Sie sich über mich lustig machen. Ach! Sie sind im Unrecht. Ich versichere Ihnen, dass dies die Wahrheit ist. Ein Stiefel, der schmerzt, läuft meistens gut; ein böses Pferd mag schöner sein als ein anderes; bei einer Uraufführung kann man der Welt zuhören, wenn das Stück keinen Geist hat; nichts ist so sanft wie Obst, egal welcher Art; eine Prise Tabak macht das Wild schmackhafter; lachen, plaudern, wetten und bezahlen sind rühmliche Dinge, die jedem freistehen; der Geruch des Pferdestalls ist gesund und der von Jasmin herzerquickend; Menschen zu duzen zeugt von Größe; eine gelangweilte Miene missfällt den Damen überhaupt nicht und eine Frau, die die Mühe wert ist, sich ins Parterre zu begeben, egal um welchen Preis, ist sicher würdig, einen vornehmen Mann glücklich zu machen. Wir verstehen uns nicht, ist es nicht so? Dies, Madame, führt dazu, dass ich nicht versuche, Sie den Charme des Boulevard de Gand kosten zu lassen und dass ich verpflichtet bin, mich an das zu halten, was ich Ihnen zuerst gesagt hatte: Es ist einer der angenehmsten Orte, die es auf der Welt gibt.

DIE LIONS VON EHEDEM

Die Zeitschrift *La Mode* brachte 1840 zwei Artikel heraus, die sich mit den *lions* früherer und gegenwärtiger Zeiten befassten. Der *lion* ließe sich wohl am besten als Salonlöwe übersetzen. Der Autor des ersten Artikels, ein gewisser Commandeur d' Espalières, führt uns einen kulturgeschichtlichen Abriss vor Augen, der deutlich erkennen lässt, dass das Phänomen des Dandysmus kein neues ist, sondern schon seit längerer Zeit existiert. Der *lion* als Salonlöwe kann natürlich nur so alt sein, wie die Salonkultur. Er ist somit eine weitere, kulturell verfeinerte Spielart des Dandysmus, der bereits in der Antike zu beobachten war. Der französische Begriff darf jedoch nicht verwirren, der Commandeur unterschlägt nicht, dass das Phänomen ursprünglich aus England kam. Seine Beschreibung verweist deutlich auf den Dandysmus der Regentschaft, mit Brummell an der Spitze. Doch in Frankreich sei das Phänomen schon mehr als dreihundert Jahre alt und so waren es eigentlich die Franzosen, die den Engländern den Dandysmus brachten.

Der Autor gibt einen sehr aufschlussreichen Abriss über die verschiedenen Spielarten und die Charakteristika des französischen Dandysmus. Da sind die *raffinés* des 17. Jahrhunderts, die sich betont feminin gaben. Dann kamen die *mignons*, die sich durch einen unersättlichen Durst nach Luxus auszeichnen und wagemutig immerfort nach einer neuen Schlacht, einem weiteren Duell suchten. Am 27. April 1578 beschlossen drei *mignons* des Königs Heinrich III. und drei Anhänger des Herzogs von Guise, die Schlacht der Horatier gegen die Curiatier nachzustellen, wobei vier der Teilnehmer sofort starben oder ihren Verletzungen erlagen. Dies mag einen Einblick in die Kühnheit dieser Dandy-Ahnen geben. Nach ihnen kamen die *petits-maî tres*und die *beaux*. Der berühmte Herzog von Buckingham, in England einer der führenden *beaux*, vielmehr ein *roué*, verdankte seine Eleganz der französischen Erziehung. Bei den *roués* gewinnt schließlich das Laster überhand. Als letzte Erscheinung finden sich die *incroyables* und die *merveilleuses*, die während des Direktoriums (1795–1799) in Erscheinung treten. Die Damen fielen durch eine Kleidung auf, die mehr ent- als verhüllte; die Männer durch einen ganz eigenen Sprachstil, der von einer Unterdrückung des *r* geprägt war, eine ebenso exzentrische Kleidung und einen Stock, den sie immer bei sich trugen und den sie *le pouvoir exécutif* – die ausübende Gewalt – nannten. Ihr Moschusparfüm brachte ihnen auch den Namen *muscadins* ein.

DIE LIONS VON EHEDEM

Commandeur d'Espalières

In der Geschichte des *lion*, die wir Ihnen erzählen werden, handelt es sich nicht um den König der Tiere, der von M. de Buffon[1] so brillant beschrieben wurde. Der *lion*, den wir Ihnen präsentieren möchten, ist der König der Mode und heutzutage der einzige König in Europa, der sich wirkliche Autorität bewahrt hat. Heute, in dieser ungläubigen Zeit, in der man nur noch an die Farbe einer Krawatte, den Schnitt eines Fracks, die Schnelligkeit eines Pferdes, den Geruch einer Havanna und an eine telegrafische Depesche glaubt. Die *lion*s kamen von England zu uns, wir haben sie für unsere jungen, modischen Leute aufgenommen, für diejenigen, die das Privileg haben, durch den Eklat ihrer gelben Handschuhe aufzufallen, sei es in der Oper oder im Jockei-Klub[2]. Aber wir haben den Namen des *lions* missbraucht, sagen zumindest die Engländer. Bei ihnen ist der *lion* der Held eines galanten, exzentrischen oder skandalösen Abenteuers, er kam, um einen großen Auftritt hinzulegen und die englische Gesellschaft zu beschäftigen. Der *lion* ist eine vorübergehende Würde, das Objekt des Kultes um ein Idol, ein König für einen Tag, eine Woche höchstens. Dieser Liebling der Mode und des Publikums wird von einem Moment auf den anderen als *lion* bezeichnet, er strahlt durch die Laune seiner zwei Königinnen, ist für einige Stunden die wichtigste und außergewöhnlichste Persönlichkeit. Dann wird er durch eine andere Laune von einem neuen Favoriten entthront, der an seiner Stelle *lion* wird und ihn ins Nichts zurückkehren lässt. In Frankreich und besonders in Paris sind die *lions* die Prinzen des Dandysmus, sie sind die Erwählten unter den Erwählten, die zarte Blume der eleganten und modischen Welt. Mein junger und geistvoller Freund Roger de Beauvoir[3] hat es sich zur Aufgabe gemacht, diese zu beschreiben. Er ist selbst ein *lion* und zwar einer der besten. Im Milieu der *lions* lebend, wird er uns in der nächsten Ausgabe eine interessante Physiologie, ja fast eine Autobiographie geben. Ich brauche

1 Georges-Louis Leclerc, Graf von Buffon (1707–1788), französischer Naturwissenschaftler und einer der bedeutendsten Stilisten der französischen Literatur

2 Exklusiver Klub für Pferdezucht und -rennen

3 Roger de Beauvoir (1809–1866), Journalist, Dandy und Schriftsteller

mich somit nur um die *lions* von früher zu kümmern, die Traditionen und Erinnerungen aufgreifend, die uns geblieben sind. Was man heute *lion* nennt, ist seit drei Jahrhunderten ein bekannter Typus in Frankreich. Wir waren es, die die ersten aus Spanien zur Zeit Philippes II. und aus Italien in den glanzvollen Tagen von Venedig und Florenz entlehnten. Wir haben dann die Engländer mit ihnen bekannt gemacht, die sich nun die Ehre gaben und ihre Dandys schufen, die sich kaum für 20 oder 30 Jahre halten konnten. Brummell, der Falstaff des Prinzen von Wales, der dann Regent und schließlich König George IV. wurde, war einer der größten und bekanntesten Dandys. Einer seiner Nacheiferer war ein reicher Mann namens Ball, der so opulent und dick war, dass man ihn Golden Ball nannte. Ein anderer hieß Hayne und hatte die Angewohnheit, immer grüne Kleidung zu tragen, also nannte man ihn Pea Green; und nicht zuletzt jener namens Nash,[4] das letzte Relikt derer, die man *beaux* nannte, und sich entsprechend Beau Nash nannte. Zwischen den *beaux* und den Dandys gab es in England die *macaronies*.[5]

Die *lions* des 17. Jahrhunderts unter Charles IX. und Henri III. nannten sich *raffinés*. Es waren junge Männer mit femininen Zügen, die die Vorlieben und die Laschheit der Italiener nachahmten, die im Gefolge der Katherina von Medici nach Frankreich kamen. Wie diese parfümierten sie sich mit den verschiedensten Düften, von den Handschuhen bis zum Bart und von den Haaren bis zu den Schleifen ihrer Schuhe. Später nannte man sie *mignons*. Jeder Prinz hatte die seinen - nichts kam dem Luxus ihrer Kleidung nahe. Der Schnitt der Schlaufe eines Mantels war unter ihnen eine große Angelegenheit und die *mignons* des Königs, die des Herzogs von Anjou, seines Bruders und des Herzogs von Guise, schlugen sich wegen der Form einer Mütze oder der Maße einer Halskrause. Sie trugen immer ein Schwert oder einen Dolch in der Hand, und der Garten von Chartreux, die Gräben von Nessle und die Wiese von Clercs waren die Schlachtfelder, auf denen die jungen Hofherren mit ihren Sekundanten die belanglosesten Streitigkeiten in Kämpfen um Tod und Leben austrugen. Es ging darum, wer den Spazierstock mit der größten Würde trug, wer mit der größten Geschicklichkeit das Bilboquet[6] spielte und wer mit dem Blasrohr den perfekten Ton traf. Die Kaprizen der Mode waren nicht

4 Richard Beau Nash (1674–1762), Dandy und Erneuerer des Kurortes Bath
5 So nannten sich die Dandies, die nach der Grand Tour italienische Verhaltensweisen nach England brachten.
6 Kugelspiel

immer Ursache dieser Duelle, die galanten Abenteuer des Hofes mit den größten Liebschaften in ganz Europa riefen diese auch oft hervor. Brantôme[7] hat uns in seinen pikanten Erinnerungen in die Geheimnisse der zahlreichen Schicksale dieser brillanten Libertins eingeführt. Es war die schöne Zeit der *mignons* und die letzten Jahre der Valois,[8] so freigiebig, so galant, so ritterlich und so verführerisch. Saint-Mégrin,[9] Joyeuse,[10] Caylus,[11] Maugiron,[12] d'Epernon[13] waren die *lions* des 17. Jahrhunderts. Henri III. ehrte sie oftmals in einem schönen Marmormausoleum, das Gedenken an seine *mignons*, unabhängig davon, ob sie unter dem Dolch eines wütenden Ehemannes starben oder in einer einzigartigen Schlacht getötet wurden. Und am Hof sagte man sich, wenn man einen sah: Ich werde ihn in Marmor hauen.

Nach ihnen kamen unter Louis XIII. und Louis XIV. die *petits-maîtres* und die *beaux*, die die *lions* jener Zeit waren. Sie hatten ihren Hof im königlichen Palast, im Salon von Ninon[14] und im Boudoir von Marion Delorme,[15] wofür sie den Louvre und Saint-German häufig verließen, nachdem der König sich schlafen gelegt hatte. Der junge Cinq-Mars[16] war ein wahrer *lion*, der anlässlich seiner Hinrichtung die fantastischste und geschmackvollste Kleidung trug. Er sagte, er wolle sich auf dem Place des Terreaux nicht wie ein Rüpel zeigen, dort wo die schönsten Frauen der Stadt in zwei Reihen standen, um ihn zu sehen. Er wollte mit Würde sterben, so wie er gelebt hatte. Am Hofe Ludwig XIII. entwickelte der berühmte Herzog von Buckingham[17] seine Eleganz und Galanterie. Er wurde in den

7 Pierre de Brantôme (1540–1614), französischer Soldat, Höfling und Schriftsteller. Brantôme ist bekannt für seine *Mémoires de Messire Pierre de Bourdeilles*.

8 Französisches Adelsgeschlecht (1328–1589), das mit Henri III. ausstarb. Die Valois waren eine der am längsten herrschenden Dynastien Frankreichs.

9 Jacques Stuer, Graf von Vauguyon, Marquis von Saint-Mégrin

10 Anne von Joyeuse, Baron von Arques, Vicomte später Herzog von Joyeuse (1561–1587), französischer Edelmann und Führer der Katholiken im Kampf gegen die protestantischen Hugenotten

11 Jacques von Caylus, Graf von Caylus

12 Louis von Maugiron

13 Jean Louis von Nogaret, Herzog von Epernon (1554–1642)

14 Ninon de Lenclos (1620–1705), französische Kurtisane, ihr Salon galt als sehr erlesen und sie als geistvollste Frau ihrer Zeit.

15 Marion Delorme (1613–1650), berühmte Kurtisane

16 Henri Coiffier von Ruzé d'Effiat, Marquis von Cinq-Mars (1620–1642), Günstling Ludwig XIII., war an einer Konspiration gegen den Kardinal Richelieu beteiligt und wurde deswegen hingerichtet. Cinq-Mars war berühmt für seine Extravaganz, Arroganz und Freizügigkeit.

17 George Villiers, 2. Herzog von Buckingham (1628–1687), englischer Diplomat, Staatsmann und Libertin

Häusern Rambouillet[18] und Condé[19] mit Esprit und Höflichkeit vertraut gemacht.

Der Hof Ludwigs XIV. war voller berühmter *lions*. Bussy-Rabutin berichtet uns in der *Histoire Amoureuse des Gaules* von ihren Heldentaten, was ihn in die Bastille brachte und auf zwanzig Jahre entehrte. Molière porträtiert die *lions* seiner Zeit in den Grafen einiger seiner Komödien und Michel Baron hinterließ uns ein Porträt im Moncade seines *Homme à bonnes fortunes*. Die berühmtesten *lions* dieser Epoche waren Vardes, Lauzun,[20] d'Ayen,[21] Marsillac.[22]

Um die Position des *lion* zu halten bedarf es viel Sorgfalt, sie erfordert beständige Übung. Wird sie vernachlässigt, so entgleitet sie einem. Man stellt sich über die Mode und die Gewohnheiten der großen Welt, über den guten Geschmack und die Manieren. Es braucht eine tiefe Besonnenheit wie die Lauzuns, der nach zehn Jahren Gefängnis in die Gesellschaft zurückkehrte, in der er den Ton angegeben hatte, und die antiquierte Mode und Würde mit sich brachte. Dieser entthronte *lion* sprach zum König, als er bemerkte, dass sich alle jungen Leute am Hofe über ihn lustig machten: »Sire, ich sehe, wenn man sich von ihrem Hof entfernt, wird man nicht nur unglücklich: man wird lächerlich.«

Die *roués* waren die *lions* der Regentschaft; sie waren die Gefährten der Ausschweifungen des Herzogs von Orléans, der in den ersten Jahrzehnten des letzten Jahrhunderts den Ton am Hof und in der Stadt angab. Trunksucht, Tabak und die beschämendsten Laster bestimmten den Geschmack der Zeit. Man sieht, dass wir nichts anderes tun als sie zu imitieren und dass unsere *lions*, das Café verlassend, den Kopf voll des Geschmacks von *vin d'Ai*,[23] eine Zigarre im Mund, dem Herzog von Tribaudière ziemlich ähneln, der, wie man berichtet, betrunken strauchelnd und die

18 Das Palais der Marquise von Rambouillet in Paris, wo sich zwischen 1618-1650 ein in Frankreich tonangebender literarischer Kreis versammelte

19 Das Schloss von Condé, ca. 100 km östlich von Paris gelegen, gehörte bis 1624 den Bourbonen, dann den Savoyens und ging schließlich 1719 in die Hände des Geheimrats Johann Franz Leriget de la Faye von Ludwig XIV. über. Dieser war Mitglied der Académie Française und empfing im Haus Condé Schriftsteller wie Voltaire und Crébillon. Zur Umgestaltung des Schlosses lud der neue Eigentümer zahlreiche Maler wie Boucher, Watteau und Odry.

20 Antonin Nompar de Caumont, Herzog von Lauzun (1633–1723), Höfling, berühmt für seine Liebesabenteuer

21 Anne de Noailles, Marquis von Montclar, später Graf von Ayen (ca. 1613–1678), Feldmarschall und erster Offizier der Leibgarde

22 François de La Rochefoucauld, Fürst von Marsillac (1613–1680), Soldat, Moralist und Höfling

23 Fashionables Getränk

Nase mit spanischem Tabak besudelt, aus dem Fite-Kabaret oder dem Kabarett Morlière kommt.

In der Schule des königlichen Palastes wuchs der junge Herzog Fronsac heran, nach dem Beispiel der *roués* des Regenten: Nocé, Pompadour, Canillac und Riom. Er wurde später unter dem Namen des Herzogs von Richelieu der bekannteste *lion* des Hofes von Ludwig XV. Über sechzig Jahre lang erstaunte er Europa durch seine Tollheiten, Eleganz, Abenteuer und Ideen. Solch ein Mann ist ein wahrer *lion*, der seinen Antrittsbesuch in Wien am Kopf von zwölf, mit sechs Pferden bespannten und mit silbernen Nägeln beschlagenen Wagen feiert, die so locker angebracht sind, dass sie, bevor er in das Hotel der Botschaft zurückgekehrt ist, allesamt auf dem Weg dieses Festzuges zerstreut sind. Der Herzog von Richelieu gab lange Zeit den guten Ton am Hof und in der Stadt an. Er hatte einen Tisch, einen Hof und einen Serail, auf dem Land, unter den Mauern von Mahon, sowie in seinem Hotel in Paris. Er eroberte Hannover, um im Garten seines Hotels einen Lustpavillon zu errichten. Während seiner Regierung in Bordeaux lebte er im Luxus und Adel eines Nabob von Golconde[24] oder eines Vizepräsidenten von Peru. Im Alter von achtzig diktierte er noch immer die Gesetze der Mode in Versailles und Paris, hatte noch immer Erfolg bei den Diners von Madame Dubarry, in Luciennes sowie in der Loge von Madame Vestris in der Comédie Française.

Nach ihm kam der Herzog Lauzun,[25] dieser große Herr, der im Schoße von Madame Pompadour großgezogen wurde und der sein abenteuerliches und galantes Leben, das so viel Aufregung in die englischen, italienischen und polnischen Herzen brachte, im Boudoir der berühmtesten Damen begann. Ein *lion* mit langen Krallen, der gleichzeitig ein Opfer in Polen und ein anderes in London hatte, und der, nachdem er Versailles und Trianon in Entzücken versetzt hatte, sein Leben durch die Orgien von Raincy und Monceaux beschmutzte - in der Gesellschaft des Herzogs von Orléans, der ihn mit in die revolutionären Perversionen riss und ihm nur drei Monate dem Schafott vorausging. Lauzun war während seiner ganzen Jugend ein *lion* mit gutem Geschmack. Er wurde an der Schule des liebenswürdigsten Prinzen Europas ausgebildet, der ebenfalls einer der vornehmsten

24 Alte Festungsstadt in Indien, in der einst Diamanten verarbeitet wurden

25 Armand Louis de Gontaut-Biron (1747–1793), Comte de Biron, später Duc de Lauzun, General und Lebemann

lions war, der die Feiern von Bagatelle[26] und die Diners von Bancelin[27] durch seine Würde bezauberte und durch seine spirituelle Heiterkeit anregte, und der - immer ein eleganter Mann von Welt - nie vergaß, dass er ein Prinz und der Fürst von Artois war. In dieser Epoche wurden die englischen Sitten in Frankreich eingeführt, die Pferdewetten, bei denen der Herzog von Orléans wie ein Stallknecht glänzte und der Fürst von Artois wie ein Edelmann. Der *lion* kehrte in dieser Epoche aufgrund unserer Bewunderung für die englischen Sitten von London zurück. Eines Tages saß Herr von Nédonchel, auf dem Rückweg von einer verregneten Jagd in den Wäldern von Satory, auf dem Pferd an der Wagentür des Königs, der vom Trab des Pferdes beschmutzt war. Der König steckte seinen Kopf aus dem Fenster und sagte zu seinem Knappen:»Passen Sie auf, Herr von Nédonchel, sie beschmutzen *(crotter)* mich.« Herr von Nédonchel verstand »sie traben« *(trotter)* und antwortete mit zufriedener Geste:»Ja, Sire, nach englischer Art.« Der gute Louis XVI. schloss humorvoll das Fenster, während er sagte:»Die Anglomanie geht ein bisschen zu weit.« Herr von Nédonchel war einer der *lions* des Hofes.

Es gab noch einen *lion* dieser Art, der Bischof von Autun, bekannter unter dem Namen Talleyrand.[28] Er war es, der während der Revolution den Typus des edlen und unterhaltsamen Mannes aufrecht erhielt. Es war Talleyrand, der den einzigen alten *lion* formte, der uns geblieben ist, den berühmten Herrn von Montrond,[29] der Lauzun des Direktoriums und des Empire, der sich selbst überlebte, nachdem er über dreißig Jahre lang das Zepter der Mode in Paris gehalten hatte und das Vorbild für die Herrschaften des Hofes, die Lieblinge von Barras in Luxemburg und die Schmeichler der Salons von Talleyrand war. Diejenigen, die Montrond vor vierzig Jahren nicht gesehen haben – in den Salons von Frascati[30] oder dem Pavillon von Hannover, auf den Feiern des Hotel Marbeuf, auf den Konzerten von Garat[31] (der auf seinem Gebiet auch ein *lion* war), im Foyer der Oper, als die Oper noch ein Foyer hatte – können sich keine realistische Vorstellung dieses *lion* machen! Montrond diente Vernet

26 Schloss im Bois de Bologne, Paris, das vom Architekten Bélanger für den Grafen von Artois errichtet wurde

27 Madame Bancelin, französische Gesellschaftsdame

28 Charles-Maurice von Talleyrand-Périgord (1754–1838), französischer Politiker und Diplomat, galt als Zyniker und Wüstling

29 Casimir Graf von Montrond (1768–1843), französischer Diplomat

30 Das Café Frascati, gelegen an der Rue Richelieu und dem Boulevard, bot ein Restaurant und einen Spielsaal

31 Pierre Garat (1764–1823), französischer Musiker

als Vorlage seiner *incroyables*,[32] denn diese *merveilleuses* waren die *lions* und *lionnes* des Direktoriums. Carle Vernet war selbst Zeit seines Lebens *lion*, gewöhnt an die Rennen im Wald von Vincennes, die Feste im Jagdschloss des Königs, die Jagden des Prinzen und alle Begegnungen des guten Tones der Dandys einer vergangenen Zeit. Sein Sohn Horace hat das Erbe seines Ruhmes angetreten; Horace Vernet und der Vicomte Sosthènes de La Rochefoucault sind die letzten Dandys der Restauration, die uns bleiben.

32 Französische Spielart des Dandys, mit »unglaublichen« *(incroyables)* Modegewohnheiten

DIE LIONS VON HEUTE

Dieser Artikel stammt erneut von dem Dandy und Schriftsteller Roger de Beauvoir, der hier aus seinem Milieu erzählt. Der *lion* ist die *crème de la créme*, die *lions* sind die »Prinzen des Dandysmus«, ihr Vorkommen ist rein urban und bleibt auf Paris beschränkt. Der *lion* erscheint hier als das französische Pendant zum englischen Dandy mit dem gemeinsamen Merkmal einer frappanten Exzentrizität. Auffällig ist, dass dieser *lion* den Heldenmut seiner Vorfahren nicht mehr in Duellen, amourösen Abenteuern und politischen Intrigen auslebt, sondern sich auf gesellschaftliche Abenteuer wie Pferderennen, halsbrecherische Moden und impertinentes Auftreten verlagert. Die weltmännische Intelligenz bleibt, doch die gesellschaftlichen Umstände haben sich mit dem Niedergang des Adels und dem Aufkommen des Bürgertums gewandelt. Politik wird nicht mehr am Hof gemacht, die freizügigen *libertins* werden in einer von bürgerlichen Tugenden dominierten Gesellschaft geächtet und Duelle werden zunehmend in den Salon verlagert. Das Wort wird zur Waffe; diesen Kampf ist der Dandy seit den *wits* gewöhnt. Beauvoir enthüllt uns zudem den Unterschied zwischen dem echten und dem falschen *lion*, dem wahren, überlegenen Dandy und dem lächerlichen Möchtegern-Dandy, dem Snob.

DIE LIONS VON HEUTE

Roger de Beauvoir

Der heutige *lion*, das muss ich Ihnen zuerst sagen, verehrte Leser, entspricht dem geschilderten Lion von ehedem, der sein Recht in der Galerie der Mode hat, überhaupt nicht. Er ist nichts weniger als eine reizende Spielart der Pariser Welt. Seine Exzentrizität entspricht der des englischen Dandys.

Dieser Pariser *lion* hat nicht die gepuderte und parfümierte Mähne des alten *lion*, dafür hat er polierte Haare, einen Gehstock mit Hesperidenapfel, umgekrempelte Manschetten, Lackschuhe und gelbe Handschuhe. Seine Fingernägel sind künstlerisch in Spitzbögen maniküt, er trägt einen mittelalterlichen Bart, Krawatten von Boivin und in seinem Mund eine Zigarre. Er mag Tee, Wetten, den Jockei-Klub und alles, was aus England kommt. Er kennt die Namen sämtlicher Klubs in London, was mehr als Tausend sind. Er trauert um Brummell und hat eine ausschließliche Vorliebe für den Grafen von Orsay.[1] Er besitzt mindestens 53 Westen, 25 Krawatten und ebenso viele Stöcke. Sie sprechen von George Sand?[2] Er kennt sie. Duprez?[3] Den hat er letzte Woche ausgebuht, weil er seiner Freundin einen Gefallen abschlug. Er spielt, er reitet, er geht auf die Jagd, er schmückt sich, er ist bis zum 30. Lebensjahr kaum korpulent. In diesem Alter schnürt er sich ein, macht sich wieder flott, bleibt dem Champagner fern. Er hat dreistündige Besprechungen mit den Schneidern Wirth oder Blin wegen seiner Hosen; er skizziert all seine Kleider mit Bister.[4] Bei den ersten Darbietungen wogen seine Haare, fallen zurück und sträuben sich, er ist der Blickfang aller Lorgnette. Er legt keinen Wert auf das Ehrenkreuz, sondern bevorzugt eine Rose oder Nelke, das bekannte Zeichen der Eitelkeit. Seine Ringe, seine Edelsteine, seine Ketten kommen von Pradher – sein Wein aus Bourdeaux von Lafleur. Er ist im Ballon

1 Alfred Guillaume Graf von Orsay (1801–1852), französischer Dandy und Künstler
2 Pseudonym von Amandine Aurore Lucile Dupin (1804–1876), französische Schriftstellerin, war u.a. mit dem Schriftsteller und Dandy Alfred de Musset liiert und mischte sich in die Bohème, indem sie Männerkleidung trug.
3 Gilbert-Louis Duprez (1806–1896), französischer Sänger und Komponist. Duprez gilt als der erste romantische Tenor und arbeite zwischen 1837 und 1747 an der Pariser Oper.
4 Bräunliche Wasserfarbe aus Holzruß

von M. Green[5] geflogen, hat sich das Handgelenk im Steeple-Chase auf dem Croix-de-Berny[6] ausgerenkt, hat einem Fahrer, der ihm im Weg stand, den Befehl erteilt, die Bühne zu räumen. Er hat Lepaulle[7] damit beauftragt, ihn mit seinem Pferd, seiner Mätresse und seinen Bulldoggen in einem blassen Blau zu malen. Er tötet, er brüllt, er schäumt, er ist unverschämt. Wegen dieser Manieren finden ihn die Bürger lächerlich. Sobald er die Salons betritt, besänftigt sich sein Charakter, er lächelt, er zeigt seine weißen Zähne. Der verliebte *lion* ist für ihn eine Fabel Lafontaines, er belastet sein Herz nicht mit großen Gefühlen. Er hat wenig gelesen, ist viel gereist und findet sich in der Welt zurecht. Er weiß, warum die Herzogin zu den Quellen muss, warum der Herzog eine Einladung zu seinem Ball abgewiesen hat. Er hat eine schöne Hand, einen kleinen Fuß. Er trägt einen Flakon mit Salzen. Er hat gesehen, dass die Wagemutigen den Frauen in bestimmten Komödien den Ansturm abnehmen und tritt mit einem Viergespann in ihr Herz. Er trinkt Lafitte, Château-Margaux, Johannisberg, gekühlten Champagner. Wenn er seine Taler noch nicht wie der Herzog von Richelieu in Portugal waschen lässt, dann weil er es bevorzugt, in seinen Taschen nur einige leichte Banknoten zu tragen. Eines Tages breitete sein Schneider ein prachtvolles Stück vor ihm aus und er kaufte das ganze Tuch, damit nur er es tragen könne. Er sagt, dass sei Buckingham. Er sagt folglich: »Ich erkläre dass« und nennt den größten Poeten einen Dummkopf. Er ist steif, verkniffen, engstirnig, kräftig. Er ist kein Mann mehr, sondern ein Zierbild. Er hat *Pelham* nicht gelesen, diesen köstlichen Roman von Bulwer, diese feine Skizze des lächerlichen Gentleman-Wesens in England, und dennoch scheint er den Spuren dieses großen Helden zu folgen. Er boxt gern, mag Reitübungen und Staub.[8] Er sagt zu einem renommierten Pferdehändler: »Mein Teurer«, zu seinem Hosenschneider: »Mein Herr«. Eines Tages, er wollte mit einem gewöhnlichen Stock ausgehen, nahm sein Kammerdiener einen anderen aus seinem Arsenal und gab ihm diesen, einwendend, dass jener nicht mehr *fashionable* sei. Sein Portier hasst ihn, weil er ihn erst spät schlafen lässt, aber er mag ihn, wenn er ihn bezahlt. Er geht zu Grisier und zerschlägt zwei Florette, von dort zum Taubenschießen bei Gosses, manchmal zu den Predigten des Pfarrers Coeur. Bei ihm hat

5 Charles Green (1785–1870), berühmtester Ballonfahrer des 19. Jahrhunderts
6 Pferderennbahn in Paris
7 François Lepaulle (1804–1886), französischer Maler
8 Modeschneider der Zeit

er die schönen Waffen, er ist neugierig auf die Ansteck-Nadeln. Die ihn ständig Umgebenden gehorchen seinem Gesetz, sehen durch seine Augen, wiederholen seine Orakel. Er ist überhaupt nicht schüchtern oder unzugänglich: Treffen Sie seinen wunden Punkt, wird er sich dazu herablassen, mit Ihnen zwei Zigarren zu rauchen. Er hat den *lionnes* kundgetan, dass sie sich in Acht nehmen sollen und dass er sie nur aus dem Wagen grüßen wird. Er raucht, er boxt, er trinkt und er schwelgt in dieser Welt. Im Klub spricht man nicht davon, aber man hat ihn eines Tages zu Fuß angetroffen, er verließ seine Tante, in Marais![9] Er kritisiert Napoleon, Herrn Thiers und die Engländer. Er sagt, dass Byron niemals Socken getragen hat und dass er ohne Steghose auf ein Pferd stieg. Wenn Sie nicht seiner Gesellschaftsschicht entspringen, mustert er sie, starrt sie an, er ist ein *fat*, der unverschämt geworden ist. Wenn er am Königlichen Palast vorübergeht, vor dem Kaufhaus von Jean de Bourgogne, vor Blanc, dem Westenmacher des Herzogs von Brunswick, fragt er, wie die Polizei solch billiges Tuch tolerieren könne. Er sagt: »Ich wette soviel, verpfände dir, ich gewinne für dich 10.000 Francs.« Er kennt die Stallmeister von Franconi,[10] ihre Taufnamen, ihre Abenteuer. Er plaudert die ganze Zeit und schreit an schönen Orten: »Hop!« Eines Tages trat er mit blasser Gesichtsfarbe bei einem seiner Freunde ein. Er wollte sich umbringen, er hält die Oper nicht mehr aus, auch nicht das Leben! Er setzte seinen Hut auf, während er die Türen des Louvre küsste und sein Schuhmacher hat ihn gesehen!

Ein übertriebenes Porträt, sagen Sie. Ergaste, den ich kenne, ist überhaupt nicht so; Polydor wird zitiert, da er charmant ist; Horace gefällt mir zu Pferde. Théophile hat Esprit, er hat die Komödie beim Herrn von Castellane gespielt. Warum den *lions* die Anspruchslosigkeit eines Lammes geben, warum sie meckern lassen, wenn sie brüllen? Wirklich, ich verstehe Ihre Wut, aber ist es meine Schuld, wenn einige *lions*, die vielleicht von der Liebe der Kurtisane erzogen worden sind, Esprit haben? Spricht diese isolierte Tatsache für die Mehrzahl der Gattung? Darüber können sich die Prinzen der *haute fashion* die Köpfe zerschlagen, die Könige der Mode, die sich im Kongress scharen.

Eines ist sicher: Wie es in Belgien Nachahmer von Büchern gibt, so gibt es bei uns Nachahmer des Dandysmus. Die

9 Pariser Stadtviertel, in dem Beamte, Händler und Handwerker wohnten
10 Pariser Zirkus der gleichnamigen italienischen Künstlerfamilie, die u.a. Pferde dressierte

lions sind sogar mitten in Paris Nachahmer, missgestaltet und verkrüppelt!

Wir werden Ihnen vom echten *lion* berichten, sie werden den falschen erkennen wie man gepanschten Champagner erkennt!

Die falschen *lions* verkehren, entfalten und erstrecken sich auf dem Boulevard vor Tortoni,[11] von drei bis sechs Uhr. Sie sind zusammengeschnürt, gerieben, miserabel, sie tragen unausstehliche Krinolinkragen. Schauen Sie sich dieses Tuch genau an, berühren Sie diese Westen, man fühlt den drittklassigen Schneider. Diese Wäsche ist dubios, diese Nadel ist mit Markasit[12] besetzt. Sprechen sie zu diesen Bohemiens, sie werden sich durch irgendeinen Fehler verraten, den sie an der Sprache des Dandysmus verüben. Sie werden Ihnen, der Sie doch gewiss Romantiker sind, sagen, dass sie die Herzogin von … gesehen haben, wie sie im Wagen nach Bouffes fuhr, dass Herr Frédérick Lemaître[13] sich gut kleidet, und dass sich die Mode der Edelsteine nicht halten wird. Sie haben nicht gegessen, aber Zahnstocher im Mund, und finden es für ihren Ruf nützlich, die Stühle des Café de Paris zu belasten, dem König aller Restaurants, wenn man es dort schafft, dass man Sie in weniger als einer Stunde bedient. Sie sind zu Fuß, aber haben Sporen, einen Morgenfrack und eine Peitsche. Sie sprechen von Pferden, Jagden und Ponys. Es gibt solche, die leben, wortwörtlich, für ein Kabriolett, andere für einen Tilbury, den sie für einen Monat in der Rue Basse ausgeliehen haben. Sie erzählen Ihnen vom Royal Yacht-Club in London, den sie nicht gesehen haben, dem Oxford Epicurean-Club, dem Royal Navy-Club, dem Royal Naval-Club, etc. etc. Inmitten dieser interessanten Nomenklatur passiert ein Mann im schwarzen Frack den Boulevard. Er könnte zugleich Arzt, Dichter, Abgeordneter sein. Er nähert sich unserem mysteriösen Mann: »Ich verlasse Sie, mein Teurer, sie rufen dem falschen *lion* nach, ich gehe mit meinem Notar.« Dieser Herr ist gar kein Notar, er ist eine Handelswache. Der *lion* hat seinen Carter getroffen!

Sprechen wir nun vom literarischen *lion*, der niemals weniger als fünfzehnhundert Verse in den Salons liest, acht Gläser gezuckertes Wasser trinkt und seine Muse mit Tee bestärkt. Er hat Pferde, eine Leier, einen Tilbury, er ist die Sonne aller Feiern,

11 Berühmtes Pariser Café, in dem die fashionable Klientel verkehrte

12 Ein Mineral, das besonders in Silberschmuck verarbeitet wird

13 Frédéric Lemaître (1800–1876), französischer Schauspieler, der seinen Durchbruch mit der Darstellung des Robert Macaire in dem Stück *l'Auberge des Adrets* hatte; spielte in diversen romantischen Theaterstücken von Hugo bis Balzac

er singt, er tanzt Walzer, er ist der Gast, dem ein großes Gedeck verpflichtet ist. Er ist gezwungen, den kleinen Cousin zu beschützen, der Oden dichtet, den Künstler, der seine Porträts im Salon ausstellt, den Restaurantchef, der sein Etablissement öffnet. Sprechen Sie ihm nicht von seinen Werken, er wird Ihnen sagen, dass er sie hasst, oder von seinen Gedichten, die er für seinen Verleger, der ihn anklagt, im Stil von Mascarille anfertigt. Er mustert die Frauen, er taucht in die tiefsten Geheimnisse ihrer Herzen ein. Er kennt das Starke und das Schwache aus Genaueste, er ist der Terror der liebenden und zaghaften Tauben, er ist ein zweites '93!

Und der politische *lion*! Oh! Was ihn betrifft, kommen Sie näher, meine Damen, er tötet nicht. Er ist so sanft wie eine Spalte im *Moniteur*.[14] Er hält sich aufrecht, trägt eine Krawatte. Diesen Morgen hat er vier Minister und einen Botschaftssekretär gesehen. Herr Thiers hatte die Güte ihm zu schreiben: Mein Teurer. Was für eine zerzauste Mähne, lieber Gott! Es ist ein nahezu königliches Toupet! Möchten Sie etwas über die Krise im Orient erfahren, den Zucker, England? Er sagt Ihnen … was die Zeitungen gestern Abend darüber geschrieben haben, aber er ist besonders auf geheimen Wegen beschlagen. Er ist auf allen Banketten, er trinkt auf die Mutigen, auf die Lorbeeren, auf die Zerstörung der Hydra der Anarchie. Er lässt sich seine schwarzen Anzüge nach den Schnittmustern von Herrn Canning schneidern. Er spricht von Wahlen, Kabilen,[15] Mehrheiten. Es gibt Frauen, die ihn hässlich finden, aber er kennt viele Namen, viele Flaschen Wein, viele Minister! Das Théâtre-Français ist unpässlich? Er spricht mit Herrn von Rémusat,[16] er hat die Güte beide Komödien zu beschützen. Sie sind verblüfft, ihn zu sehen, nicht wahr? Es ist sein Knopfloch, es ähnelt einem Regenbogen. Er hat das Cabriolet abgeschafft und ist im Landau gekommen, das ist sein Wandel.

Der künstlerische *lion* kratzt an der Tür. Lassen wir ihn ein, meine Damen? Er hat tausend kleine Talente. Er imitiert die Tragiker, die Schauspielerinnen, die Helden des Melodramas. Er spielt für die Armen, er führt die Damen durch den Salon, er hat drei römische Medaillen und eine naturgetreue Skizze eines Felsens. Man spricht von Rom, seine Haare sträuben sich, er feilt an seinen Nägeln, er wartet auf den günstigen Moment, an dem er seine kara-

14 *Le Moniteur universel*, frz. Zeitung, die von 1789–1901 erschien und lange Zeit als Regierungsorgan fungierte
15 Berberstamm in Nordafrika
16 Charles de Rémusat (1797–1875), französischer Schriftsteller, Journalist und Politiker, Mitglied der Académie Française

kallische, etruskische, florentinische Gelehrtheit in Szene setzen kann, der unkluge *lion* hat geredet. Er ist ein Freund der Künste, er besucht die Ateliers, er ist eifrig an Auktionen beteiligt. Sie laden ihn zum Frühstück ein? Er erscheint als künstlerischer *lion* mit heruntergeklapptem Kragen im Stil von Benvenuto Cellini, einem Gehrock aus schwarzem Samt, der einen toskanischen Kasacken[17] imitiert und mit in schweren Trauben nach hinten fallenden Haaren, wie bei den Pagen von Charles VII. Er ist über alles auf dem Laufenden, über Jagden, Erfolge, Triumphe oder tragische Beerdigungen. Er brüstet sich damit, von seinem Onkel verflucht worden zu sein, der ihn dabei erwischt hat, wie er Walter Scott las. Er malt, er singt, er empfängt Sie in einem Morgenrock nach Art der Médicis. Sein Vermieter sagt, er sei verrückt; die Maler halten ihn für ein Genie.

Statt an den Invalidendom, denkt der alte *lion*, den wir im Vorübergehen behandeln müssen, nur an eines: an die Perücke, mit der er seine Mähne ersetzen wird. Heute ist er zuckersüß, er macht mit den Damen Velourlaschen. Morgen wird er bissig sein, unausstehlich. Er hat seine Löwenhaut erneuert, er ist wie neu und feilt liebevoll an seinen Nägeln. Er ist es, der in den Klubs von den Eroberungen vergangener Zeiten berichtet, von den gegessenen Schafen, den eingenommenen Tauben. Er trägt ein Gebiss, angemalte Augenbrauen und das Ehrenkreuz. In seiner Jugend war alles anders: Die *lions* hatten Krallen, sie töteten den ersten, der kam und einen bösen Blick warf. Man erfindet keine Krawattenknoten mehr, die Männer sind schlecht gekleidet, sie haben kaum Wäsche und sie rauchen! Der Trieb, jung zu erscheinen, zwingt den alten *lion* immer wieder, sich an neue Sitten zu gewöhnen: Er hat eine Havanna im Mund und bricht sich zweimal im Monat den Hals. Er glaubt in der fashionablen Welt ruiniert zu sein, wenn er nicht in die Oper geht und die Neigungen einer kleinen Coquillard,[18] Schülerin von Barré, kultiviert. Er flößt sich ununterbrochen Champagner ein. Man hat gesehen wie er, mit sechzig Jahren, in die Waffenkammer geht und sich dem Sturmgewehr ergibt. Andere glauben sich verloren, wenn sie vorgeben, der Mode zu folgen. Einer dieser alten *lions*, der sich seine Mähne regelmäßig frisieren lässt, fühlte sich letzten Monat verpflichtet, der Perücke zugunsten des falschen Toupets zu entsagen, weil es leichter und weniger heiß ist. An diesem Tag kam es in den Tuilerien zu

17 Dreiviertellange Bluse
18 Albertine Coquillard (1825–1846), französische Tänzerin

einem Menschengedränge: viele *lions*, jung und alt, und besonders viele *lionnes*. Ein junger Mann wettete mit dem alten *lion*, ob er über zwei Stühle springe. Der alte *lion* springt über zwei Stühle, drei, er springt immer noch, vier, noch immer. Die *lionnes*, in Erstaunen versetzt, wenden sich dem alten *lion* zu und applaudieren ihm wie Van-Amburgh[19] oder Carter. Warmgelaufen vom Erfolg: »Schauen Sie!« sagt er, zu Herrn O..., dem Sohn des Bankiers, »das ist eine Runde, die Sie nicht machen werden, Sie!« Und mutig wirft er vor den Damen sein Toupet in die Luft.

Wir würden Ihnen gerne Neuigkeiten über den blumigen *lion* und den wilden *lion* geben, zwei interessante Tiere, die dieser Tage in einem Käfig auf einer Postkutsche transportiert wurden, ohne Zweifel nach Italien, der Schweiz, den Wässern des Mont-d'Or oder die Bäder von Dieppe, wie Abgeordnete der fashionablen Welt. Unglücklicherweise ist unser Rahmen gesprengt, man gestattet uns kaum, dem Historiker den Weg zu ebnen. Zudem hat *La Mode*[20] genug seiner kleinen politischen Monster, offiziellen Zwerge und Napoleons mit vier Tatzen, damit wir diesen Platz nicht an ebenso starke Tiere abtreten.

Eine letzte, abschließende Bemerkung:

Während wir darauf warten, dass die Physiologie des *lion* von 1840 eines Tages als Sujet der Akademie vorgeschlagen wird, können wir zumindest die schrittweise Verbesserung dieser Gattung feststellen. Einige Pariser *lions* haben gelernt, dem Lächerlichen zu trotzen. Sie haben ihre Nägel geschnitten und sich zu braven Kindern entwickelt.

19 Isaac van Amburgh (1800–1868),
   Schausteller und der erste
   Mensch, der seinen Kopf in das
   Maul eines Löwen steckte
20 Modezeitschrift, in dem dieser
   Artikel erschien

DER DANDY UNSERER TAGE UND DER BEAU FRÜHERER ZEITEN

Dieser Artikel erschien 1840 in der britischen Zeitschrift *Bentley's Miscellany*, einem Literaturmagazin, das zwischen 1836 und 1868 erschien und für das unter anderem Charles Dickens arbeitete. Der Autor des Artikels bleibt unerwähnt. Der Text zeigt den Unterschied zwischen dem modernen Dandy und seinem Vorgänger, dem Beau. Besonders interessant sind die Informationen bezüglich des dandystischen Sprachgebrauchs, denn der Dandy nutzte auch wesentlich die Sprache, um sich von der profanen Masse zu unterscheiden. Der vorliegende Text illustriert anschaulich die zunehmende Verfeinerung und Vergeistigung, kritisiert aber auch die Verweiblichung des Dandysmus. Die historischen Hintergründe, die zu dieser Entwicklung führten, werden ebenfalls angesprochen und ermöglichen ein leichtes Verständnis des Wandels.

DER DANDY UNSERER TAGE UND DER BEAU FRÜHERER ZEITEN

Anonym

Woran erkennt man einen Dandy? Sein Gesicht ist derartig gefasst und plastisch, dass ein Bildhauer, der vollkommene Ruhe und Apathie gestalten will, es zum Modell nehmen könnte. Sein Haar ist künstlerisch gelegt oder nach der Mode des Tages gelockt, nicht eine Strähne ist nicht an ihrem Platz. Seine Augen haben in der Tat nicht den fischähnlichen Ausdruck eines Holländers, aber sie bilden einen auffallenden Kontrast zu den funkelnden, umherstreifenden Augen des Südländers. Seine Lippen sind etwas zusammengekniffen. Sein Mantel, faltenfrei und von elegantem Sitz, ist so unprätentiös und so ohne Verzierungen, dass er als Beispiel des nivellierenden Zeitgeistes herangezogen werden könnte; sein Leinen ist makellos; seine Haltung scheint sorglos und nachlässig, aber sie ist dennoch einstudiert. Sein Benehmen ist kalt und immer gleich, so dass, wie ein moderner Autor bemerkt, wenn ein Blitz in die Wand seines Zimmers einschlüge, ohne sie zu zerstören, er seinem Kammerdiener befehlen würde, den für die Toilette notwendigen Spiegel zu ersetzen. Sein Akzent und seine Stimme sind in einer der englischen Sprache eigenen Art verändert; er spricht schnell, aber monoton, seinen Mund kaum öffnend und seine Zunge nahe an den Zähnen haltend; er äußert seine Gedanken so lakonisch wie möglich, als ob Zeit, sein wichtigstes Kapital, nicht verschwendet werden dürfte. Er ist in seiner Wortwahl mal wählerisch, mal sorglos; aber sie ist nicht durch Vielfalt geprägt; so dass, wenn Englisch eines Tages eine tote Sprache werden würde, ein *gradus ad Parnassum*,[1] gegründet auf der Unterhaltung eines dandyesken Gentleman, sehr arm an *epitheta ornantia*[2] wäre; denn das Wort *capital* ist immer Ausdruck seiner Zufriedenheit und das Wort *odd* Ausdruck seines Missfallens. Die Stimme des Dandys ist eher feminin; als fürchte der Sprecher noch immer, der Vorwurf von Ungeschliffenheit, welcher der englischen Sprache in Frankreich unter dem *Ancien Régime* gemacht wurde, wäre noch immer auf den abwechslungsreichen Stimmfall des modernen Gentleman bezogen.

1 Eine Art Wörterbuch
2 Schmückende Beiwörter

Vergleichen Sie mit ihm die *fashionables* früherer Zeiten, – die lebhaften Kavaliere von Charles II. und die englischen *beaux* des letzten Jahrhunderts. Was für einen Gegensatz sie bilden! Wie schockiert wäre ein Chandos,[3] wenn er seinen großen Ahnen sähe, – den er als einen Tory ehren muss, – der Herzog von Buckingham, – Villiers, der geistreich prahlende Minister von Charles II., der das Wort Intrige erfand, dessen sich zu dieser Zeit so oft bedient wurde, in Tavernen zechend oder mit Shaftesbury und Rochester seine Geliebten vor dem fröhlichen, gut gelaunten Charles II. rettend! Selbst ein moderner Stanhope würde vielleicht seinen großen Vorfahren, Lord Chesterfield,[4] lächerlich finden, erschiene er ohne Frack oder Schnupftabakdose, sich lediglich auf diese *grace légère* verlassend, die das *Ancien Régime* beherrschte.

Die Zeit hat die Aristokratie Englands wunderbar verändert – im Großen und Ganzen zum Besseren, wenn auch manchmal in lächerlicher Weise. Welch eine Schande, dass sich kein Addison, Fielding oder Bulwer[5] unter den Engländern der Restauration findet, um uns eine lebendige Vorstellung der Feinheiten der Reaktion gegen den strengen Puritanismus von Genf zu geben?

Betrachten Sie ein Porträt eines Kavaliers aus Cromwells Zeiten oder eines Höflings aus der Charles II. Das Gesicht ist muskulös, von starken Leidenschaften gezeichnet, angeschwollen von sinnlichen Genüssen, mit verwegen markanten Augen und Lippen; sein Mantel ist üppig und prätentiös, sein Verhalten stolz und gewagt. Der Ton seiner Stimme war damals so laut und tief, selbst im sozialen Miteinander, dass es für südländische Ohren wie das Gebrüll wilder Tiere klang. Fluchen, mittlerweile so gut wie aus der Mode, war in jeden Satz eingebunden und empörte die Puritaner noch mehr als Trinken und Kämpfen. »Mein guter Freund,« sagte Cromwell einmal ironisch zu einem

3   Englisches Adelsgeschlecht, das 1822 mit dem von Buckingham vereint wurde, als Richard Temple-Nugent-Brydges-Chandos-Grenville, 2. Marquis von Buckingham (1776–1839) zum Herzog von Buckingham und Chandos ernannt wurde.

4   Philip Dormer Stanhope, 4. Graf von Chesterfield (1694–1773), englischer Politiker und Schriftsteller, der vor allem für seine Briefe an seinen Sohn berühmt ist, die *Letters to His Son and Letters to His Godson*, in denen er diesem Verhaltensmaßregeln anbefiehlt, die seinen gesellschaftlichen Erfolg begründen sollten.

5   Joseph Addison (1672–1719), englischer Politiker und Schriftsteller, gründete die Zeitschrift *The Spectator*; Henry Fielding (1707–1754), englischer Schriftsteller und Autor von *Tom Jones* (1749); vermutlich Henry Lytton Earle Bulwer, 1. Baron Dalling und Bulwer (1801–1872), englischer Politiker, Diplomat und Schriftsteller.

Royalisten, den er verbannen wollte, »ich rate Ihnen, nicht länger hier zu verweilen. Fluchen wird vom englischen Parlament besteuert und da Sie es nicht lassen können, würden Sie sich bald restlos ruinieren.« Lassen Sie mich an ein Abendessen am Hof von Charles denken – der übermütige Rochester, Buckingham, Shaftesbury, der König – Champagner und spanischer Wein flossen in Strömen – eine geistreiche Bemerkung folgte der nächsten – nicht die gegenwärtigen Wortspiele oder anzüglichen Witze, sondern beißende Bemerkungen, bei denen der König sicherlich nicht hinterher hinkte, obwohl er nicht immer schlagfertig war. »Shaftesbury,« sagte er einmal, »du bist der größte Schelm im Königreich.« – »Nach dem Herrscher, Sire«, fügte Shaftesbury sofort mit einer Verbeugung hinzu und der König war dem Gelächter der restlichen Höflinge ausgesetzt. Bei einem anderen Anlass war er gezwungen, einer Unverschämtheit Rochesters zuzuhören, der vor seinen Augen das folgende Epitaph las:

> »Hier liegt unser Herrscher, der König, unser Gebieter,
> Auf dessen Wort sich niemand verlässt,
> Der niemals etwas Dummes gesagt
> und niemals etwas Kluges tat.«

Die anwesenden Damen verfehlten niemals, beim Hören geistvoller Anzüglichkeiten zu erröten und die Augen zu senken, bis die Gegenwart von Lady Portsmouth und der Herzogin von Cleveland sie lehrten schamlos zu sein.

Obwohl Klassen und Parteien strenger voneinander geschieden waren, vermieden sie gelegentliches und allgemeines Miteinander seltener als heute. In den Tavernen von London sah man den prachtvollen geschnürten Mantel, die unzähligen Ösen, die langen Locken, den Hut mit Federn aus der Zeit Ludwig XIV. mit dem schlichten Kleid der puritanischen Einwohner vermischt. Wie auch immer, der Dandy unterschied sich von jenen nicht so sehr durch Äußerlichkeiten als vielmehr durch Lärm, Trinken und Fluchen. Auf dem Land traf man nur Gentlemen, die zur Rohheit des Bürgerkrieges und der früh erworbenen Unverblümtheit die Zügellosigkeit ihrer Häuptlinge anfügten, deren Geist sie nicht besaßen und deren höfliche Manieren ihnen unbekannt waren. Wenn sie am Hof erschienen, oftmals in der Uniform des Bürgerkrieges, waren sie ausnahmslos Opfer des Spottes der jungen *wits*. Aus diesem Grund kehrten sie launisch zu ihren Ländereien zurück, um sich bitter über die Undankbarkeit des lustigen Monarchen zu beschweren, Füchse und Hasen zu jagen, sich zu ihren Lehnsmännern zu gesellen und die Grundlage der Klasse der *Country Gentleman* zu legen, die Fielding im letzten Jahrhundert mit dem Typus des unvergleichlichen Squire Western[6] bekannt machte. Wenn die beiden Zeitspannen, ohne die Pause zu betrachten, verglichen werden, scheint es, dass die Kavaliere jener Tage und die Gentlemen der heutigen Zeit, nicht einen Tropfen des gleichen Blutes in ihren Adern hatten. In England ist dennoch die gleiche Leidenschaft für die Fuchsjagd und das Pferderennen zu beobachten; die englische Flagge, schon damals kraftvoll, weht seitdem glorreich auf allen Gewässern beider Hemisphären; das Parlament, so energisch und umsichtig wie damals, macht Gesetze, die eines Tages so heilig sein werden wie das *Habeas Corpus*[7] von Charles II.; England wird, wenn sich die Möglichkeit ergibt, neue Blakes[8] hervorbringen und ein Algernon Sydney[9] wird sich im Notfall immer finden.

Woher kommt nun der bemerkenswerte Unterschied beider Porträts? Es beginnt beim Nationalcharakter – bei dem Begehren der Individuen wie auch der Klassen, anderen zuvorzukommen – beim Patriotismus, der alles Ausländische mit Verachtung zurückweist.

Die Überbleibsel des feudalen Adels, gebrochen und gedemütigt, stammen von den Normannen, die seit der Zeit Edward III. von sächsischen Elementen, von Gewalt und vom Fortschritt der Zivilisation überwältigt wurden, einmal mehr um den Thron verschart, um, wenn möglich, die vom Parlament repräsentierte verhasste Mehrheit zu überwinden. Sie wurden geschlagen. Ihre Niederlage war jedoch nicht von solch entsetzlichen Folgen begleitet wie die des feudalen Adels in Frankreich 1789. Der ernsthafte Charakter der Engländer schützte die Nation vor Anarchie, Blutvergießen und einer Revolution des Besitzes; die in Worcester und Naseby besiegten Royalisten wurden verschont; nur wenige Gewalttaten wurden verübt und diese wurden von der öffentlichen Meinung ausreichend verurteilt. Nur die Anführer und einige ihrer Anhänger flohen; der größte Teil blieb zurück und litt kaum

6 Karikatur des raubeinigen, konservativen Country Gentleman in Henry Fieldings *The History of Tom Jones, a Foundling* (1749)

7 Mit diesen Worten wurden in England seit dem Mittelalter die königlichen Haftbefehle eingeleitet. 1679 unterschrieb Charles II. den *Habeas Corpus Act*, der die Bürger vor willkürlicher Verhaftung schützen sollte.

8 William Blake (1757–1827), englischer Maler und Dichter

9 Algernon Sydney (1622–1683), englischer Politiker, Gegner von Charles II.

größere Qualen als die Irritation und Belästigung, die aus Cromwells berühmter Spionage resultierte. Es ist wohl bekannt, dass die siegreiche Mehrheit der Nation während der politischen Reaktion zu den strengen Grundsätzen des Calvinismus neigte, die natürlicherweise zu einer liberalen Form der Regierung führten. Dies wurde während des Bürgerkrieges veranschaulicht. Der republikanische Geist fasste Fuß; aber er wurde von Tag zu Tag düsterer, bis er zuletzt in einen eifrigen, mönchischen Fanatismus degenerierte. Im vergnügten Frankreich wäre das nie passiert, wenn Henry IV. an der Partei festgehalten hätte, der er die Krone verdankte und die für ihn ihr Blut vergossen hatte. Vergnügen und Frohsinn waren in den Augen der düsteren Republikaner, welche die Straßen Londons mit einem Schwert in der einen und der Bibel in der anderen Hand durchquerten, verdammenswürdige und diabolische Dinge. Ein fröhliches Lied zu singen, zu spielen oder zu tanzen wurde von ihnen als Sünde betrachtet; aber ein Theater zu besuchen oder fluchen, war eine Abscheulichkeit.

Das Parlament erließ gegen solche Genüsse Geldbußen und Prügelstrafen und verordnete Fasten und Gebet statt Müßiggang. Kein Wunder, dass sich Royalisten und gemäßigte Männer über Unterdrückung beschwerten. Kein Wunder, dass sie ihre Feinde hassten; denn anstatt düsterer Kontemplation, rigider Moral und karger Ökonomie waren sie Anhänger von Vergnügen, Zügellosigkeit und Extravaganz. Nach der Restauration war der gelegentliche Kontakt ihrer Gegner nicht notwendig, um auf den Unterschied zwischen dem *Cavalier* und dem *Roundhead*[10] hinzuweisen. Wenn sie sich in gemischter Gesellschaft befanden, bestand zumindest kein Risiko, dass man sie verwechselte. Die hässliche Kleidung der Puritaner; ihr kurz geschorenes Haar, dem sie den Namen *Roundheads* verdanken, gab ihrem Erscheinen neben den lustigen, in steife aber prächtige und majestätische Kleider aus der Zeit Louis XIV. gekleideten Höflingen, in den Augen aller Menschen von Geschmack, einen Nachteil. Es war nicht lange nach der Restauration – als neue Generationen, von anderen politischen Ansichten geleitet, sich in einer neuen Situation fanden – dass sich der Ton der Gesellschaft änderte und sich sowohl im Charakter der Individuen als auch in ihrem äußeren Verhalten eine Veränderung vollzog.

10 Im englischen Bürgerkrieg wurden die Anhänger der Parlamentarier *Roundheads* genannt, die Royalisten wurden als *Cavaliers* bezeichnet.

Das gleiche aristokratische Begehren, sich von den Klassen abzuheben, die nicht unterdrückt werden können und denen die Umstände des emsigen Lebens tausend Möglichkeiten gewähren, eine überragende Kaste zu übertreffen, brachte den modernen Dandy hervor. Wie sollten sich die Sprossen des Adels, die zumindest eine soziale Überlegenheit aufrechterhalten wollen, kenntlich machen? Durch prächtige Kleidung und reiche Ornamente? Durch verschwenderische Ausgaben und Darstellung? Manch ein Krämer oder Baumwollhändler kann selbst einen Ebenbürtigen in den Schatten stellen, um wie viel mehr den jüngeren Sohn?

Alles was also ein junger Mann von Stand jetzt tun kann, ist in der Wahl und Anordnung seiner Kleidung sorgfältiger zu sein und die Geheimnisse der Mode enthüllen ihm Feinheiten der Kunst, die gewöhnlichen Augen verborgen bleiben. Sollen die Verbindungen des Adels sich selbst durch die Reinheit ihrer Sprache und ihr zwangloses Verhalten bemerkbar machen? Erziehung ist in der Mittelklasse genauso und sogar stärker verbreitet und die Mehrheit der Wohlhabenden Englands eignet sich durch sozialen Umgang und Reisen in andere Länder das gleiche elegante Verhalten an.

Selbstverständlich gehört er zu der geschlossenen Gesellschaft, in der ein Komitee angesehener Damen, Gebieterinnen der fashionablen Welt, durch Urteilsvermögen das Privileg zur aristokratischen Gesellschaft zu gehören verleihen, nach dem sich so viele Engländer vergeblich sehnen. Es kann leicht vermutet werden, dass ein Dandy den Mann meidet, der keiner ist. Im Theater verhält er sich wie Hogarths Pärchen auf dem Druck *»The Laughing Audience«*. Er geht um der Mode willen ins Theater. Wenn Sie ihn fragen, wie er die Oper fand, antwortet er: »Die Unterhaltung in unserer Loge war sehr angenehm und liebenswürdig.«

Ach! Das goldene Zeitalter des Dandys ist schon vorbei. In den ersten Jahren des gegenwärtigen Jahrhunderts schien seine Sonne in voller Pracht in der aristokratischen Welt; danach wurde es etwas bewölkt und ging 1832 plötzlich unter, als die Reform Bill verabschiedet wurde. Welch prächtige Zeiten für den Dandy, als er ins Parlament gehen und sicher sein konnte, durch sein Votum eine Belohnung des Ministers zu verdienen. Der Hochadel, die Inhaber dieses exzellenten Art des Besitzes der *rotten boroughs*,[11]

11 In England Bezeichnung für Wahlkreise mit wenigen Einwohnern, die demzufolge leicht zu bestechen waren; mit dem Reform Act 1832 wurden zahlreiche *rotten boroughs* abgeschafft.

entsandten verschiedene Abgeordnete dieses Dandy-Korps, dessen Zellkern üblicherweise die jüngeren Söhne des Adels bildeten, ins Unterhaus. »Lass nach unseren Schuljungen schicken,« sagte Castlereagh einmal zu einem Kollegen, die Dandys meinend, Mitglieder des Parlaments, die sich in den benachbarten Caféhäusern versammelten, bereit, zur Abstimmung einberufen zu werden. Abstimmen war in der Tat ihre einzige Aufgabe; obwohl Sir Francis Burdett und Lord Brougham, damals Herr Henry Brougham, sich sicherlich an ihre Ausrufe »Oh! Oh!«, »Befehle!« oder »Höre! höre!« erinnern können wenn ein Minister sprach – was die einzigen Geräusche waren, durch die sie ihre Anwesenheit im House of Commons bemerkbar machten. Ach! Der glückliche Stern der Dandys – denn, ohne Zweifel zogen sie jeden möglichen Vorteil aus ihren Stimmen – wurde nun mit den *rotten boroughs* in die Rumpelkammer geworfen.

Wie könnte ein wahrer Dandy, selbst wenn er ein Tory wäre, heutzutage das Parlament betreten? Wie könnte er sein kostbares, teures Selbst den Anstößigkeiten und unheilvollen Zufällen einer Wahl aussetzen? Wie könnte er es wagen, seinen delikaten Körper und seine elegante Kleidung der Gefahr auszusetzen, mit Kohlköpfen oder verfaulten Äpfeln beworfen zu werden; oder das Risiko eingehen, dazu verpflichtet zu werden eine alte Frau zu küssen – eine Zeremonie während der ein Wahlmann vielleicht seine Pfeife auf seinem Kopf säubern würde, wie man es in Hogarths Gravur »*The Election Dinner*« sehen kann?

Der fashionable Mann des letzten Jahrhunderts, der *beau*, war eine ganz andere Erscheinung. Er war genauso stark darauf bedacht, sich zu schmücken; aber er muss doch bei Anlässen, die nach Patriotismus riefen, peinlich berührt gewesen sein, denn er hatte kein angeborenes Äußeres. Während John Bull seinen nationalen Launen zu dieser Zeit volle Aufmerksamkeit schenkte, ahmte der *beau* französische Manieren nach, lernte von französischen Meistern tanzen und fechten, aß *fricassée* statt saftigem Roastbeef; fiel anlässlich des Gesangs von Farinelli[12] in Ekstase; hielt sich Papageien, Affen, französische Kammerdiener und Friseure; manchmal auch einen italienischen Musiker, den John Bull mürrisch einen Katzenjammer-Musikanten nannte. Wenn der *beau* informiert wurde, dass seine Bekannten sich die Nacht zuvor betrunken haben und die

12 Carlo Broschi (1705–1782), italienischer Sänger (Kastrat)

Wachleute schlugen; wenn er von Hahnenkämpfen, Fuchsjagden und anderen Sportarten hörte, runzelte er die Stirn und beschwerte sich über die Existenz barbarischer Sitten. Wenn er jedoch in Paris war, fand er alles übermäßig schlecht; er konnte französisches Essen nicht verdauen; erklärte, dass der Franzose seine Schultern auf lächerliche Weise zuckt; fand immer einen Fehler in Frankreich und pries sein eigenes Land; bis er schließlich, nachdem er zwei oder drei Duelle mit dem Schwert gekämpft und ein Hofkleid nach der neuesten Mode im Stile Louis XV. gekauft hatte, nach England zurück kehrte. In England fand er seine Landsfrauen prüde, steif, linkisch, geistlos; aber hätte er den Kanal wieder überquert und wäre er von einem Franzosen gefragt worden, was er von den französischen Damen halte, so hätte er geantwortet: »*Je ne me connais pas en peintures.*« Kurz, der *beau* war seinem Landsmann und Fremden gegenüber bei weitem unausstehlicher als der unschuldige Dandy. Er wurde auch oft ins Lächerliche gezogen; die Ansicht eines *beaus*, wie ein Tanzmeister auf der Bühne laufend und gebrochenes Französisch sprechend, provozierte immer das laute Gelächter der Logen und Galerien und Hogarth verewigte ihn, indem er ihn, Schnupftabak nehmend, in der würdevollsten Pose darstellte, die sich vorstellen lässt, in seinem ersten Bild von »*Marriage à la mode*« oder in seinem Druck über Geschmack in »*High Life*«, mit dem Gesicht eines Affen, in das auffälligste, geschmackloseste Hofkleid gekleidet und sich mit der elegantesten Grimasse beugend.

Der Dandy gehört eher zur Gegenwart und Zukunft als zur Vergangenheit. Die Regentschaften von Königin Anne und den beiden Georges konnten keinen Dandy-Typus hervorbringen; er war Addison, Fielding, Smollett, Hogarth unbekannt. Sheridan war der erste, der ihn als Lord Foppington beschrieb.

DIE GELBEN HANDSCHUHE

Die gelben Handschuhe haben eine doppelte Bedeutung. Zum einen beschreiben sie ebendiese, zum anderen nannte man ihre Träger so – auch dies eine weitere Spielform des Dandys. Der Begriff der *gants jaunes* verweist erneut auf die wichtige Rolle, die die Kleidung und besonders die Accessoires im Leben eines Dandys spielen. Die Farbe ist ebenfalls wichtig, denn gelb avancierte im Laufe der Jahre zur Farbe der Dekadenz, man denke nur an das gelbe Buch in Oscar Wildes *Dorian Gray* oder das britische Satiremagazin *The Yellow Book*, das in den 1890ern erschien, die ihrerseits unter dem Namen *The Yellow Nineties* firmieren.

Der hier vorliegende Text verdeutlicht in besonderem Maße die Vermassung des Dandytums, was zunächst paradox erscheinen mag. Es gab eine Menge aufstiegswilliger junger Männer, die nach einem fashionablen Leben strebten, so schildert es hier zumindest die *Revue de Paris* in ihrem Artikel *Le monde parisien* (1840). Die *gants jaunes* erscheinen als ebenjene Möchtegerne, die sich dem Dandy, vielmehr dem *lion*, zumindest oberflächlich anzugleichen vermögen.

Doch der Dandysmus geht darüber hinaus: Er ist ein Lebensstil mit einer entsprechenden Geisteshaltung.

DIE GELBEN HANDSCHUHE

Anonym

Das zeitweilige Schließen der Oper hat mehrere unserer Mitbrüder zu einigen Scherzen veranlasst, für die sie momentan eine Vorliebe zeigen. Es hieß, dass die *lions* trostlos seien, dass die *lions* gebrüllt haben, dass sie ihre Mähne schüttelten, dass sich die *gants jaunes* dem Untergang der Oper verschworen haben, dass die *gants jaunes* einen Aufruhr planen, dass die *jeunesse dorée*[1] sich wegen einer Maßnahme, die die Fürsorge der Obrigkeit bloß empfohlen hatte, bei den Direktoren räche. Wir verstehen diesen Ausbruch gegen die Klasse der *gants jaunes* nicht ganz, die so lange auf sich warten ließ, bis die ganze Welt mittels 2 Francs und 75 Centimes zur Aristokratie der *gants jaunes*[2] gehören konnte. Was den Scherz der *lions* betrifft, stimmen wir ihnen aufgrund wohlklingender Überlegungen zu und warten, bis sie uns eines Tages abservieren, wegen der ganzen Laien die sich bis heute des Wortes *fashionable* bedienen, es auf tausend Arten der eine nach dem anderen geistloser aussprechen und wie die Schaulustigen schließlich für zehn Jahre mit einem Wort ausgestattet sind, das sie auf eine menschliche Art aussprechen können. *Lion!* Wer spricht es nicht gut aus, *lion?* Die *gamins*[3] von Paris konnten das Wort *fashionable* nicht übernehmen. Wegen dieser Schwierigkeit sind sie noch immer beim *muscadin*.[4] Wenn ein Herr in weißer Hose jetzt die Straße entlanglaufen würde, empörten sich die *gamins* über den *lion!* Und das wäre sehr schön. Der lackierte Stiefel hätte auch sehr gut die Aristokratie empören können, denn er impliziert die Vorstellung eines Dienstboten. Aber jetzt gibt es die Schuhputzer, die Ihnen die Schuhe lackieren, wenn Sie eine Viertelstunde warten, den Fuß auf einem Kocher, damit die drei Schichten Lack Zeit zum Trocknen

1 Junge, politisch reaktionäre Männer, die nach dem Sturz Robespierres 1794 die letzten Jakobiner im Auftrag von Jean Lambert Tallien (1767–1820) terrorisierten. Die *jeunesse dorée* fiel durch exzentrische Kleidung und Sprache auf. Es handelte sich bei diesem Dandy-Typus um junge Männer aus dem kleinbürgerlichen Milieu (Anwalts- und Handelsgehilfen, aber auch Künstler).
2 Die »gelben Handschuhe« sind Insignien des Dandysmus. Die Farbe Gelb wurde zur Farbe der Dekadenz, s. das gelbe Buch in Oscar Wilde's *Bildnis des Dorian Gray*, hinter dem sich Huysmans *Gegen den Strich* versteckt.
3 Bengel, Frechdachs
4 Auch eine Spielart des Dandys, der Name geht auf das getragene Parfüm zurück, das nach Moschus roch.

haben. Seitdem hat man dem Lackstiefel verziehen und er ist von dem Heiligenschein der Popularität umgeben.

DER VERLIEBTE LION

Der vorliegende Text ist die Einleitung zu dem Roman *Le lion amou-reux* von Frédéric Soulié, einem weitgehend vergessenen Zeitge-nossen von Honoré de Balzac, Alfred de Vigny und Théophile Gau-tier. Der Roman erschien 1841 und stellt den *lion* ins Zentrum des Geschehens. Soulié gibt uns als Einleitung eine Beschreibung die-ses Exemplars und es ist wohl diejenige, die am Besten deutlich macht, dass es sich beim *lion* um die französische Variante des eng-lischen Dandys handelt. Die Kälte, die Überlegenheit und die Reife des Typus werden deutlich erkennbar.

DER VERLIEBTE LION

Frédérick Soulié

Der Name des *lion*, mit dem ein Teil der französischen Jugend bezeichnet wird, ist so gemein geworden, dass ich es für unnütz halte, lange Erklärungen anzuführen, um meinen Lesern verständlich zu machen, dass er etwas anderes bezeichnet als den schrecklichen Bewohner der Wildnis oder den gehorsamen Sklaven des Herrn Van Amburgh.

Aber was ist diese andere Bedeutung? Man hat wohl eine vage Vorstellung davon, die für eine Unterhaltung ausreicht; man weiß, dass die Rasse, zu der der *lion* gehört, unter verschiedenen Namen schon immer in Frankreich lebte; so hieß der *lion* früher *raffiné, muguet, hommes à bonnes fortunes, roué*, später *muscadin, incroyable, merveilleux*, dann schließlich *dandy* und *fashionable*, jetzt nennt man ihn: *lion*.

Warum?

Weil er der König dieser Parzelle der Gesellschaft ist, die man *die Welt* nennt? Weil er die ganze Beute nimmt, die zu erlegen ihm andere geholfen haben?

Ich kann Ihnen nicht sagen warum; aber ich werde versuchen, seine Physiognomie zu zeichnen und dann können Sie es vielleicht selbst herausfinden.

Der *lion* ist für gewöhnlich ein schöner Mann, der vom Kindesgleich in das Mannesalter getreten ist, da es seit geraumer Zeit angesagter ist, ein Mann von vierzig bis fünfzig Jahren als ein junger Mann zu sein; in unserer Zeit ist es fast ebenso verächtlich ein Jüngling wie ein Greis zu sein.

Da nun der *lion* nie ein Jüngling war, so hat er auch fast nie eine von den Dummheiten begangen, die dem Herzen entspringen. Trotzdem liebt er Spiel, Weiber und Wein, wie es in den Liedern aus den Zeiten des Königtums heißt, eine der Sachen, die der *lion* am meisten verachtet. Aber diese Neigungen sind keine Liebe, denn er hegt diese drei Leidenschaften, zu denen sich unter Umständen noch die für die Pferde gesellt, nicht um ihrer selbst willen.

Wahre Leidenschaft ist von Natur aus intim, heimlich und diskret; die der *lions* ist dagegen voller Prunk und Luxus. Sie halten ihre Mätressen wie ihre Equipage, um damit vor den Anderen zu prahlen und sie speisen an den Fenstern des Café de Paris, weil man dort am Besten zu sehen ist; sie machen nicht den Anschein zu trinken, sondern den, unzählige Flaschen zu leeren, was etwas ganz anderes ist. Die *lions* sind für gewöhnlich unempfänglich für die Liebe, für ihre leidenschaftlichsten Torheiten, für ihre zartesten Annehmlichkeiten, für ihre törichten Hoffnungen, für ihre leichtsinnige Furcht und für all ihre anderen reizenden Nichtigkeiten. Dafür hat er aber das Recht erkauft (erkauft ist das rechte Wort), die Mehrzahl der Chortänzerinnen oder Sängerinnen der Oper mit »Du« anzureden.

Im Übrigen hat er mit dem Adel von vor 60 Jahren gemein, dass er mit einem Fuß in der besten, mit dem anderen in der schlechtesten Gesellschaft von Paris steht; aber er unterscheidet sich von ihm dadurch, dass die heutigen Damen ihn nicht mehr wie früher seiner Liebsten aus dem Volke streitig machen, sondern ihn den Intrigen der Kulissenwelt überlassen. Ist zufällig, vielleicht sogar am Theater, eine Frau, die geliebt werden will, um sich zu vergessen, so hat sie sich sicher einem verliebten armen Jungen hingegeben, der schon von vornherein durch den Titel Spießbürger dem Gespött preisgegeben wurde.

DER MÜSSIGGÄNGER DER BOND STREET

Das britische *Blackwood Edinburgh Magazine* veröffentlichte 1841 die Aufsatzreihe *The World of London*, in der die verschiedenen Sozialcharaktere der Stadt ausführlich beschrieben werden, darunter auch die verschiedenen Vertreter der *fashionable society*. Der Müßiggänger der Bond Street mischt sich hier mit dem bürgerlichen Krämer und dem Kleinkriminellen. Alle geben sich modisch und oberflächlich dandystisch, doch der Kenner entlarvt den falschen Stutzer schnell.

DER MÜSSIGGÄNGER DER BOND STREET

Anonym

(…) Vergleichen Sie mit ihm den herumlungernden Müßiggänger der Bond Street – groß und dünn – einen Mantel von einfachem aber unaufdringlichem Schnitt und nüchterner Farbe zur Schau stellend. Sein Hut sitzt unbeschwert auf seinem Kopf und das tägliche, von den Händen seines Kammerdieners geordnete Arrangement seiner Haare ist deutlich erkennbar. Sein Gesichtsausdruck deutet auf Ennui hin oder bestenfalls auf eine sorglose Indifferenz weltlichen Dingen gegenüber – sein Gang ungezwungen, unentschieden und nachlässig. Er schaut oft auf die Uhr, die nicht dicker als eine Austernschale und durch eine Trichinopoly-Kette[1] mit goldenen Fesseln mit einem Knopf seiner Weste verbunden ist; aber er tut dies mit dem Gebaren eines Mannes, der weniger darauf bedacht ist, sich den Feind dienstbar zu machen, als vielmehr ihn zu töten. Gleiches gilt für den Handelsmann – einem geübten Auge wird es nicht schwer fallen, dies festzustellen, selbst wenn er seinen Ladentisch verlässt. Sie werden bemerken, dass er – obwohl übertrieben gekleidet – das Bedürfnis hat, seinen Gewinn zu behalten; ein Paar Sonntagsschuhe, ein neuer Hut, geschniegelt und gebügelt, oder eine gleißende Weste verraten ihn. Er trottet vielmehr die Straße entlang, als dass er geht, windet sich seinen verschlagenen Weg als wäre die Zeit sein alleiniger Besitz. Seine Haltung ist die eines über eine Ladentheke gebeugten Mannes. Sein Auge hat den gemischten Ausdruck von Unterwürfigkeit und Durchtriebenheit: Bevor er seine Lippen öffnet, haben Sie schon erraten, dass er Ihnen sagen wird, dass er »am Mittwoch eine schwere Rechnung zu begleichen hat und hofft, Sie keiner Unannehmlichkeit auszusetzen, wenn er um die Begleichung seiner kleinen Angelegenheit bittet.« Die charakteristischen Umrisse des Mechanikers und Arbeiters sind zu stark, um dem unwachsamsten Auge zu entgehen; aber in den Straßen von London strotzt es von einer Überzahl an vergleichbaren Gestalten, die nur von dem geübten Auge einer Person erkannt werden, die ihnen in ihre bevorzugten Lokalitäten gefolgt ist oder sie genau beobachtet hat, wenn sie sich nicht beobachtet glaubten.

---

1 Eine auf die Wikinger zurückgehende Art, Ketten herzustellen

Wer würde zum Beispiel vermuten, dass diese jungen Männer an der Ecke, die nach der neuesten Cockney-Mode gekleidet sind – ausstaffiert mit mosaischem Schmuck und ihre Zigarren paffend – Mitglieder des Swell Mob sind – Diebe, kurz, Taschendiebe? Sie tauschen Karten aus. Doch wenn Sie genau hinsehen, sind die Karten Duplikate des Pfandleihers aus der gestrigen Plünderung – und doch sagen Sie, es sei unmöglich: Sie sind jung, haben eine vornehme Adresse und sehen wie Gentlemen aus. Wie kann es sein, dass Sie ihren unehrlichen Charakter sofort enttarnen? In diesem Moment kommt ein Polizist um die Ecke – schauen Sie, mit welchem Überlebensinstinkt die zerknitterten Duplikate in den Taschen versteckt werden; wie sie sich ineinander verknoten, wie Hühner wenn der Sperber in der Luft schwingt; obwohl sie noch nicht »gesucht« werden – soll heißen, obwohl für keinen von ihnen ein Haftbefehl erlassen wurde; so weiß der Vertreter der Gerechtigkeit sehr wohl, dass sie Diebe sind, so wie er weiß, dass er sie früher oder später wird festnehmen müssen; er fixiert sie mit scharfem und strengem Auge – sie gucken befangen umher – äußern ein affektiertes Lachen und stehlen sich einer nach dem andern vor dem Gesicht des gefürchteten Gesetzesschergen davon, so wie Schnee in den Strahlen der Sonne schmilzt.

DIE ARISTOKRATIE DER MODE

Dieser Artikel ist Teil der zweiten Aufsatzreihe über *The World of London*, die 1843 im *Blackwood Edinburgh Magazine* erschien und beschäftigt sich mit der Elite der fashionablen Gesellschaft. An ihrer Spitze steht der auffällig unauffällige *fashionable* im Stile Brummells. Dass das Wort Dandy in diesem Artikel nicht fällt, mag damit begründet werden, dass der Dandy im viktorianischen Zeitalter negativ konnotiert war. Der Begriff erinnerte noch zu sehr an die Ausschweifungen unter George IV. Der *fashionable* erscheint hier als ein Schmetterling, dem die Flügel gestutzt wurden: Exzentrizität, Hedonismus und Originalitätsstreben sind verschwunden, was bleibt ist die geistige Überlegenheit, der Stoizismus und ein entspannter Lebensstil, das *savoir-vivre*.

DIE ARISTOKRATIE DER MODE

Anonym

Die fashionable Welt weist verschiedene Abstufungen auf: von der fashionablen Güte zur fashionablen Bosheit, von der fashionablen Tugend zum fashionablen Laster, fashionable Damen und Gentlemen, fashionable Wüstlinge, Personen von zweifelhaftem Ruf und Genießer. Sie muss individualisiert werden, wenn man ihr gerecht werden will, so wie Richter jeden Gefangenen einzeln richten und nicht als Masse. [...] Das fashionable Leben ist eine Show, wirklich fashionable Menschen sind die Produzenten, die niemals prominent oder lächerlich auf der Bühne stehen. Die verschiedenen Ränge von übertrieben angezogenen, unterernährten, mit leeren Taschen dastehenden Scharlatanen sind diejenigen, die im Scheinwerferlicht stehen um die Augen und Ohren der Erdbewohner zu erstaunen.

Die *physique* des echten *fashionable* ist sonderbar und charakteristisch. Von der Spitze seiner Schuhe bis zur Krone seines Hutes ist dieses unauffällige, undefinierbare Etwas, das für seine soziale Position so wesentlich ist. [...] Der modische Gentleman hat mit dem arbeitenden Gentleman – oder jedem anderen – nichts gemeinsam. Er steht allein »wie Adams Erinnerung an den Sündenfall.« Er hat ein besonderes Auftreten, zugegeben, aber sein Auftreten ist kein Sturm wie das eines modischen Möchtegerns. Das Auftreten des modischen Mannes ist ein Zephir.[1]

Der Ausdruck des modischen Mannes ist umso schwerer in Worte zu fassen, da er zum größten Teil negativ ist. Es ist einfacher zu sagen, was sein Ausdruck nicht ist, als was er ist. Wir können nur sagen, dass ihm keine berufsmäßige Besonderheit zu Eigen ist. Es ist der Ausdruck eines Mannes, der mit seiner Position völlig im Einklang und sich dessen so sehr bewusst ist, dass es so *scheint* als wäre er sich dessen nicht bewusst. Eine Abwesenheit jedes Strebens nach Effekthascherei, eine Besorgnis, Beobachtung eher zu vermeiden als darum zu buhlen. Wenn sein Ausdruck, und dazu zähle ich auch seine Umgangsformen, auf irgendetwas hinweist, ist es eine gut gelaunte Gleichgültigkeit, ein unbedenklicher, unaufdringlicher Stoizismus. Er macht den Eindruck als hätte er den exzellenten Ratschlag befolgt, den der Apostel

1 Lauer Wind

den Thessaloniern gab – »Lernt ruhig zu sein.« Dies ist seine Lebens-
maxime und er handelt bei großen und kleinen Anlässen danach. Er
verlangt nur, dass Sie die Güte haben, ihn in Ruhe zu lassen. Wenn er
von einem Mann seines eigenen *set* betrogen wird (denn er ist sich
natürlich bewusst, dass er von Handelsleuten betrogen wird),
schneidet er den Artgenossen gelassen. Wenn er beleidigt wird, for-
dert er den Mann gelassen heraus. Er fällt gelassen in Liebe, heiratet
gelassen und führt ein gelassenes Eheleben. Ob er gewinnt oder ver-
liert, was auch immer passiert, das ihn oder den Lauf der Welt stört,
er nimmt es gelassen zur Kenntnis. Und wenn er ein Bestreben auf
dieser Erde hat, ist es das, gelassen und komfortabel leben zu können.
Seine Philosophie ist eine Mischung aus Stoizismus und Epikur-
eismus. Für ihn ist das Leben eine Lappalie mit der höflich gespielt
wird, ein »trotziges Kind, das unterhalten werden will, bis es einschläft
und alles vorbei ist.« Seine Gleichgültigkeit wird ihm als Verbrechen
angerechnet. Man sollte jedoch nicht vergessen, dass, wenn es in
seiner Gleichgültigkeit einen Fehler gibt, es der seines sozialen Ranges
ist. Das Schicksal ist dafür verantwortlich, nicht er, einen Mann in die
Welt gesetzt zu haben, dessen einziger Feind die Zeit ist und dessen
einzige Beschäftigung das Vergnügen. Wir sagen nicht, dass dies das
letzte Ziel des Lebens ist; wir lassen uns nicht auf die Diskussion ein
(die damit enden könnte, dass wir unseren Gegenstand verraten) ob
Männer, die über die notwendigen Mittel verfügen das Leben zu
genießen, der Weisheit ermangeln das Vergnügen zu verfolgen. Wir
wissen nur, dass die meisten Männer in einer ähnlichen Situation
ebenso handeln würden. Und ob der Müßiggang des fashionablen
Lebens oder die Geschäftigkeit der Arbeitswelt, *so wie sie heute vor-
angetrieben wird,* von größerem Laster und Elend geprägt ist, ist eine
Entscheidung, die ich denen überlasse, die über genug Erfahrung und
Zeit verfügen.[...]
    Die naturgegebene und gewohnheitsmäßige Gleichgültigkeit des
modischen Mannes wird von den Unwissenden im Allgemeinen dem
Stolz zugeschrieben. Es ist aber, allgemein gesprochen, ein Symptom
von Etwas, das der Bescheidenheit näher kommt – kurz, von Schüch-
ternheit. Sein System sieht vor, jeden Kontakt zu vermeiden, außer
mit seinen Artgenossen, denn bei denen, die nicht seine Artgenossen
sind, oder nicht Teil seines *set,* fühlt er sich unwohl. Da er niemanden
kränken will und nicht in der Lage ist, sich angegriffen zu fühlen, ver-
schanzt er sich hinter der natürlichen Reserviertheit, die – wie ihn die

Erfahrung gelehrt hat – seine Individualität am wenigsten angreifbar macht, genauso wie seine von Zäunen umgebenden Zierhölzer, Gebüsche und sein Parterre nicht weniger stark sind, bloß weil sie unsichtbar sind.

Gegenüber Abenteurern, Menschen, die ihm in die Fersen treten, zweifelhaften Möchtegernen, die ihm die Füße durchscheuern, ist er hoffnungslos reserviert und hält eine bewaffnete Neutralität aufrecht. Seine Freundschaft erstreckt sich auf seinesgleichen und seinesgleichen allein: Mit diesen ist sein Umgang frei und uneingeschränkt. Diese allein sehen den englischen *fashionable* wie er wirklich lebt; des Panzers der Reserviertheit entblößt, mit dem er von Kopf bis Fuß bekleidet in die Öffentlichkeit tritt. Er ist anderen gegenüber distanziert höflich. Er vermischt sein distanziertes Auftreten so taktvoll mit Höflichkeit, dass Sie an Ersterem nichts aussetzen können und Letzteres nicht zu fassen bekommen. Er lässt Sie spüren, dass Sie niemals *einer von ihnen* sein können, aber so, dass Sie über die Art und Weise, in der er seine Andeutung mitteilt, nicht streiten können.

Mit ihm Unterlegenen wird er weder vertraulich, noch wird er sich ihnen gegenüber »stolz herablassen«. Er lehnt es ab, auch nur einen Moment über seinen Schatten zu springen und Sie auf eine gemeinsame Stufe zu heben. Aber er wird Sie nicht (wie *Sie* es häufig tun) degradieren, indem er Sie unter Ihre eigene Stufe herabwürdigt. Er hält seinen Schritt gleichmäßig, egal ob Sie wie ein Spaniel an seinen Fersen hängen oder nicht. Er wird sich nicht auch nur einmal umdrehen um Sie zu schlagen oder zu liebkosen.

Obwohl er in Hinsicht auf Zeit, Bildung und Intelligenz in der Lage wäre, mit genialen Männern zu verkehren, bevorzugt er es, mit ihnen durch das Medium ihrer Werke zu kommunizieren. Er ist sich der Tatsache bewusst, dass die Zeit der Abonnements und des »Einstreichens von Widmungen« vorbei ist und dass die Öffentlichkeit die Rolle des Mäzens eingenommen hat. Er weiß, dass die Gewohnheiten, Anstellungen und in den meisten Fällen die Lebensumstände intelligenter Männer einen vertrauten Umgang auf gleicher Ebene in fashionablen Kreisen verhindern und unter anderen Umständen werden Sie nicht auf ein Treffen einwilligen. Weder fördert noch vernachlässigt er sie, aber er ist zufrieden, mit ihnen als Teil des Lesepublikums in Beziehung zu stehen.

Die Masse wirft dem modischen Mann, dessen Klasse zumeist die Macht stellt, im Allgemeinen seine Gleichgültigkeit gegenüber dem

Schicksal und Glück verdienstvoller Menschen vor. Er wird bezichtigt, seine Gunst nur an Kriecher und Speichellecker zu verschwenden und Männer mit unabhängigem Geist den Launen des Schicksals zu überlassen. [...] Es ist auch ungerecht, Männern von Stand vorzuwerfen, all ihre Gunst Kriechern und Speicheleckern zu gewähren. Die Wahrheit ist: Da sie nicht herumlaufen und Personen suchen, denen sie Verbindlichkeiten übertragen können, sind sie daran gehalten es mit denen aufzunehmen, die sich ihnen anbieten. Während der unabhängige Mann sein Leben in seiner Kammer über Büchern und Papieren verträumt und die Barbarei des Zeitalters verflucht, das ihm den Weg nicht leitet und ihn in hohe Positionen versetzt, nimmt der Mann von Welt sein Schicksal selbst in die Hand und begnügt sich damit, nicht von Unabhängigkeit zu sprechen bis er sie erreicht hat. Die harten Worte – Kriecher, Speichellecker und so weiter – werden womöglich öfters verwendet als verdient: Kriecher ist ein Begriff häufigen Tadels, aber man muss immer bedenken, dass hauptsächlich die Art von Talent beachtet und belohnt wird, die in bestimmten Kreisen gefragt ist. Fashionable Menschen haben weder das Bedürfnis mit *wit* betäubt, noch mit Philosophie verwirrt zu werden. Sie wurden dazu erzogen, sanft durchs Leben zu gleiten und ihre Gönnerschaft richtet sich hauptsächlich an diejenigen, die anbieten, sie von ihren unbedeutenden Pflichten zu entlasten, die Männer von solidem und gediegenem Verdienst nicht tun können und selbst wenn sie es könnten, nicht tun würden.

Ein reicher Londoner hat so wenig Achtung vor einem Schriftsteller wie ein *fashionable*, aber er verfügt nicht über den Takt, seine Gleichgültigkeit zu verbergen. Der wohlerzogene *fashionable*, der allein der wahre *fashionable* ist, studiert *Takt* vor allen anderen Dingen und sein Taktgefühl hindert ihn daran, Männer von Geist auch nur mit dem geringsten Anzeichen von Verachtung zu behandeln.

Seine freundlichen Amtssitze, die seine Artgenossen niemals benötigen würden, verleiht er im Allgemeinen Männern, deren Position in der Gesellschaft bekannt und dauerhaft ist und die unter keinen Umständen jemals mit ihm konkurrieren könnten. Wenn diese *safe* sind – das heißt, wenn sie unauffällig bleiben und sich damit zufrieden geben, eine Art anspruchslose Vertrautheit zu genießen, ohne mit ihrer Position zu prahlen oder sich damit zu schmücken – tut er für sie die liebenswürdigsten und großzügigsten Dinge, auf die liebenswürdigste und großzügigste Art, auf eine Art, die kein anderer als ein echter *fashionable* vollziehen kann. Er verteilt Zuwendungen mit einer freundlichen und uneigennützigen Miene, die, während sie die Last der Pflicht vergrößert, keine Danksagung zu verlangen scheint. Er schenkt offenbar ohne sich bewusst zu sein, dass er schenkt. Und da er die menschliche Natur gut genug kennt, um zu wissen, dass Verpflichtungen für die Verdienstvollen etwas Demütigendes haben, wünscht er, die Last so gering wie möglich zu halten. [...]

Vor einem Mann mit unbiegsamem Rücken, schwarzem Bart, kurzem Haar, lauter Stimme und lederner Weste stehen fashionable Menschen dagegen in permanentem Schrecken. Seine Zunge ist für sie der Schwanz einer Klapperschlange, der nur wedelt, damit sie ihm aus dem Weg gehen. Sie zittern wie Espenlaub wenn sie seine Stimme hören und wenn sie die Wahl hätten, hörten sie lieber das Schleifen einer Säge. Wenn so ein Mann ihre Bekanntschaft sucht, sind sie hoffnungslos und verzweifelt höflich. Wenn er dann, wie gewöhnlich, anmaßend wird und sie beleidigt, sind sie über die Gelegenheit erfreut, diese seelenruhige Gleichgültigkeit zur Schau zu stellen, auf die sie als die ihnen eigens vorbehaltene Errungenschaft so stolz sind.

Eine andere Besonderheit der wahrhaft fashionablen Leute ist, dass sie niemals boshafte Dinge sagen. Rache und Gehässigkeit betrachten sie als *niedrig*, plebejisch und vulgär. Abgesehen davon, beeinträchtigt Rachsucht jeglicher Art ihre Gelassenheit, bringt sie aus ihrem Gleichgewicht und stellt sie auf eine Stufe mit den Menschen, die sie verletzt oder gelangweilt haben. Sie können Vorurteile nicht ertragen und verabscheuen gleichermaßen alles, was in der Galle, Blase oder im »Muskelmagen« steckt. Ihr defensiver Harnisch, der nicht undurchlässiger sein könnte, ist Gelassenheit. Ihre Waffen: natürliche Gleichgültigkeit und würdevolle Nachlässigkeit. [...]

Über die außerordentlich gelassenen Manieren und die charakteristische Güte der fashionablen Personen in ihrem gegenseitigen Verkehr haben wir viele zusammentreffende Zeugnisse unparteiischer Beobachter. Der erste und eloquenteste, den wir gelesen zu haben uns erinnern können, ist der, der in einem unvergesslichen Brief von einem Mr. Tomkins an eine Mrs. Jenkins enthalten ist. Er wird einem noblen und gelehrten Lord zugeschrieben (zu welchem Recht weiß der Zeuge nicht), eine oberste Autorität in Naturtheologie und der Lehre von der Reizbarkeit und Erregbarkeit, berühmt für eine gute Nase und vielseitige Talente und angesehen wegen seines bewegten

Lebens und passender »*inexpressibles*«.[2] Dieser gelehrte Lord, oder oben genannter Tomkins, oder wer auch immer der Verfasser der Epistel *ad* Jenkins war, ist außerordentlich beredsam über die Betäubungsmittel des fashionablen Lebens: Er erklärt, dass ihr beruhigender Einfluss nicht von dem Dampf puren Mundungus-Tabaks übertroffen werden konnte, oder Morphium-Acetat oder selbst mit einem Glas *eau-de-vie*[3] vermischten Opiumtabletten. Tomkins hatte durchaus Recht: Kein Mann, egal von welcher Tür oder Treppe er in die *Salons* der Großen eintritt, bleibt unbeeindruckt angesichts des Wunsches der, wie es die *Post*[4] nennt, »fröhlichen und anspruchsvollen *habitués*«, es ihm so gemütlich wie nur möglich zu machen: und wenn er sich nicht entspannen kann, liegt der Fehler bei ihm, nicht bei seinen Gastgebern. [...]

Im Umgang miteinander ist ihr Lebensstil schlicht und frei von Extravaganz oder Prahlerei. Sie haben das Beste von Allem, zugegeben, aber dann haben sie auch alle Vorteile des grenzenlosen Wettbewerbs und unbeschränkten Kredits. Sie zahlen, wenn sie es für richtig halten, aber kein Händler würde es je wagen, sie um Geld zu bitten. [...] Ihre internen Vergnügungen sind billig, es grenzt nahezu an Knauserigkeit: das Abonnement bei Almack's,[5] dieses Paradies der Erwählten und Neidobjekt der Ausgeschlossenen, beträgt nicht mehr als eine halbe Guinea pro Ball, wenn überhaupt. Eine Loge in der Oper kostet einen jungen fashionablen Mann pro Saison vierzig, fünfzig oder sechzig Pfund, je nach Rang. Dafür bekommt er ein Elfenbein-Ticket, das er, wenn er keine Lust hat selbst hinzugehen, für den Abend auf jemand anderen übertragen kann. Wenn er das Unglück hat der jüngere Bruder zu sein, kommen ihm viele kleine Annehmlichkeiten zugute. Er hat ein Apartment im Stadthaus seines älteren Bruders oder er residiert bei einer reichen Witwe oder einer jungfräulichen Tante. Jemand kümmert sich um sein Kutschpferd und ein anderer um das Reitpferd, das Lady Mary oder Jack Somebody ihm geschenkt hat. Sein »*tiger*« hat selbstverständlich Zugang zu den Küchen all seiner Freunde und er hat natürlich während der Saison zwei oder drei Einladungen täglich, obwohl er es wie andere arme Männer bevorzugt, allein in seinem Klub zu speisen. Er steht mit den Mädchen seines *set* auf gutem Fuß und ihm werden kleine unschuldige

2 Hosen
3 Sherry
4 Gemeint ist die *Morning Post,* die tägliche Lektüre der Dandys
5 Berühmter und exklusiver aristokratischer Klub in London, in dem Damen und Herren Zutritt fanden

Flirts erlaubt, denn er ist dafür bekannt, genug *Takt* zu haben, um weder sich noch die Mädchen dadurch zu kompromittieren, dass er sich verliebt oder lächerliche Avancen macht. Obwohl vielleicht etwas *fast*, ist er ausreichend *safe* und steht mit jedem auf gutem Fuß, außer mit seinem älteren Bruder. Er ist das Idol der verwitweten Gräfinnen, die ihm ein paar Hunderter geben, wenn er knapp bei Kasse ist, ihm seine Schulden bezahlen, ihm gute Ratschläge geben und ihn »Freddy dear« nennen. Kurz, obwohl er nichts besitzt, was er auch nur annäherungsweise sein Eigen nennen könnte – ausgenommen seine Schuhspanner –, ist er ein fröhlicher, gutmütiger, ehrlicher, harmloser Bursche, bei jedem beliebt und selbst von seinem glücklicheren Bruder um seine Unbeschwertheit beneidet.

In einem vor fünfunddreißig Jahren veröffentlichten Buch steht ein Bericht, wie man damals einen fashionablen Tag verbrachte. Da der Drang nach Albernheiten und Aberwitz eine langwierige Ähnlichkeit aufweist, wird dieses Bild mit einigen Abweichungen das Bild des modernen fashionablen Mannes zeichnen.

»Gegen zwölf steht er auf, räkelt sich auf einem Sofa, blättert die Zeitung durch und verflucht deren Dummheit. Er ist besonders wütend, wenn er darin keinen Absatz findet, den er dem Agenten einer fashionablen Zeitung geschickt hat – im Allgemeinen der *Morning Post*, die davon lebt, diese Art von Intelligenz zu vermitteln – mit einer Beschreibung seiner selbst, wie er am Tag zuvor mit einem Mann von Rang diniert hat, mit dem – wenn er selbst keinen Titel hat – er besonders bemüht ist, in Kontakt zu kommen. Nachdem er mehrere Tassen Tee und Kakao und Scheiben ausländischer Würste und Geflügel verzehrt hat, nimmt er seinen Reitmantel und stürmt in die Ställe, um seine Pferde zu begutachten und mit seinem Kutscher und seinen Dienern zu sprechen.

Nachdem er diese Begutachtungen und Unterhaltungen beendet hat, bestellt er seine Karriole[6] und prescht, gefolgt von ein paar Kammerdienern, durch die Hauptstraßen und besucht die berühmtesten Hersteller von Kutschen und Pferdegeschirr, bei Letzteren werden ihm verschiedene neue Exemplare zur Zustimmung gezeigt. Dann geht es weiter zu seinem Hosenschneider, dann zu Tattersalls,[7] wo er sicher sein kann, viele Freunde zu treffen, mit denen er eine weitere Stunde tötet, während sie die Vorzüge der ver-

6 Zweispänner
7 10, Grosvenor Place, London. Ein Ort an dem Pferde verkauft wurden. Benannt nach Richard Tattersall, Reitlehrer des zweiten und letzten Herzogs von Kingston.

schiedenen Tiere dort diskutieren. Nachdem er diesen wichtigen Verpflichtungen nachgegangen ist, spaziert er zu einer Ausstellung oder in eine Druckerei, wo er sich eine Mappe mit Karikaturen anguckt. Dann schreitet er weiter in ein fashionables Hotel um ein weißes Fichtenbier (!) und Sandwiches zu sich zu nehmen. Von dort kehrt er, nachdem er seine Pläne für den Abend geregelt hat, zurück nach Hause um sich anzuziehen. Nachdem er einen Blick auf die Karten geworfen hat, die für ihn hinterlegt wurden, schreitet er mit seinem Kammerdiener zu seiner Toilette. Gegen sieben, wenn sein Triumphwagen vor der Tür steht, ist er angezogen und fährt entweder zu einer Familie zum Dinner oder in das Hotel, das er am Morgen besucht hatte. Um zehn betritt er die Oper und fliegt wie ein Schmetterling von Loge zu Loge, dann hinter die Bühne, wonach er sich ein oder zwei Grüppchen zuwendet oder in ein fashionables Spielhaus geht. Gegen vier geht er zu Bett, um sich für die Wiederholung des gleichen Ablaufs am folgenden Tag zu erholen.

Diese Müßiggänger haben eine ganz eigene Ausdrucksweise. Vor kurzer Zeit, wenn einer von ihnen gefragt wurde, wie es ihm gehe, wäre die Antwort folgende gewesen:»Wir sind heute stark«; wenn nach seiner Frau gefragt würde:»Sie ist gut erhalten«; wenn danach gefragt würde, wie oft er in der Oper gewesen sei:»Es ist meine zweite Oper.« Vielleicht sagen sie auch, wenn sie»von einem illustren Helden sprechen:»Er ist ein feiner mutiger Kerl, aber er faltet seine Taschentücher auf schockierende Art.« Ich erinnere mich auch, eines Tages im Hyde Park gewesen zu sein, als ein Gentleman auf diese Müßiggänger, zuritt und nachdem sie Grüße ausgetauscht hatten, sagte der erste zu letzterem:»Ich wünsche mir sehr, das Vergnügen zu haben, Sie zu sehen – sind Sie am Mittwoch verpflichtet?« Woraufhin der andere sich zu einem kleinen, halbverhungertem Kammerdiener umdrehte und sagte:»John, bin ich nächsten Mittwoch verpflichtet?«

Dieses Bild ist nicht ganz identisch, aber einige der Merkmale sind eindeutig erkennbar. Wenn wir Sherry, ein Kotelett und einen Klub in Pallmall für weißes Fichtebier, Sandwiches und eine Taverne einsetzen, die Karriole und den Diener für Droschke und *tiger*, beschreibt der Rest, mit geringfügigen Änderungen ziemlich passend den fashionablen Müßiggänger unserer Tage, wie auch den des letzten Jahrhunderts. [...]

Wir nehmen uns die Freiheit, unsere aristokratische Jugend in zwei Kategorien zu teilen, so wie sie es mit Wagen tun, nach denen sie so verrückt sind:

1. *fast*
2. *slow*

Die *fast fellows* zeigen verschiedene Abstufungen ihrer Schnelligkeit, von Eisenbahngeschwindigkeit bis hinunter zu unbemerkbaren Nuancen, zehn Meilen die Stunde, was die Marke ist, wo der *fast fellow* aufhört und der *slow fellow* zum Zuge kommt.

Von diesen letzten gibt es auch verschiedene Formen, vom Tandem und Karren hinunter zum Wagen und Hundeschlitten. Unübersehbar herrscht eine große Ähnlichkeit zwischen den Jugendlichen selbst und den Vehikeln, die sie lenken. Die ersteren fahren sehr schnell, wissen nicht wohin sie steuern, werden von scharfsinnigeren Tieren als sie selbst es sind in jede Richtung getrieben und sind innerlich in der Regel leer. Die *fast fellows* sind darüber hinaus geteilt in die gelegentlichen und dauerhaften *fasts*. Zunächst zu den gelegentlichen *fast fellows*:

Diese stellen einen beträchtlichen Anteil der fashionablen Jugend dar und vereinen den Gentleman mit einer Prise des *petit-maître*. Sie überlagern eine natürliche gute Veranlagung mit einer Schicht Schurkerei, die sie mit der Hochzeit jedoch ablegen und ab dann gehören sie zur *slow school*.

Die dauerhaften *fast fellows* verdienen eine genauere Betrachtung, da sie ständig, in einer Form oder der anderen, vor den Richtern und der Öffentlichkeit stehen und obwohl sie sich häufig selbst stellen, werden sie selten oder nie verurteilt.

Es sind die Mitglieder dieser Klasse, die die demokratischen Sonntagszeitungen mit endlosen Folgen von Artikeln versorgen, betitelt mit »WIEDER DIE ARISTOKRATIE«, »BRUTALITÄT DER HÖHEREN KLASSEN«, »VERDORBENHEIT DER BESSEREN LEUTE« und so ähnlich. Unglücklicherweise sind es diese *fast fellows*, aufgrund derer viele ignorante Menschen ihre Schlussfolgerungen über das fashionable Leben und Gespräch ziehen, die Laster einiger schamloser Verschwender auf die Gesamtheit der kleinen Welt, die üblicherweise die große genannt wird, ausdehnend.

Die dauerhaften *fast fellows* oder, wie ihr allgemeines Benehmen sie unserer Meinung nach betiteln lässt, der »Lumpenadel« ist ein Haufen kleiner, armseliger, verdorbener Stallburschen, die schon immer, seit ihrer Kindheit, unbelehrbar waren, aus denen Gouvernanten nichts machen konnten und deren Hauslehrer verzweifelt aufgaben. Von Eton verwiesen, nach Cambridge gezogen, nichts als Unfug im Sinn, regelmäßig in ihrer Jugend zu Schurken und Verschwendern heranwachsend und, zum Glück für die Menschheit, in der Regel verschlissen bevor sie das Alter von vierzig erreichen. Ein Stall ist ihr Vergnügen, fast ihr Zuhause, und ihre Nasen werden von nichts so sehr erfrischt wie von dem Geruch alten Strohs, dem gegenüber Blumenessenz als Teufelsdreck erscheint.

Ihr Wissen über Pferde, das sie aus zweiter Hand von Field oder einem anderen Scharlatan-Veterinär bekommen, ist ihr ganzer Stolz und in der Tat das Einzige auf das ein Mann ihrer Meinung nach stolz sein sollte. Sie respektieren den Mann, der gut in seinem Sattel sitzt, erfreuen sich an der Reitkunst, denn die erfordert kein Gehirn. Einen »buggy«[8] in gutem Stil zu steuern ist ehrbar, aber einen Vierspanner umher zu lenken ist der höchste Anspruch an den menschlichen Intellekt. Milton und Shakespeare und andere solcher tintenbeschmutzten alten Tugendbolde, die in ihrem ganzen Leben kein gutes Pferd besaßen, verachten solche niedrigen Kreaturen abgrundtief. Ihre besten Gefährten, oder besser, ihre intimsten Freunde, sind die Jungs, die sich an den Pferdetränken, an Spieltischen, Rennstrecken und Reitbahnen aufhalten. Stallburschen, denen man die Ohren abgeschnitten hat, Trickbetrüger, Hundediebe, dahinsiechende Jockeys, Falschspieler, ausländische Grafen, Züchter, Fütterer; all dies sind »verd-t ehrliche Gesellen« und die »besten Gefährten der Welt«, obwohl sie ihren Lebensunterhalt damit verdienen, den *fast fellow* zu betrügen, der sie unterstützt.

Über Geld wissen sie nicht mehr, als dass es ein notwendiges Instrument ihrer Vergnügen ist und irgendwie beschafft werden muss. Dementsprechend sind sie eng mit einer Haifischsorte namens *Kreditgeber* verbunden, der unter Billigung des Gesetzes jede Art Verbrechen an ihnen begeht, und der ebenfalls immer ein »verd-t ehrlicher Geselle« ist.

Sie können mit ihrem Geld sehr großzügig umgehen, wann immer sie welches haben, und dies allen gegenüber, die es nicht wollen oder nicht verdienen. Wenn ein Preiskämpfer in Verlegenheit gerät oder ein Jockey »mit seinem Glück am Ende« ist, ist es sehr erfrischend, die Verrücktheit zu sehen, mit der der *fast fellow* eine Zeichnung vornimmt. Eine   8 Zweirädriger Einspänner

Operntänzerin ohne Engagement oder eine Schauspielerin in der gleichen interessanten Lage, glauben – vorausgesetzt sie sind bescheidene Frauen – einen Anspruch auf ihre Großzügigkeit zu haben, und vielleicht stimmt das.

Sie halten es für unehrenhaft jemanden ihres eigenen *set* zu betrügen oder, wie sie es nennen zu »*stechen*«, ausgenommen es geht um Pferde. Aber jemanden außerhalb des eigenen *set* zu »*stechen*«, besonders Handelsmänner, wird als ausgezeichneter Scherz angesehen und der »*Stecher*« gewinnt um einiges an öffentlichem Ansehen.

Wir würden den *fast fellows* sehr Unrecht tun, ließen wir eine kurze Beschreibung ihrer Leistungen aus. Fahren ist natürlich die größte, und durch lange Erfahrung und Unverschämtheit erlangen die *fast fellows* wunderbare große Heldentaten in dieser Kategorie.

Eine der originellsten ist die, in eine große Droschke zu steigen, mit einem kräftigen Pferd, erleuchteten Lampen, mit *tiger*, und langsam umherzufahren, einen scharfen Blick darauf werfend, ob ein Nachtkutscher außerhalb seines Bocks herumlungert. In dem Moment wo das »Spiel«-Opfer, das in der Regel zu einem Viertel schläft und zu drei Vierteln betrunken ist, erspäht wird, animiert er sein Pferd zum schnellsten Galopp und, sein Gefährt mit einer Präzision lenkend die nur *fast fellows* erreichen können, peitscht er in das Rad der Kutsche und zieht es heraus. Der Nachtkutscher kommt angerannt, stürzt, sich die Nase oder den Hals brechend, was passieren kann, und unser Held fährt davon als wäre der Teufel hinter ihm her. Nach einigen Meilen fährt er auf Umwegen zurück in das Nachthaus, in dem sein *set* verkehrt und berichtet von seinem Abenteuer mit der gleichen Stimme und Haltung wie ein Börsenhändler die Aktienkurse mitteilt. Anschließend bestellt er mit der Miene eines Mannes, der eine lobenswerte Handlung vollzogen hat, eine kalte Flasche Bourdeaux! [...]

Ihre Ignoranz ist, mit der einzigen Ausnahme von Pferden, erschreckend. Niemand, der die *fast fellows* nicht kennt, würde glauben dass Männer in derart absoluter Ignoranz dessen aufwachsen können, was ein Gentleman wissen sollte. Was immer ein Gentleman nicht wissen sollte, tragen sie am Ende ihrer Zungen und Finger.

Männer mit Intellekt, welcher Art auch immer, betrachten sie mit absoluter Gleichgültigkeit – eine Gleichgültigkeit, die zu passiv ist um Verachtung darzustellen. Sie geben vor sich zu wundern, oder tun es tatsächlich, welchen Zweck solche Männer erfüllen oder warum manche Menschen mit ihnen sprechen. Bücher erscheinen ihnen zweck-

mäßig, um sie unter die Beine wackliger Tische zu stellen, damit diese gerade stehen und sie denken dies ist der Grund für die verschiedenen Formate der Bücher. Aber kein *fast fellow* wurde bislang dabei
beobachtet, dass er in eines hineinguckt, um herauszufinden was sich
darin verbirgt. Diejenigen, denen das Buchstabieren beigebracht wurde verbringen einen Teil des Sonntags damit, die schmutzigen Witze
des *Satirist*[9] zu entschlüsseln, und bezeichnen die Witze als »verd-t
gut« und die Zeitung als »eine verd-t gute Zeitung«. Falls sie mit einem
Vertreter der *slow school* in Kontakt kommen oder sonst jemandem,
dem beigebracht wurde zu lesen, haben sie eine Methode diesen zum
Schweigen zu bringen, die ihnen prächtig erscheint. Wenn ein Mann
in ihrer Gegenwart sagen sollte, dass Chaucer ein großartiger Dichter war, fragt einer sofort: »Wie viel?«, während der andere wissen will,
ob Chaucer für das »Derby?« registriert ist. »Wie viel?« ist der unver-
änderliche Jargon, wann immer ein Mann etwas aus seinem Mund
lässt, das nicht von Pferden handelt.

Dies ist nichts Neues. Es ist lediglich die zweite Auflage von Dean
Swifts »*new-fashioned way of being witty*«, die in seinen fashionablen
Tagen als »Biss« bezeichnet wurde. »Sie müssen eine scherzhafte Frage stellen«, unterrichtet er Stella, »oder jemandem eine verdammte
Lüge in ernster Weise sagen und man wird ihnen antworten und so
mit ihnen sprechen, als hätten Sie es ernst gemeint; dann schreien Sie,
›Das ist ein Biss.‹ Sie sollten das nicht unterschätzen, denn es ist eine
etablierte Unterhaltung am Hof und überall unter den großen Leuten. Ich erzähle Ihnen davon, damit es durch Sie erhalten bleibt und
ich lehre Sie ein neues Raffinement.«

Wenn sie eine Einladung von Lord Northampton annehmen, um
zu einer seiner Soirées zu kommen – was sie zum Spaß manchmal tun
– sind ihre Possen äußerst unterhaltsam. Sie setzen ernste, philosophische Gesichter auf und ahmen die *savans* lebensecht nach. Wenn
der noble Präsident, im Glauben er sei höflich, ihnen einen Dichter
zeigt oder einen Professor, haben sie das Talent die Schultern zu
heben, den Mann mit mitleidslosem Blick anzugucken und mit
unnachahmlichen Ton und Miene die Worte »armes Biest« zu
flüstern. Das ist in der Tat eines der wenigen schlauen Dinge, die sie
tun und wir haben derartiges nie gesehen, weder auf noch abseits der
Bühne.

Würde Dickens sterben – ein Ereignis
das, wie wir hoffen und glauben, in den   9 Englisches Satire-Magazin

nächsten fünfzig Jahren nicht eintreten wird – hätte der *fast fellow* anlässlich des Geschehens eine ähnliche Konversation wie die folgende:

A: So, Dickens ist tot, wie ich höre.

B: Wie viel?

C: Was ist das?

A: Warum? Pickwick, selbstverständlich.

B: Oh! Häh? Pickwick – Moses – Bath-Kutsche – *Ich* verstehe.

C: Pickwick – bei Chippenham? Paul Methven lebt dort – *Ich* verstehe.

A: Nein, nein, Ich sagen Ihnen; er ist ein Schriftsteller.

B: Ist er das? Mag sein. Woher soll ich das wissen?

C: Nun – es ist eine verd-t tückische Sache, dass ich am Beginn einer Saison einen verd-t guten *tiger* verloren habe. Hat jemand einen verd-t kleinen *tiger* zu verkaufen?

FAST FELLOWS UND SLOW FELLOWS

Das *Blackwood Edinburgh Magazine* führte seine Reihe über die *World of London* fort. Im vorliegenden Artikel widmet sich die Zeitschrift der aristokratischen Jugend, die in zwei Kategorien – *fast* und *slow* – unterteilt wird. Erstere sind junge Hitzköpfe, in denen sich die Gentleman-Qualitäten mit denen des Spitzbuben mischen. Die *fasts* erinnern an die *beaux* der Regentschaft: Sie frönen dem Laster und werden für den Verfall der Sitten verantwortlich gemacht. Die Vertreter der *slow* Kategorie erwecken dagegen eher den langweiligen Eindruck des Snob, stehen aber zugleich für die Vergeistigung des Dandytums. Der Autor verweist in diesem Zusammenhang auf Männer wie Byron oder Rochester, die zunächst zur ersten und später zur zweiten Kategorie gehörten. Die Bewunderung kommt dennoch, trotz ihrer Lasterhaftigkeit, den *fast fellows* zu, da ihnen mehr Tatkraft eigen ist, während die *slow fellows* kaum ein Risiko eingehen.

In einem zweiten Teil widmet sich der Artikel einem der wichtigsten dandystischen Sujets: der Kleidung. Der Leser wird schnell bemerken, dass sich ein Dandy nicht einfach nur kleidet, sondern sich als ein Kunstwerk versteht, das vollendet werden will, um seine volle Wirkung zu entfalten.

FAST FELLOWS UND SLOW FELLOWS

Anonym

In unserer letzten Ausgabe hatten wir Gelegenheit, die Klasse der aristokratischen Jugend unter die Lupe zu nehmen, die den Namen *fast fellows* trägt und man könnte denken, dass wir ihre Schwächen etwas überspitzt dargestellt und unseren Tadel mit einer etwas übertriebenen Schroffheit ausgestattet haben. Diese Anklage ist jedoch weder begründet noch gerecht: Tatsache ist, dass wir nur die Narrheiten behandelt haben, für die diese Gruppe bekannt ist, ihre Laster aber im Dunklen ließen, in der Hoffnung, dass das von uns errichtete Gerüst die *fast fellows* beschämen würde und sie sich bewusst würden, welchen Anstand sie sich und ihrer Klasse schulden.

Das Unglück besteht darin, dass diese *fast fellows* in der Verfolgung ihrer Lieblingsnarreteien vergessen, dass der gesellschaftliche Schaden erst mit ihnen beginnt, dass der Mensch ein unterwürfiges, nachahmendes Tier ist und dass er der Spur eines großen Namens folgt, wie gewöhnliche Schafe dem Leithammel hinterher rennen. Das Gift der fashionablen Torheiten ist vergleichsweise ungefährlich, solange es in fashionablen Adern läuft. Aber wenn ein gewöhnlicher Mensch mit dem Virus infiziert wird, kommt es zu einer Plage: mentale Pocken, den menschlichen Verstand entstellend und lädierend, dem kleinen Gehirn Pockennarben versetzend und das Auge seines Verstands blind machend für die höchste Verachtung, die ihm seine befremdlichen Launen einhauchen.

Der *fast fellow* erfreut sich über alle Maßen an der Verbreitung seiner unterwürfigen Imitation der fashionablen Narretei, diese gentlemanartige Lasterhaftigkeit aus zweiter Hand. Und das ist vielleicht der schlimmste seiner Charakterzüge, denn er ist sogleich bösartig und unbesonnen: bösartig, weil die Schau der Menschheit, durch schlechtes Beispiel in hohen Rängen degradiert, eher eine Quelle geheimer Schande als teuflischer Genugtuung sein sollte: unbesonnen, weil ihr Beispiel ihre Klasse in Misskredit und Gefahr bringt. Abstammung, Stil, Rang, Reichtum und Macht zu besitzen, ist ausreichend um Neid und Skandal hervorzurufen. Wie viel stärker wiegt dieser Umstand, wenn Männer, die diese Überlegenheit genießen, es auskosten und ihr Glück nicht gebrauchen, sondern missbrauchen!

Wir hätten unsere Gedanken nicht mit den *fast fellows* belastet, wenn es nicht absolut notwendig wäre zur vollkommenen Ausgestaltung unseres Vorhabens, die verschiedenen Bestandteile des fashionablen Lebens vorzustellen, um in Zukunft keine Entschuldigung mehr zu haben, wenn sie verwechselt werden. Wir haben nun mit den *fast fellows* abgeschlossen und werden sie umso mehr mögen, je weniger wir von ihnen hören. Die *slow school* des fashionablen oder aristokratischen Lebens umfasst diejenigen, die meinen, im 19. Jahrhundert müssten andere Mittel ergriffen werden als im Mittelalter, um ihren Status in den hohen und verantwortungsvollen Positionen aufrecht zu erhalten, um den Größten und Mutigsten Ehre zukommen zu lassen. Sie denken, und sie denken richtig, dass die einzige Methode, sich in dieser geistig regen Zeit über der Masse zu halten, die ist, höher und weiter in die grenzenlosen Sphären des Intellekts aufzusteigen. [...] Ohne ein Werkverzeichnis der *slow fellows* niederzulegen (wir gebrauchen den Ausdruck nicht respektlos sondern nur im Gegensatz zu den anderen) können wir beobachten, dass mit Ausnahme der Politik, in dem die großen Namen ausreichend bekannt sind, es darunter auch Dichter, Essayisten, Dramatiker, Astronomen, Geologen, Reisende, Romanautoren und, mehr als alles andere, Philantrophen, gibt. In Beglückwünschung der menschlichen Natur nehmen wir uns die Freiheit nur Lord Dudley Stuart[1] und Lord Ashley[2] zu nennen. Die Arbeiten der *slow fellows*, besonders ihre Dichtung, weisen mehr oder weniger auf die soziale Position des Autors hin, selten oder nie mangelt es ihnen an gutem Geschmack und Gefühl, doch fehlen ihnen Kraft oder Mut. Sie bevorzugen den glatten Stil und ihre Verse haben den Beigeschmack der Schule von Lord Fanny.[3] In der Tat wüssten wir nicht, welchen *slow fellow* unserer Tage wir benennen könnten, der über das vernünftige Mittelmaß in Dichtung oder Prosa herausragt. Es ist eine merkwürdige Tatsache, dass die wagemutigsten und originellsten unserer noblen Autoren in ihren Tagen *fast fellows* waren – wir brauchen nur Rochester, Buckingham und Byron zu erwähnen.

Unter den *slow fellows* gibt es Unmengen an Möchtegern-Intellektuellen. Diese neh-

1 Lord Dudley Stuart (1803–1854), britischer Politiker, erst Whig, dann Liberaler

2 Anthony Ashley Cooper, 7. Graf von Shaftesbury (1801–1885), trug von 1811 bis 1851 den Titel Lord Ashley, englischer Politiker und Philanthrop

3 Dahinter verbirgt sich Lord Hervey (1696–1743), englischer Höfling und Schriftsteller. Alexander Pope machte sich in seinen Satiren oft über ihn lustig und gab ihm diesen Beinamen.

men Malunterricht, nicht um das Malen zu lernen, sondern um über die Malerei reden zu lernen; auch studieren sie das *Penny Magazine*[4] und andere tiefsinnige Arbeiten zu dem gleichen Zweck; sie fördern die Londoner Universität und die *Gesellschaft für die Verbreitung nützlichen Wissens*[5] insoweit, als sie ihren Namen leihen; denn, da sie zum größten Teil aus der Klasse der fashionablen *screws* stammen, achten sie darauf, niemals irgendetwas zu abonnieren. Sie haben einen erlesenen Geschmack wenn es um Tücher geht und genießen demzufolge das Vertrauen schicker alter Damen, die sie als Beispiel alles Guten heranziehen. Sie trinken Schokolade am Morgen und Tee am Nachmittag; trinken Sherry mit einem Keks und wundern sich, wie Menschen diese heißen Mittagessen zu sich nehmen können. Sie machen, körperlich bedingt, Spaziergänge und nehmen Magentabletten und, da man sie in der *Royal Society*[6] trifft, lassen sie sich ständig von Medizinern beraten, wohl darauf bedacht, ihnen niemals eine Guinea anzubieten. Sie sprechen über Musik, worüber sie etwas wissen – über Bücher, worüber sie wenig wissen – und über Bilder, worüber sie noch weniger wissen. Sie haben immer »den neuesten Roman« gelesen, sie kennen literarische, qualifizierte und wissenschaftliche Männer im *Somerset House*,[7] aber wenn sie diese in *Park Lane* treffen, sehen sie aus, als hätten sie sie nie zuvor gesehen. Sie sind sehr reizbar, haben an jedem etwas auszusetzen und sagen immer das Schlechteste zuerst. Sie sind sehr ruhig in ihrem Gebaren, nahezu durchtrieben und nutzen niemals die Redensarten der *fast fellows*. Sie behandeln die ihnen Unterlegenen mit großer Rücksicht, nennen sie »wahrer Freund«, »mein Guter« und so weiter, haben aber wenig Herz und noch weniger Geist.

Sie verabscheuen die *fast fellows* und die fashionablen Angeber gleichermaßen. Vor ersteren, die sich immer mit Witzen und Scherzen über sie und ihre Ziele lustig machen, fürchten sie sich. Wenn die *fast fellows* herausgefunden haben, dass ein *slow fellow* vorgibt zu zeichnen, rotten sie sich zusammen um ihn zu ärgern, sprechen über die »herbstenen Farben« und »die Vergol-

4 Das *Penny Magazine* wurde zwischen März 1832 und Oktober 1835 immer samstags veröffentlicht, Zielgruppe war die Arbeiterklasse, das Magazin war Bestandteil eines Programms zur *liberal reform*, das von der *Society for the Diffusion of Useful Knowledge* ins Leben gerufen wurde.

5 Die *Society for the Diffusion of Useful Knowledge* (SDUK) wurde 1828 in London gegründet, um den Unterschichten den Zugang zu Bildung zu erleichtern.

6 Die *Royal Society of London for the Improvement of Natural Knowledge* wurde 1660 gegründet.

7 Zuerst in königlichem Gebrauch, später Heimstätte verschiedener Bildungseinrichtungen

dung der westlichen Hemisphäre«; wenn es ein Botaniker ist, senden sie ihm Kuhkohl, oder eine Mangelwurzel mit einer ernsthaften Notiz, die besagt, dass es sich um eine große Seltenheit in seinem Metier handle. Wenn es ein Entomologe ist, schicken sie ihn garantiert »mit einem Floh im Ohr« weg. Wenn er vorgibt zu dichten, lassen die *fast fellows* einen ihrer Diener aus *Bell's Life* transkribieren, Scroggins poetische Version des Kampfes zwischen Bendigo und Bungaree oder ähnliches, und wenn sie den *slow fellow* in der Klemme haben, bestehen sie darauf, seine Meinung zu erfahren und treiben ihn nahezu in den Wahnsinn. All diese und tausend anderer Scherze spielen die *fast fellows* ihren *slow*-Brüdern, nicht in der abgedroschenen Art, die niedere Menschen »*gagging*« nennen und modische Menschen »*quizzing*«, sondern mit einer Ernsthaftigkeit und Seriosität, die den Witz noch einmal erhöhen und den *slow fellow* unsäglich lächerlich machen.

Berücksichtigt man die Möglichkeiten der *slow fellows*, ist es erstaunlich, dass sie keine bessere Figur machen. Es scheint wunderlich, dass sie, die den Fluss des Glücks sanft mit dem Wind und der Strömung hinunterschweben, von denen übertroffen werden, die hart am Wind, ihr ganzes Leben dagegen schwimmen. Aber so ist es – die ausgleichende Macht, die die materielle Natur beherrscht, regiert die Bewegungen des Geistes. Wem viele Möglichkeiten gegeben sind, dem ist wenig Tatkraft zur Verbesserung gegeben. Diejenigen, die mehr oder weniger auf äußere Anreize vertrauen, werden mit Sicherheit von denen übertroffen, deren Kraft im Inneren ruht. Letztendlich sind die großen Namen unserer Nation (mit einer Ausnahme hier und dort, um die Regel zu beweisen) Plebejer.

Die Philosophie der Kleidung

Vielleicht erwartet man von uns, etwas über die Kleidung der fashionablen Männer zu erzählen, da sie eigentümlich ist und nicht weniger charakteristisch als ihr Verhalten. Ihre Kleider sind wie ihr Leben gewöhnlicherweise von neutralem Ton; stechende Farben vermeiden sie geflissentlich und man sieht sie nie mit aufwendigen Stufungen von Unterhemden. [...] In dem Moment, wo ein eleganter Mann bemerkt, dass etwas von ihm Erfundenes nachgeahmt wird, lässt er das Halstuch oder die Weste oder was auch immer es sein mag, fallen und verflucht seinen Schneider als »*unsafe*«. Aber es passiert nicht oft, dass selbst der eleganteste unserer fashionablen Männer etwas Extravagantes oder Aufmerksamkeit Erregendes erfindet. In den letzten Jahren war ihr Stil schlicht, fast zur Übergewissenhaftigkeit.

Obwohl sich der fashionable Mann schlicht kleidet, ist klar zu erkennen, dass er außerordentlich gut gekleidet ist. Sein Mantel ist einfach und hat weder Seidenfutter noch aufgestickte Taschen, noch geschliffene Samtknöpfe, noch Pelzkragen. Aber schauen Sie, wie er ihm passt – weder wie Gusseisen, noch wie ein nasser Sack, sondern als wäre er darin geboren.

Da ist eine Harmonie, eine Korrektheit im Anzug des fashionablen Mannes, eine natürliche Ungezwungenheit, eine würdevolle Symmetrie, eine Besonderheit des Ausdrucks, die uns immer mit der tiefsten Bewunderung für das Genie des Künstlers erfüllt hat. In der Tat, für kein Geld der Welt könnte man Mäntel kaufen, wie wir sie gesehen haben – Mäntel, die eine wahre Liebe des Subjekts und viel Arbeit für eine hohe Verbindung in der Welt allein hervorbringen konnten – *Mäntel*, nicht die dummen Vorstellungen eines geometrischen Schneiders, geistlos vom Stift eines geldgierigen Werkmeisters auf dem Reißbrett entworfen, sondern die glückliche Schöpfung eines überlegenen Geistes, verwegen ausgeführt in den glücklichen Momenten eines selbstlosen Enthusiasmus!

Eitel, sehr eitel ist der Möchtegern-*fashionable*, der sich mit Bargeld in der Hand im Atelier eines erstklassigen Mantel-Architekten aufbläht und so einen Mantel bestellt. Einen solchen Mantel bestellen, fürwahr! Einen Raphael bestellen, einen Michelangelo, ein episches Gedicht. So ein Mantel – wir sagen es mit der selbstlosen Empörung eines freien Briten – ist eines der exklusiven Privilegien, die durch ungerechte Gesetze einer egoistischen Aristokratie vorbehalten bleiben!

Auch der aristokratische Hosenschneider verdient unseren grenzenlosen Beifall. Nichts unterscheidet das neunzehnte Jahrhundert – in dem die, die es schaffen, das Glück haben, zu leben – mehr als die Präzision, die wir im Hosenschneidern errungen haben. Als die Barbarei des Zeitalters oder die Armut der Kunden den Stand des Hosenschneiders und Mantelarchitekten kleideten, waren Mäntel ohne Seele und »*inexpressibles*« unsagbar schlecht oder wie Coleridge gesagt hätte, »überragend lächerlich.« Heutzutage haben wir im Gegenteil

ein derartiges Ausmaß an Exzellenz erreicht, dass man den Hosenschneider, dem es nicht gelingt, seinen Werken Ausdruck zu geben,
in die Provinz jagt und für den Rest seines Lebens dazu verurteilt,
Unterkleider für Geistliche und den Landadel zu nähen. [...]
Der gleiche gedämpfte Ausdruck von Eleganz und Ungezwungenheit, der die führenden Teile seiner Kleidung erfüllt, erstreckt sich
ohne Ausnahme auf all seine Accessoires. Wenn es ihm an irgendetwas mangeln sollte, seine schmückende Kleidung, wie Hüte, Stiefel,
Vatermörder und Handschuhe sind immer mit Bedacht gewählt; denn
es ist dieser Bereich, in welchem so bedeutende Mitglieder der
Geheimpolizei wie wir es sind, die Möglichkeit bekommen, versteckten Snobismus aufzudecken. Sie werden zum Beispiel niemals
einen fashionablen Mann mit Paget-Hut sehen oder mit einem d'Or-
sayschem Beaver: der erste hat eine lächerlich übertriebene Krone,
der letztere eine unter keinen Umständen zu tolerierende breite
Krempe – abgesehen davon ist Hutmode abzukupfern für ihn, was das
Plagiat des Inneren eines Kopfes für andere ist. Er betrachtet es als vulgär, die Idee zu einem Hut zu stehlen und überlässt den unwürdigen
Diebstahl den Möchtegern-*fashionablen*. Zufrieden mit einem Hut, der
mit ihm verschmilzt, ist er darauf bedacht, der dominierenden Hut-
Intelligenz seiner Zeit niemals voraus oder hinterher zu sein. Drei
Hüte scheut der fashionable Mann eifrig – einen neuen Hut, einen
erschreckend schlechten Hut und einen *gossamer.*[8] [...] Bei Schuhen
ist er noch eifriger auf das bedacht, was *Philosopher Square*[9] so passend
die Tauglichkeit der Dinge nannte. Seine Schuhe sind niemals eckig
oder rund, wie die Schuhe von Menschen, die ihre Schuhe für
modisch halten. Sie sehen, dass sie ihm passen, dass sie aus dem
besten Material und von der besten Qualität sind und zur Saison passen. Sie sehen ihn nie die Sonntagslederschuhe des »Snobs« tragen,
der an Wochentagen auf acht-und-sechs-Penny-Schuhen läuft. Sie
sehen ihn nie in Schuhen dahinwatscheln, die eine Welt zu groß sind,
noch wie ein humpelndes verkrüppeltes Opfer der Bosheit Crispins.
[...] Noch etwas: Wenn ein Gentleman eine
Nadel in seinen Vatermörder steckt, können
Sie sicher sein, dass ihr Kopf nicht die
Größe einer Kartoffel hat und keine Siame-
sische Zwillingsnadel ist, die mit einer Kette oder einem Edelstein-Imitat oder Gold-
mosaik verbunden ist. Trägt er Kragen-

8   Sehr feiner Hut aus Gaze
9   Figur aus Henry Fieldings *The
    History of Tom Jones, A Foundling,*
    misst alle Taten nach der unabän-
    derlichen Regel des Rechts und
    der ewigen Tauglichkeit der
    Dinge

knöpfe, sind sie schlicht und haben nicht weniger als mindestens fünf Guineas das Paar gekostet. Auch macht er sich nicht zum Sheriff, mit Ketten, die über seiner Weste baumeln; oder etwa kleine Pistolen, Verschlussnähte oder billiger Schmuck erscheinen unter seinem Bund, wie um zu sagen: »Wenn Sie nur wüssten, was für eine Uhr ich darunter trage!« Auch trägt er keine kitschigen Ringe auf knochigen Fingern zur Schau. Wenn er Ringe trägt, können Sie darauf vertrauen, dass sie wertvoll sind, dass sie sparsam verteilt werden und dass seine Hand keine Klaue ist.

Ein fashionabler Mann trägt nie Woodstock-Handschuhe oder doppelt abgesteppte Handschuhe oder achtzehn-Penny-Imitate französischen Chevreauleders: Seine Handschuhe sind, wie er selbst und alles an ihm, *the real thing*. Elegante junge fashionable Männer tragen primelfarbenes Chevreauleder am Vormittag und – obwohl sie darauf bedacht sind jeglichen Anschein von Snobismus zu vermeiden, indem sie niemals das gleiche Paar wie am Vortag tragen – ist primelfarbenes Chevreauleder am Vormittag doch trotz allem nicht *the thing*: sie sind nicht gesetzt genug. Deswegen verurteilen wir primelfarbenes Chevreauleder und möchten nichts mehr davon sehen.

Wenn Sie das Unglück haben, einen Snob zu kennen, müssen Sie nicht unnötig Geld für einen Kalender des Folgejahres ausgeben: Ihr Freund der Snob wird ihnen dies zu ihrer vollsten Zufriedenheit ersetzen. Zum Beispiel rasiert er sich donnerstags und sonntags, zieht ein sauberes Hemd an, das er anlässlich dieses Ereignisses so offen wie möglich zur Schau stellt. Montag und Freitag werden Sie an den vegetierenden Borsten seines Kinns und dem Verschwinden der Manschetten und des Hemdkragens erkennen. Diese werden donnerstags und samstags von ergänzenden Kragen und Manschetten ersetzt, die, weiß und gestärkt, einen angenehmen Kontrast zu dem Teil der ursprünglichen *chemise* bilden, die eitel hinter den Falten eines drei-und-sechs-Penny-Tuches zu verstecken versucht wird. Mittwoch und Freitag können Sie nicht verfehlen; Ihr Freund ist dann am schmutzigsten und sein Bart am längsten, die halbwöchentliche Wäsche und Rasur erwartend. Am Quartalstag, wenn er seinen Lohn bekommt, geht er zu einem sechs-Penny-Friseur und lässt seine Haare schneiden.

Ein Gentleman ist im Gegenteil, zusätzlich zu seinen anderen noblen Unnützlichkeiten, als Kalender unbrauchbar. Er ist niemals halbrasiert oder halbgeschoren. Sie können nie sagen, wann er sich seine Haare geschnitten hat, noch hat er saubere-Hemd-Tage und

Tage unreinen Leinens. Er ist nicht nur nach außen hin *propre*,[10] sondern besprengt seine Nagelhaut täglich mit »orientalischer Übergewissenhaftigkeit«. Er ist immer und überall – sein Körper, seine Manieren, seine Kleidung und sein Verhalten – gleich und war niemals anders als wie er jetzt erscheint.

Sie werden vielleicht sagen, das sei alles sehr schön; aber geben Sie mir das Geld, über das der fashionable Mann verfügt, und ich werde ein ebensolcher fashionabler Mann sein: Ich werde meine Kleidung mit der gleichen Ungezwungenheit tragen und so frei, so schamlos, *degagé*[11] sein, wie der äußerste Bond-Street-Müßiggänger von allen. Freund, Sie mögen dies sagen und selbst denken, aber ich trotze Ihnen: Snobismus wird wie Mord enttarnt und wenn Sie kein geborener Gentleman sind, sagen wir Ihnen offen, dass Sie niemals darin Erfolg haben werden, so viel Geld Sie auch für Kleidung ausgeben mögen.

Seit vielen Jahren beschäftigen wir uns mit der philosophischen Analyse des Ursprungs der besonderen Eigenschaften, die den fashionablen Mann ausmachen. Eine Arbeit von solcher Bedeutung können wir der Welt aber nur auf eine Art geben: in dem angemessenen Umschlag eines schweren Quarto. An dieser Stelle können wir nur bemerken, und damit den Appetit der Hoffnung anregen, dass wir nach langer Grübelei letztlich das Geheimnis entdeckt haben, wie er seine Kleidung mit einer Gleichgültigkeit tragen kann, die andere Exemplare der menschlichen Spezies nie erreichen können. Sie werden wahllos vermuten, dass er, und sein Vater vor ihm, von Kindheit an daran gewöhnt waren, auf ihre Kleidung acht zu geben und dass die Gewohnheit ihnen diese Anmut gegeben hat, die der, der sich nur gelegentlich ankleidet, nur hoffen kann zu erreichen. Oder dass er, da er die besten *artistes* beschäftigt, aufgrund dieser wunderbaren Arbeitsteilung von der wir früher sprachen, diese Gleichmäßigkeit des Kostüms erreicht. – Absolut nicht: Das ganze Geheimnis besteht darin, seinen Schneider niemals zu bezahlen, noch jemals vorzuhaben, seinen Schneider zu bezahlen!

10 Sauber
11 Ungezwungen

BEAUISMUS

Dieser Text ist ein Auszug eines Artikels vom Juni 1844 des *Black-wood Edinburgh Magazines* über Beau Brummell, den so genann-ten Ur-Dandy. Der Ursprung des Beauismus wird am Hof Charles II. festgesetzt, an dem Narretei und Müßiggang üppig florierten. Brummell gilt als der letzte *beau*. Die Zeitschrift vertritt damit die Auf-fassung, dass das Dandytum untergegangen ist. Die Masse hat jeg-liche Individualität zerstört und die Grundhaltung des *beau* – ab-solutes Nichtstun und den anderen darin überlegen zu sein – ist in der viktorianischen Gesellschaft, die den Fleiß zur obersten Tugend erklärte – unmöglich geworden.

BEAUISMUS

Anonym

Alles verändert sich; unser Zeitalter ist das der Massen und Klassen, das letzte war das Zeitalter der Individuen. Ein halbes Dutzend bemerkenswerter Männer repräsentierte die Welt von London, hinsichtlich Politik, Poesie, *bon mots*, *cuisine* und Spiel. Pitt und Fox, die Herzöge von Queensberry und Norfolk, Sheridan und General Scott waren der Ersatz der Menschheit in der großen Metropole. George Brummell war der letzte der *beaus*. Die Flamme des Beauismus erlosch; aber in ihrem Sockel leuchtete sie heller als je zuvor und Beau Brummell machte einen markanteren Eindruck im überlegenen *bon ton* der eleganten Absurdität als seine Vorgänger. [...] Beauismus reicht in England kaum weiter zurück als bis in die Tage von Charles II. Man könnte sagen, dass Elizabeth ihre *beaux* hatte; aber der wahre *beau* ist ein Wesen, das kein lebender Mann zu seinem Gebrauch entdecken kann und der in der Tat vollkommen nutzlos ist, ausgenommen für seinen Schneider und den Karikaturisten – die Ritter der Zeit von Königin Bess haben keinen Anspruch auf die Ehre dieses Namens. Raleigh[1] konnte sich ohne Zweifel gut kleiden; aber er konnte auch schreiben und kämpfen und war zu etwas gut. Leicester[2] wird nachgesagt, sich hervorragend gekleidet zu haben; aber er versuchte sich in Politik, Krieg und Liebe und hatte selbstverständlich nicht allzu viel Zeit. Die Sedleys, Rochesters und ihre Peer-Freunde hatten zu viel zu tun, Gutes und Schlechtes, um zu Recht unter diesen hauchdünnen Ornamenten der Menschheit genannt zu werden; sie waren in ihrem Herzen müßig genug dafür, aber ihre Leben waren keine Schatten, ihre einzige Beschäftigung war nicht ihr Selbst. Sie waren von Schwertern faszinierter als von Schnupftabakdosen; und wenn sie Verschwender waren, beschränkte sich ihr Überfluss nicht auf einen Diamantring oder einen Perigordkuchen. Sie liebten, hassten, schrieben, scherzten und kämpften; sie konnten finster drein blicken aber auch lächeln und die Exzentrizitäten ihrer

1 Sir Walter Raleigh (1554–1618), englischer Abenteurer und Schriftsteller, Protegé der Königin Elizabeth I. Raleigh tat sich durch seinen Stolz und extravagante Ausgaben, sowie durch eine unkonventionelle Denkweise hervor

2 Robert Sidney Leicester (1563–1626), englischer Soldat, Diplomat und Freund der Künste

eigenen Narrheiten sehen und sie genießen. Aber der wahre *beau* ist ein *beau*-Ideal, eine Abstraktion, die nur realisiert wird durch Scheren, eine konzentrierte Essenz Frivolität, unendlich empfindsam gegenüber der eigenen Hingabe, kühl wie die Pole hinsichtlich der Hingabe aller anderen; verschwenderisch hinsichtlich seines eigenen Appetits, andere um ihren Vorteil bringend ohne selbst etwas zu verlieren; großmütig böse, lächerlich weise und verachtenswert clever; Eigenliebe ist das Geheimnis, die Quelle und das Prinzip des *beau par excellence.*

DIE GELBEN HANDSCHUHE

Dieser Text über die gelben Handschuhe, die *gants jaunes*, entstammt einem Roman, der als so genannte *serial novel* im Blackwood Edinburgh Magazine veröffentlicht wurde. Die *gants jaunes* werden hier explizit als Dandys und *lions* bezeichnet, ebenso wird auf ihre kulturelle Genese aus den *merveilleux* und *raffinés* früherer Zeiten hingewiesen.

DIE GELBEN HANDSCHUHE

Applaus - der zu einem kleinen Teil der Oper zu verdanken war und
zu einem größeren den pergamentenen Handflächen einer gut
dressierten Claque[1] – verkündete den Triumph des Komponisten und
den Erfolg der Oper. Da trafen sich zwei Männer, die das Gebäude in
entgegengesetzten Eingängen betreten hatten, in dessen Mitte,
begrüßten sich freundschaftlich und ließen sich in benachbarten
Logen nieder. Beide gehörten zu der Klasse, die die unteren Schichten der Pariser bildlich als *gants-jaunes* bezeichnen. Die genannten
unteren Schichten glauben gewissenhaft, primelfarbene Handschuhe
seien eine von den Fingern eines Dandys ebenso untrennbare
Bedeckung wie die natürliche Epidermis. Der jüngere der beiden
Männer, der Vicomte Arthur von Mellay, war ein höchst untadeliges
Exemplar dieser *lions dorés*, die in der modernen französischen Gesellschaft die *merveilleux*, die *roués* und *raffinés* der vergangenen Tage
ersetzt haben. Geschmeidigkeit des Gesichts und Rot der Lippen, mit
selbstbewusstem Auge und gestutztem Bart, seine Aufmachung war
offensichtlich das Ergebnis einer tiefen Besinnung seitens der
geschmackvollsten Schneider und gewissenhaftesten Kammerdiener.
Von seinem lackierten Schuhabsatz bis zum Scheitel seiner glänzenden und luxuriösen Frisur, hätte der strengste Modekritiker vergeblich nach einer Unvollkommenheit gesucht. Geboren, aufgewachsen
und verfeinert in der angenehmen Atmosphäre des edlen Faubourg,
war er eine Goldgrube für seinen Klub, die Zielscheibe der Bewunderung der gewöhnlichen Menschen, der Liebling eines Kreises
exklusiver und aristokratischer Damen, deren günstiges Urteil
fashionablen Ruhm begründet. Sein Nachbar auf dem Parkett, einige
Jahre älter als er selbst, war kaum weniger korrekt in seinem Äußeren, obwohl er seine löwenartigen Ehren viel sorgloser hervorbrachte. Wie Arthur war er ein sehr schöner Mann, aber sein blasses
Gesicht und sein blonder Schnurrbart kontrastierten mit der rosigen
Wange und dem dunklen Haar seines Gefährten. Der österreichische
Baron Ernest von Steinfeld hatte sich durch lange und häufige Auf-
enthalte in Paris die Rechte zur Pariser Einbürgerung erworben. Er
hatte die französische Hauptstadt zunächst zu diplomatischen
Zwecken besucht. Nachdem er diese
Karriere aufgegeben hatte, verbrachte er

1 Bezahlte Beifallsklatscher

dort einen Teil jedes Jahres so regelmäßig wie jeder eingeborene Stammgast des Grammont Klubs, des Pferderennens von Chantilly und des Bois de Boulogne. Obwohl ein Deutscher und ein Baron, war er weder derb noch dumm, noch qualmig. Er trug keine Tabakpfeife in seinen Taschen oder verhaspelte sich beim Essen oder spuckte auf den Boden oder nahm an irgendeiner der anderen Garstigkeiten teil, die seinem Stamm zu Eigen sind. Als Adliger aus Österreich wäre er in jedem Land der Welt als Gentleman, und zwar als ein sehr edler, anerkannt worden. Er stammte aus einer alten Familie, war an vielen Höfen gewesen, hatte einen militärischen Rang, besaß ein Schloss und schöne Güter in Tirol, verpfändet bis zum letzten Zwanziger ihres Wertes, war einigermaßen blasiert und vom Spleen gepeinigt und beträchtlich verschuldet, sowohl in Wien wie in Paris. In der letzteren Hauptstadt war er erst vor vierzehn Tagen angekommen, nach fast einem Jahr Abwesenheit, hat sich in einem kleinen aber eleganten Haus in einer fashionablen Gegend niedergelassen und da er noch immer edle Pferde ritt, sich gut kleidete und gut aß, hoch spielte und pünktlich zahlte, vermutete niemand, wie nah er am Ende seines Geldes und Kredites war; und dass er den letzten Rest seines verkäuflichen Eigentums der Munition einer weiteren Schlacht in Paris geopfert hatte – eine Schlacht, die vermutlich seine letzte sein wird, wenn nicht eine reiche Erbin, ein Lotteriegewinn oder ein unvermutetes Erbe im letzten Augenblick kommen, um sein zerschlagenes Vermögen wiederherzustellen.

TOM EGLANTINE

Tom Eglantine erschien im Dezember 1853 in *Harper' s New Monthly Magazine.* Tom ist ein gealterter Dandy, der letzte seiner Art und das im weit entfernten New York. Ihm gelang in seinen Glanzzeiten das Kunststück, kontinuierlich Aufsehen zu erregen und dennoch ein Unbekannter zu bleiben. Der Text gibt einen ungewöhnlichen Blick auf einen Dandy, dessen Zeit vorbei ist. Er lebt wie ein Fossil. Den reaktionären Dandy hat die Moderne eingeholt. Die jeweilige kulturhistorische Bedingtheit des Dandys und seiner verschiedenen anderen Ausformungen wird durch diesen Text verständlich.

TOM EGLANTINE

Anonym

Als wir eines Tages durch die Stadt gingen, trafen wir einen alten Dandy. Vor zwölf oder fünfzehn Jahren war dies eine alltägliche Figur in den Straßen, aber in letzter Zeit ist er verschwunden. In seinen besten Jahren kannte jeder John Eglantine, zumindest vom Sehen. Er war ein Teil des Broadway, so wie heute Stewart's oder St. Nicholas. In dieser Zeit, als die Kommunikation mit Europa noch nicht so einfach vonstatten ging wie heute, als noch nicht jeder bei Fackelschein im Vatikan gewesen war oder in Paris, um Krawatten zu kaufen; zu einer Zeit, in der es tatsächlich noch Krawatten gab – gute, solide, vernünftige Bollwerke aus Seide und Satin für den Hals, und nicht einfach nur ein Band, das vorn herunterhängt – da bot ein Dandy ein außergewöhnliches Schauspiel. Denn der Dandy ist ein Wesen, dessen Aufgabe es ist, nichts zu tun. Jemand, der den ganzen Morgen seiner Kleidung und dem Frühstück widmet, und den Nachmittag dem Dinner und dem Spazieren fahren, der Geld ausgibt, das er nicht verdient hat und über Arbeit lacht, die er nicht ausführen könnte. Er ist für die Gesellschaft so nützlich wie ein leuchtender Buchstabe für ein Buch – er beansprucht viel Aufmerksamkeit und verwirrt den Beobachter.

Dieses Schauspiel war natürlich selten in einem Land, in dem jeder dazu verpflichtet ist, etwas zu tun. Dennoch war Müßiggang, echter und schmückender Müßiggang, eine derartige Neuheit, dass die Stadt Tom gegenüber verpflichtet war, der sich jeden Morgen ankleidete und flanierte und jeden Abend herumfuhr, den Blicken des Menschengewimmels ausgesetzt, das jeden Morgen die Straße hinunterging und zurückkam. Tom war immer allein. Niemand schien ihn zu kennen. Niemand nickte ihm zu. Niemand sagte: »Wie geht's dir, Tom?« Aber ob diese Isolation freiwillig war, ob er kein geselliger Mensch war oder fürchtete, dass die Aufmerksamkeit von ihm selbst abgelenkt würde, wenn er mit jemand anderem gesehen wird, oder ob er sich selbst als einen Missionar der Mode betrachtete – ein Bischof *in partibus*, zwischen Ungläubigen und Wilden, mit denen er sich nicht herablassen könnte zu verkehren, sondern sich nur als strahlendes Beispiel seiner Religion darstellen kann, war unmöglich zu sagen.

Tom war sehr ernst, das sind Dandies immer. Er trug einen Stock
– der weder Spazier- noch Reitstock war – und bewegte sich mit
kurzen, nervösen Schritten. Seine Hosen schienen von dem Schneider
des Grafen von Artois hergestellt worden zu sein, der dem Grafen ein
Paar Reithosen aus Waschleder angefertigt hatte, die er nur anziehen
konnte, während er von zwei Dienern hochgehoben wurde, die ihn
anschließend hineinfallen ließen. Das waren natürlich keine Sitz-
hosen. Mit Tom Eglantine war es fast das gleiche. Die Hosen, in denen
er flanierte, waren nicht von der biegsamen Sorte. Es wird berichtet,
dass einmal an der Ecke der Canal Street eine Lady ihr besticktes
Taschentuch fallen ließ, als sich Tom näherte und nach einem
Moment Nachdenkens über die möglichen Konsequenzen, beugte
sich dieser galante Gentleman plötzlich herunter, um das Taschentuch aufzuheben, während ein scharfer Knall über den Broadway
hallte, und der Stadtredakteur der *Post* erklärte am Abend, dass am
Mittag des Tages »Thomas E-nt-e, Esq., seine Hosen vorne und hinten zerriss, während er einen Akt der Galanterie ausübte.«

Toms Krawatten waren eines Brummell wert. Sie waren so perfekt
gebunden, dass es zum Verzweifeln war, und obwohl »Young
America« zu dieser Zeit ein unbekannter Ausdruck war, gab es dort
nie ein überlegeneres Genie in Hinblick auf das Binden einer Krawatte. Sie erinnern sich an die alte Geschichte, als ein Freund von
Brummell dessen Diener traf, der mit einem Stapel zerknüllter
Krawatten auf dem Arm aus dem Ankleidezimmer des *beau* heraus-
kam und sagte: »Dies sind unsere misslungenen Stücke.« Nun, eines
Tages, so erzählt man, betrat jemand das Zimmer von Tom während
er den Knoten seiner Krawatte sorgfältig band, und fragte:
»Aber, Tom, wo sind unsere misslungenen Stücke?«

»Mein Herr, ich verfehle nie«, antwortete Tom, während er der
Krawatte den letzten Schliff gab. Auf seine Art war er ein Held, wie
Sie sehen.

Es ist seltsam, dass ein Mann überall bekannt ist und dass doch niemand irgendetwas über ihn berichten kann. Jeder, der in New York
jemand war (und wer, das wüssten wir gerne, ist dort ein Niemand?)
war mit Tom Eglantine vertraut. Aber niemand konnte sagen wie sein
Vater hieß, noch wo die Familie herkam. Einige von uns Jüngeren ver-
muteten, er sei der Abkömmling eines europäischen Adelsge-
schlechts, der übers Meer geschmuggelt wurde, womöglich in einer
Handschuhkiste oder in einem französischen Stiefel. Wir blickten

immer mit großem Respekt auf ihn und stellten uns vor, wie die jungen Grafen und Herzoge anmuteten, wenn sie das Sonnenlicht beehrten, indem sie darin wandelten.

Die Wahrheit ist – denn die Zeit rächt sich irgendwann an unserer Leichtgläubigkeit – dass Toms Vater ein Schuster in Chelsea war, der seinen Sohn innig liebte und angesichts seines sozialen Erfolges glücklich und stolz war. Denn Tom erzählte dem alten Gentleman, dass ihm alle tonangebenden Leute der Stadt den Hof machten und dass er, wenn er seine Chancen nicht ruinieren wollte, sie nicht erkennen dürfe wenn sie sich auf dem Broadway trafen. Sein Vater pflichtete ihm bereitwillig bei, so töricht war seine Zuneigung, und lief in den großen Straßen, nur um seinen Sohn zu treffen und zu sehen, dass niemand so herrlich war wie sein Tom.

Die Schatzkammer eines Schusters würde dennoch kaum für die Ausgaben eines Dandys reichen, und, obwohl der alte Abraham Eglantine all die überflüssigen Schillinge an Tom gab, wusste er, dass die Summe völlig unzureichend war, um den Lebensstil seines Sohnes aufrechtzuerhalten, und fragte ihn, woher der Rest käme. Aber Tom antwortete ihm jedes Mal so unverzüglich, dass es ehrlich verdientes Geld wäre, dass die Augen des Vaters vor Stolz und Freude glänzten und er hätte Tom in seinen Armen zerdrückt, wurde aber von dem Krawattenknoten eingeschüchtert.

Die Wahrheit ist – ein bisschen traurig vielleicht, aber jetzt ist alles vorbei – dass das Geld vom Spieltisch kam. Als wir Jüngeren etwas älter wurden und uns nach Vergnügen sehnten, gab es immer einen Älteren, der sich dazu bereit erklärte, uns das »Leben« zu zeigen – so nannte er es – dieses »Leben« bestand darin, Dinge zu tun, für die wir uns herzlich schämten und von denen wir zu Hause nie auch nur ein Wort erzählten. Eines Abends wurden einige von uns in ein prachtvoll erleuchtetes und prunkhaft eingerichtetes Haus geführt, das, wie wir später erfuhren, eine »Hölle« genannt wurde. Dort bemerkten wir Tom Eglantine unter verschiedenen angesehenen und ernsten Herren. Er hatte Glück im Spiel und gewann viel Geld. Er trank nicht so viel Wein wie die anderen Herren und war viel ruhiger. Er ging früh und am nächsten Tag flanierte er, prächtig wie immer, schwang seinen kleinen Stock und blickte ernst wie ein Botschafter.

Als Schnauzer in Mode kamen, war Tom der erste, der es wagte sie auf der Straße zu tragen. Er trug sie im ungarischen Stil, so dass die Enden wie lange schwarze Nadeln herausragen und obwohl die Jungs johlten, beharrte er, als sei er Columbus oder Galileo. Schließlich trug er den Sieg davon und kann guten Gewissens der Walter Raleigh der Bärte genannt werden, denn er war der Vater dieses Luxus in Amerika, so wie Sir Walter der des Tabak in Europa.

Nach einer Herrschaft von zwölf oder mehr Jahren verschwand Tom Eglantine. Er war stadtbekannt gewesen, aber niemand vermisste ihn. Man hat ihn jeden Tag gesehen, aber niemand bemerkte, dass er nicht mehr gesehen wurde. Er war kein Objekt der Liebe, von Interesse oder Bewunderung, sondern einfach von Betrachtung, als er also aus den Augen verschwand, dachte niemand an ihn. Das war ein bitterer Kommentar über den Ruf, genauer gesagt die Art von Ruf, die ein Mann bekommt, der sich ständig vor den Augen der Öffentlichkeit bewegt. Eine Anzahl vortrefflicher Lehren hätte vielleicht aus dem unbemerkten Verschwinden von Tom Eglantine gezogen werden können und ohne Frage hätten wir das tun sollen. Aber wir waren damals in Harvard – alle von uns – damit beschäftigt, die Kriege Hannibals zu diskutieren, den Charakter von Julius Cäsar oder den Ursprung der ägyptischen Theologie. Also hatten wir keine Zeit, um über Tom Eglantine nachzudenken.

Manchmal, im Lauf der Jahre, fragte ein Freund den anderen, wenn sie den Broadway entlang gingen:

»Was ist aus Tom Eglantine geworden?«

»Ich habe keine Ahnung«, war die Antwort und die Freunde würden ihre Unterhaltung über den neuen Sänger und den bevorstehenden Ball wieder aufnehmen.

Die Zeit verging und Bärte wuchsen. Das »Young America« zog in hunderten Spielarten die Aufmerksamkeit der Stadt auf sich, die Tom Eglantine früher monopolartig für sich beansprucht hatte. Niemand war so distinguiert und berühmt und stadtbekannt wie er. Aber dann dachte jeder kleine Mann, es hätte noch keinen so tollen Gentleman wie ihn gegeben – und das war ausreichend und sehr angenehm für alle Parteien.

Es war dementsprechend ein bemerkenswertes Ereignis als wir eines Tages in der letzten Woche während unseres täglichen Spaziergangs Tom Eglantine trafen. Und da wir nicht länger damit beschäftigt waren, ägyptische Theologie zu studieren und das Abwägen des Charakters von Julius Cäsar den Kommilitonen des Grundstudiums überlassen hatten, hatten wir einen Moment Zeit, den wir dieser Erinnerung widmen konnten.

Tom war nicht länger frisch und fröhlich, noch hatte sein Gang den alten Schwung. Sein Vater, so fürchten wir, hatte das Zeitliche gesegnet. Toms Erscheinung hatte eine schäbige Verzweiflung an sich. Nicht, dass er heruntergekommen war, er hatte noch immer ein achtbares Ansehen. Aber es war antiquiert, ohne kurios zu sein. Es war altmodisch, ohne pittoresk zu sein. Er hatte versucht die Erhabenheit seiner alten Krawatte auszugleichen, aber es gelang ihm nicht, die nachlässige Eleganz des gegenwärtigen Schlips' zu erreichen. Er versuchte sich das Prahlen des »Young America« anzueignen, aber das führte nur zu einer Art lahmem, schlenkerndem Gang. Sein Stil, seine Gefühle und sein Alter erwärmten sich nicht für die neue Ordnung. Und doch war er so grundlegend ein Dandy, dass er sich für das Alte schämte.

Wenige Personen erkannten ihn als er vorbeiging. Er war der Schatten seiner selbst unter den lebenden Kreaturen einer anderen Zeit. Niemand kümmerte sich um ihn, aber zwei oder drei Jungs lachten über seine eigenartige Erscheinung. Er schaute sehnsüchtig auf die Jugend, die uns heute als Dandies dient, nicht mit Sorge, als ob er sie warnen wollte, sondern mit unbestimmtem Neid, als ob er gerne ihren Platz einnehmen würde. Der Schneider, der Toms Kleidung genäht hatte, war seit langem reich geworden, hatte sich zurückgezogen und ist jetzt Stadtrat und wird einen Lederorden bekommen, für seine Bemühungen, die Anzahl an Zuckerstücken im kommunalen Tee von vier auf drei reduziert zu haben. Der Schneider hat sich einen Namen gemacht und wird von denen erinnert und geehrt werden, die sich aus süßem Tee nichts machen. Aber Tom, auf den der Schneider als eine wandelnde Reklame blickte – Tom, der bewundert wurde, weil er die Kleider des Schneiders trug, mit denen er seine Person umhüllte – er ist ein Niemand und Nichts. Er ist nicht einmal mehr das Modell eines Schneiders.

Wir folgten ihm eine Zeitlang, in solch melancholischen Gedanken versunken, bis Tom Eglantine plötzlich um die Ecke einer düsteren Straße bog und verschwand. Wir gingen langsam nach Hause. Der Zwischenfall war für uns so lukrativ (hoffen wir) wie ein Morgen, der in einer kirchlichen Zusammenkunft verbracht wird. An diesem Tag haben wir unser Lamm voller Ernst geschnitten und als wir unserem jüngsten Sohn halfen und an ihm eine Neigung zu leuchtenden Knöpfen an seiner Weste entdeckten, dachten wir an Tom Eglantine und seufzten.

DER AUTOKRAT AM FRÜHSTÜCKSTISCH

The Autocrat at the Breakfast Table von Oliver Wendell Holmes (1809–1894), einem amerikanischen Schriftsteller, erschien 1858. In einer Passage seines Buches widmet sich Holmes dem dandystischen Sprachstil, der im Wesentlichen von Neuerungen geprägt ist. Dieser Mut zum Anderssein spiegelt sich auch im Charakter des Dandys.

DER AUTOKRAT AM FRÜHSTÜCKSTISCH

Oliver Wendell Holmes

Ich denke, es gibt eine Angewohnheit, die noch schlimmer als das *punning*[1] ist. Das ist das allmähliche Verdrängen von Wörtern, die ihr Referenzobjekt tatsächlich charakterisieren, durch *cant* oder *flash*-Ausdrücke. Ich kannte einige höchst affektierte Idioten, deren Vokabular sich in ein halbes Dutzend Ausdrücke aufgelöst hat. Alles fiel unter eine von zwei größeren Kategorien – *fast* oder *slow*. Das ultimative Ziel war es, ein *brick*[2] zu werden. Wenn ihre Freunde von den großen Katastrophen des Lebens überrollt wurden, sprachen sie von diesen als *a good deal cut up*. Neunzig Prozent der menschlichen Existenz wurde unter dem Begriff *bore* zusammengefasst. Diese Ausdrücke wurden die algebraischen Symbole für Geister, die zu schwach oder zu träge waren, um noch Unterscheidungen zu treffen. Es sind die Blankoschecks eines intellektuellen Bankrotts – sie können mit jeder beliebigen Idee gefüllt werden, es macht keinen Unterschied, da die Schatzkammer, aus denen sie gezogen werden ohnehin leer ist. Universitäten und nutzlose Klubs sind die Orte, an denen diese Pilze der Konversation am Prächtigsten gedeihen. Glauben Sie nicht, ich würde den angemessenen Gebrauch eines *cant*-Wortspieles nicht zu schätzen wissen. Es belebt jede Konversation, so wie ein Pilz eine Sauce. Aber es ist kaum besser als ein Giftpilz, abscheulich für den Verstand und Gift für den Geist, wenn es von allen Männern und Jugendlichen, die der Meinung sind, die Kunst der Konversation zu beherrschen, inflationär gebraucht wird, wie es manchmal der Fall ist. Wenn wir *flash*-Phrasen hören, dann ist es im Allgemeinen das Spülwasser, das vom Geschirr des englischen Dandysmus tropft, egal ob Schuljunge oder erwachsener Mann, ausgewrungen aus einem dreibändigen Roman, der es aufgesaugt hatte oder vorsichtig aus der bemalen Urne von Mr. Verdant Green[3] ausgegossen und verdünnt, so dass es dem provinziellen Klima standhält. [...]

Dandys sind im Grunde zu nichts zu gebrauchen, aber ein Gutes haben sie. Sie erfinden die bereits erwähnten Blanko-

1 Treffsicher lancierte Wortspiele, die hohe Kunst des Dandysmus, die das Brillieren im Salon garantiert
2 Prachtkerl
3 Protagonist des Romans *The Adventures of Mr. Verdant Green* von Cuthbert M. Bede, 1853–57

schecks, die für eine angemessene Unterhaltung nützlich sind oder halten sie zumindest im Umlauf. Intellektuelle Kapitalisten leihen sich diese gern. Sie sind zudem nützlich, da sie einen gewissen Stil in der Kleidung garantieren, der ohne sie definitiv an Qualität einbüßen würde und in eine Frage der Bequemlichkeit, statt in die von Geschmack und Kunst, ausarten würde. Nun, ich mag die Dandys ganz gerne – unter einer Bedingung. […] Sie müssen Mut zeigen. Nach meiner Meinung ist das die Grundbedingung des wahren Dandysmus. Ein kleiner Junge, der sehr schön angezogen ist, seinen Finger in den Mund legt und zu weinen anfängt, wenn ein anderer sich über ihn lustig macht, macht einen albernen Eindruck. Wenn sein Gesicht jedoch rot anläuft und er seine Hände zur Faust ballt und anhand seines größten Angreifers ein Exempel statuiert, sein feines Leghorn und seine mit Knöpfen verzierte Jacke ablegt, um, wenn nötig, den Akt der Gerechtigkeit zu vollziehen, nimmt seine Erscheinung die Pracht des mit Wappen verzierten Helmes an, der Astyanax[4] das Fürchten gelehrt hat. Sie werden sich erinnern, dass der Herzog sagte, seine Dandy-Offiziere wären seine besten Offiziere. Das »Sonntagsblut«, die prachtvollste Reitkleidung unseres jährlichen *Fast*-Tages, ist weder eindrucksvoll noch gefährlich. Aber Burschen wie Brummell und Orsay und Byron lassen sich nicht respektlos behandeln. Beachten Sie »*die eiserne Hand unter dem Velour-Handschuh.*«[5] Viele mächtige und gefährliche Menschen hatten eine ordentliche Prise Dandysmus an sich. Da gab es Alkibiades,[6] der »lockige Sohn von Clinias«, ein vollendeter junger Mann, den man heute als *swell* bezeichnen würde. Dann gab es noch Aristoteles, ein äußerst angesehener Schriftsteller, von dem Sie gehört haben – kurz gesagt ein Philosoph. Es dauerte Jahrhunderte ihn zu erlernen, Jahrhunderte ihn zu verlernen und es wird nun eine Generation oder mehr brauchen, um ihn erneut kennen zu lernen. Er war ein richtiger Dandy, ebenso wie Marc Antonius, und obwohl er sein Spiel verloren hatte, hatte er hohe Summen riskiert und es war nicht sein Dandysmus, der seine Chancen vernichtete. Petrarca sollte weder als Gelehrter noch als Dichter verachtet werden, aber er war auch einer von der Sorte. Ebenso wie Sir Humphrey Davy[7]

4 In der griechischen Mythologie der Sohn des trojanischen Königssohnes Hektor und seiner Gattin Andromache

5 Zitat aus Balzacs *Vater Goriot*, 1835

6 Athenischer Staatsmann und Feldherr

7 Sir Humphrey Davy (1778–1829), englischer Chemiker, der ihm unbekannte chemische Substanzen gern einnahm

und Lord Palmerston,[8] früher, wenn ich mich nicht irre. Ja – für solche Dinge ist ein Dandy zu gebrauchen. Dandys wie die, von denen ich eben sprach, haben diesen Planeten wie eine Wiege in Schwingung versetzt und sorgen dafür, dass er weiter schwingt. – Trotzdem, wenn ich Sie wäre, würde ich aufgrund des Eindruckes dieser Bemerkungen nicht gleich zum Schneider gehen und eine derart große Rechnung in Auftrag geben, dass sie die Taschen im nächsten Anzug überflüssig machen würde. Eleganz *»nascitur, non fit.«* Ein Mann wird als Dandy geboren, so wie ein Dichter. Es gibt Köpfe, die können keine Hüte tragen. Es gibt Hälse, denen keine Krawatte passt. Es gibt Kiefer, die keinen Kragen füllen. Es gibt Gestalten, die durch nichts in menschliche Form gegossen werden können und Bewegungen, die sich nicht in anmutige Höflichkeit oder elegante Schwäche oder stattliche Gelassenheit, die verschiedenen Stilen des Dandysmus entsprechen, bändigen lassen.

8 Lord Palmerston (1784–1856),
   britischer Politiker und Premierminister

GENTILHOMME UND GENTLEMAN

Der Artikel *Gentilhomme und Gentleman* erschien im Januar 1876 in *Lippincott's Magazine of Popular Literature and Science* Der Autor, G. Colmache, erklärt darin den Unterschied zwischen dem französischen und englischen Typus, die in enger Verbindung zum Dandy stehen. Dieser entstammt bekanntlich dem englischen Gentleman-Ideal und ist mit dessen besten Qualitäten ausgestattet: Britisches Taktgefühl, Gelassenheit und Liebenswürdigkeit vereinen sich im Dandy mit dem französischen *savoir-vivre*, Sprachwitz und Esprit. Adlige Abstammung und Gottesglauben sind dagegen nicht zwingend erforderlich. Der Dandy neigt zum Atheismus und zeigt sich politisch oftmals desinteressiert, wenngleich er die profane Masse verachtet. Colmache berichtet hier über das Leben ausge-
wählter *gentilhommes*: den Grafen von Montrond
und den Grafen von Cambis.

GENTILHOMME UND GENTLEMAN

G. Colmache

»Der letzte *gentilhomme* Frankreichs ist gestorben!«, proklamierte *Le Figaro* vor kurzem anlässlich des Todes des Grafen von Cambis. Aber die Ankündigung wurde im letzten Jahrhundert so oft gemacht, dass wir hoffen, das Geschlecht ist noch nicht ausgestorben. Jede Generation der Franzosen prahlte mit ihrem »ersten« und bedauerte den Verlust ihres »letzten« »*gentilhomme de France*« und jedes Mal stimmten eilfertige englische Journalisten der Zeit in die Verherrlichung und die Trauer um die Individuen ein, deren so von ihren eigenen Landsleuten gedacht wurde.

Die Bezeichnung »*gentilhomme*« wird so oft mit »*gentleman*« verwechselt, dass eine Erklärung notwendig ist, denn trotz ähnlichen Ursprungs könnten keine zwei Wörter unterschiedlicher sein. Der französische *gentilhomme* muss adligen Blutes sein: Er muss einem alten und angesehenen Geschlecht angehören, denn kein *nouveau parvenu* kann jemals darauf hoffen als echter *gentilhomme* bezeichnet zu werden, während die Fähigkeiten, die notwendig sind, um diesen Charakter aufrecht zu erhalten, sich auf die eine Tugend der Großzügigkeit zu beschränken scheinen. Wann immer Sie von einem Mann hören, »Er hat sich wie ein wahrer *gentilhomme* verhalten«, können Sie sicher sein, dass es nicht mehr bedeutet, als dass er einen einfachen Akt der Gerechtigkeit in zuvorkommender und würdevoller Art vollführte. Die heiligen und selbst auferlegten Qualitäten, welche die Bedeutung des englischen Wortes »*gentleman*« ausmachen, kann kein Franzose, noch irgend ein anderer Ausländer verstehen, und das Wort selbst wird niemals übersetzt, sondern immer in seinem englischen Original belassen. Bulwer definiert die Bezeichnung klarer als jeder andere Autor wenn er sagt: »Das Wort *gentleman* ist zu einem uns eigenen Titel geworden – nicht, wie in anderen Ländern, abhängig von Stammbaum und Wappen, sondern all die umfassend, die Liebenswürdigkeit mit Männlichkeit vereinen.«

Nun ist der *gentilhomme* Frankreichs ein völlig anderer Typ. Er muss auf Abstammung und Wappen beruhen, er muss im Disput überraschend und schnell sein, er muss sein Geld inmitten der *roture*[1] offen zum Fenster hin-

---

1 Nichtadel

auswerfen, er muss das sein, was man einen *beau joueur* nennt – das heißt, er mag am Spieltisch die Mitgift seiner Mutter verlieren, die Aussteuer seiner Schwester, kurz, alles außer seinen Nerven; er kann einen Gläubiger betrügen und der erste sein, der darüber lacht. »Ein Gott, eine Liebe, ein König!« ist der Ruf des guten alten englischen Gentleman. Wenn es um die Religion geht mag der französische *gentilhomme* mit Henri IV. erklären, dass »Paris wohl eine Messe wert ist«; wenn es um die Liebe geht, mag er seine Treue so vielen Geliebten geloben wie eben dieser tapfere Souverän; und was die Politik betrifft, so mag er rufen »Es lebe der König! Es lebe die Liga!« und trotz alldem ein *parfait gentilhomme* bleiben.

Jede Generation schien mit ihrem *parfait gentilhomme par excellence* ausgestattet zu sein. Der Hof Ludwigs XIV. prahlte mit seinem Chevalier von Grammont, aus dessen Selbstbekenntnissen wir lernen, dass er in der Fähigkeit brillierte, mit der er den armen Grafen von Camma in Lyon betrogen hat und in der Gerissenheit, mit der er die Begleichung seiner Rechnung im Gasthaus umging.

Dann kam Herr von Montrond und auch er wurde während seines Lebens *le premier gentilhomme de France* und mit seinem Tod *le dernier des gentilhommes Français*. Montrond gehörte zwei Generationen an, zwei sehr konträren Epochen. Bei seinem ersten Ball am Hof trug er eine gepuderte *cadogan*[2] und tanzte in *talons rouges*;[3] bei seinem letzten lehnte er sich mit seinem kahlen Kopf an eine Tür, in lackierten Schuhen und gestärkter Krawatte. Sein Leben blieb bis zu dieser Stunde ein Rätsel. Obwohl er von jeder Partei, die während seines Lebens an die Macht kam, darum gebeten wurde, eine Stelle anzunehmen, weigerte er sich stur; und dennoch, aufgrund seines Vorzuges als *premier gentilhomme de France* besaß er unbegrenzten Einfluss auf alle von ihnen. Die Erklärung, die er hinsichtlich seines Systems gab, ist zynisch genug: »Ein Mann muss direkt zur Geldkassette gehen und sich sein Geld sichern, ohne im Vorraum oder im Büro zu warten: Die Macht wird mit Sicherheit folgen.« Er plauderte manchmal über Politik, »sprach« aber nie darüber und vergaß selten die Namen einer oder mehr der dreiundvierzig Herzoginnen, Gräfinnen und Marquisen anzuführen, deren Seelenfrieden er sich rühmte, auf immer zerstört zu haben. Ist es nicht seltsam, dass solch schändliche Frivolität mehr als fünfzig Jahre lang die kritischsten Menschen der Welt dominieren konnte? Aber Montrond

2 Haarschleife
3 Rote Absätze; Kennzeichen der Modehelden

ließ immer verlautbaren, dass kein Mann in Frankreich die Mühe auf sich nehmen würde, ein ganzes Buch zu lesen, wenn er die Mühe auf sich genommen hatte, das Vorwort zu lesen. Selbst die kapriziöse und pedantische, und dennoch ignorante fashionable Gesellschaft Londons erkannte seine fantastische Herrschaft an und der Grund dafür wird anlässlich der Unerschrockenheit, mit der er seine Verhaltensregel äußerte, verständlich: »Jeder vornehme Mann sollte sein Einkommen auf zehntausend Pfund jährlich festlegen und sich nicht darum kümmern ob er so viel Kapital hat oder nicht.« Dieser *premier gentilhomme de France* war stolz auf seine mangelhafte Bildung und erklärte oft, dass die einzigen beiden Bücher, die er überblättert hatte, das ermüdende *Henriade* von Voltaire und das frivole *Liaisons Dangereuses* von Laclos waren. Keine Recherche, keine Charakterstudie kann die eigenartige Unstimmigkeit erklären, mit der Montrond dennoch von jeder Regierung, unter der er lebte, mit den wichtigsten Geheimnissen und den entscheidendsten Verhandlungen beauftragt wurde – entsandt, um Revolutionen aufzuhalten, zurück berufen um Verfassungen zu ändern und bei allem zu Rate gezogen, als hätte er sein ganzes Leben damit verbracht, Montesquieu oder Colbert zu studieren. Derart war das moralische Leben des Mannes, der von den Vätern und Großvätern der heutigen Generation *premier gentilhomme de France* genannt wurde.

Lassen Sie uns die körperliche Seite seiner Existenz betrachten – das äußere und sichtbare Zeichen des unverwechselbaren Titels, mit dem er geehrt war. Montrond begann seine Karriere im Regiment der Grafschaft Flanderns mit dem Studium von Waffen, Wein, Frauen und Würfeln – diese begründeten zu jener Zeit die notwendigen Fähigkeiten eines Gentleman. Theodore Lamette war sein erster Oberst, Douai seine erste Garnisonsstadt. Bald nach seiner dortigen Ankunft wurde jeder Mann sein hingebungsvoller Freund, jede Frau seine willige Sklavin und jeder Handelsmann war bereit, ihm Kredit zu geben. Es geschah, dass eine Abteilung der »Royal Cravattes«[4] vorübergehend ihr Lager in der gleichen Stadt aufsuchte und unter den Offizieren war ein gewisser Graf von Champagne, ein berühmter Duellant und Spieler. Von diesem Mann gewann er durch etwas Glück, über das Montronds Freunde immer einen Schleier warfen, eine beachtliche Summe und als er bemerkte – nachdem er eine ansehnliche Zeitspanne vergehen ließ – dass kein Zeichen der

---

4   Die »Royal Cravattes« waren ein französisches Kavallerie-Regiment.

Bezahlung zu erkennen war, verkündete er, dass er Schritte einleiten werde – nicht gemäß, sondern entgegen dem Gesetz – um zu seinem Anteil zu kommen. Montrond wusste, dass er ein elender Schwert-kämpfer war und entschied sofort, seine fehlende Begabung durch Kühnheit zu ersetzen. Er schickte seinen Diener zu einem Stall, in dem vierundzwanzig gute Rösser, die dem Grafen von Champagne gehörten, ihren Hafer in aller Sicherheit kauten, mit dem Befehl die-se fortzuführen und an Stelle der prächtigen Pferde eine Nachricht zu hinterlassen, die besagte, dass Herr von Montrond die Tiere zu ver-kaufen gedenke, um sich zu bezahlen und den Rest dem Grafen von Champagne überreichen werde. Nach einigen Stunden wurde er, wie er es erwartet hatte, aufs Feld gefordert und präsentierte sich vor dem berühmten Duellanten mit stoischem Humor, der die Selbstbeherr-schung des Grafen von Champagne völlig außer Rand brachte. Mon-trond wurde beim ersten Ausfallschritt tief getroffen. Das war auch seine Absicht und das Ergebnis schrieb in den Annalen des Duells Geschichte. Er war von dem Schwert seines Gegners in die Brust gestochen wurden und dieser dachte offensichtlich, er hätte ihm den Todesstoß versetzt. Aufgrund dieser Annahme senkte der Graf von Champagne seine Waffe und dann stieß Montrond mit einem ver-zweifelten Vorstoß sein Schwert mitten in das Herz seines Gegners. Der Graf von Champagne fiel ohne einen Schrei, ohne Kampf tot um. Dann stand Montrond auf, mit Ruhm und Ehre bedeckt, denn solche Abenteuer begründeten den Ruhm der *gentilhommes* jener Zeiten.

Es wäre unmöglich den langen Katalog der Triumphe von Mon-trond aufzuzählen, die er danach feierte. Er wurde das Idol der Mode – unter dem Direktorium genauso wie unter dem alten Hof – und unter der Gönnerschaft von Madame Tallien[5] war es ihm erlaubt, unter den strengen Republikanern die Sitten und Moral der Regentschaft zu vertreten. Es war in dieser Zeit seines Lebens, dass der eine Akt der Sühne der Vergangenheit geschah. Er arbeitete mit rechtem Wohlwollen zum Nutzen des Adels im Exil, viele von ihnen wurde durch seinen Einfluss zurückgerufen, der so groß war, dass er Wege fand, die ungepflegten Herrscher der Republik zu überzeugen, die begnadigten *éxilés* zu ihren Banketten ein-

5 Thérésia Cabarrus (1773–1835), später Prinzessin Chimay, war mit dem Konventsmitglied Jean-Lambert Tallien verheiratet, der sich u.a. wegen ihrer Inhaftie-rung am Sturz Robesspierres beteiligte, was ihr den Namen »Notre-Dame-de-Thermidor« einbrachte. Madame Tallien führte einen der wichtigsten Pariser Salons.

zuladen um zu zeigen, dass sie keinen Groll hegten und keine Furcht empfanden. Wir waren dabei, das Beispiel von Montrond selbst zu verfolgen und vergaßen, dass er verheiratet war – »nur so wenig wie möglich«, wie er zu sagen pflegte, aber dennoch legal. Er heiratete während der revolutionären Bewegung eine *grande dame*, eine geschiedene Lady, eine gewisse Herzogin von Fleury, die in dieser Vereinigung nicht mehr als den Schutz ihres Eigentums vor dem Namen ihres ersten Ehemannes suchte, wodurch es mit Sicherheit konfisziert worden wäre. Viele der großen Damen dieser Zeit haben das gleiche getan und so die Republik betrogen. Aber die Herzogin von Fleury versäumte die wichtigste Vorsichtsmaßnahme überhaupt – sich Rettung vor dem erwählten Retter zu verschaffen, der den Besitz sofort beschlagnahmte – fröhlicher vielleicht, aber ebenso effektiv wie es die Republik getan hätte. Die Bedingungen des Hochzeitsvertrages mögen als ein Muster der Motive angeführt werden, durch die der *premier gentilhomme de France* in dieser Transaktion beherrscht wurde. Nach der Erklärung, dass die Herzogin von Fleury in die Gemeinschaft bestimmte Häuser und Ländereien einbrachte, neben einem Einkommen von vierzigtausend Livres, finden wir zu diesem Reichtum aufgerechnet, dass der Graf sich verpflichtet, eine jährliche Summe von einhunderttausend Francs einzubringen – das Produkt seines *wit*. Nach kurzer Zeit, da der *premier gentilhomme* besagten *wit* vollführt hatte, indem er die Erzeugnisse der Häuser und Ländereien von Frau von Fleury verkauft hatte und da Frau von Fleury nicht in der Lage war, das Kompliment dadurch zu erwidern, dass sie seinen *wit* verkaufte, gingen beide getrennte Wege, es der Fürsorge überlassend, die Ländereien, die der *wit* verkauft hatte und das Einkommen, dass der *wit* in alle vier Winde zerstreut hatte, zu tilgen.

Es fehlt der Platz, um von den Bemühungen der verschiedenen Parteien zu berichten, die einander in Frankreich mit solch schrecklicher Schnelligkeit folgten, um den Einfluss des Grafen von Montrond zu erlangen. Aber er blieb einem Prinzip treu, dem, mit welchem er begann – »sich direkt zur Kasse zu begeben.« Und doch, trotz aller prosaischen Umsicht, inmitten der Poesie seiner Position, war die Moral des Lebens dieses Mannes bis zum letzten Buchstaben erfüllt. Der Graf von Montrond schaffte es, jedes Geldmittel zu überdauern, außer dem einen, das von der Erinnerung an vergangene und unvergessene Tage einstiger Liebe geleistet wurde. Er starb im Haus von

Frau Hamelin, nachdem er von dieser Freundin und Beschützerin während des Revolutionssturms beruhigt und beschirmt wurde. Er starb in Abhängigkeit, den gleichen Veränderungen und Launen ausgesetzt, die er so lange auf andere ausgeübt hatte. Montronds Nachfolger, der Graf von Cambis, der Mann, der den *premier gentilhomme de France* unserer Tage darstellt, starb kürzlich in einem ebenso hohen Alter wie der Graf von Montrond. *Autres terms, autres mœurs*: Kein Betrug mehr beim Kartenspiel, kein Totschlagen der Zeit wie im Falle des Chevalier von Grammont; kein Duellieren mehr und das überraschende Töten des Gegners wie bei dem Grafen von Montrond. Als der bürgerliche König Louis Philippe dem älteren Zweig folgte, verlor der *gentilhomme Français* sein Prestige vollkommen und die Notwendigkeit seiner Existenz wurde ignoriert. Alles Bürgerliche wurde am Hof Mode: Der Hof selbst wurde vom Faubourg St. Germain als Hühnerhof bezeichnet und alle, die ihn besuchten als »die Gänse des Bruders Philippe« oder »die Enten von Orléans«. Der Graf von Cambis erschien in diesem Moment in den Tuilerien auf der Suche nach einem Posten. Sein Name war in den Annalen der französischen Noblesse berühmt: Die Gesellschaft hatte jedoch aufgehört, den *gentilhomme* mit dem *roué* zu verwechseln. Die notwendigen Bedingungen, die zur Erfüllung des Charakters notwendig waren, hatten sich verändert und nun war es der *bourgeois gentilhomme* und nicht der *gentilhomme roué*, dessen Anspruch auf den leeren Platz eher akzeptiert wurde. Der Graf von Cambis hatte das Amt als ehrenamtlicher Stallmeister des Herzogs von Angoulême inne, das es weniger wegen seines Adels als vielmehr aufgrund seines makellosen Charakters bekommen hatte. Nun war er auf der Suche nach einem Platz am Hofe und fand bald die Gunst des Bürgerkönigs, für den die ruhigen Tugenden des *Tiers-État*[6] wertvoller waren, als Glanz und Glitter der Regentschaft. Der Graf war von feiner, imposanter Persönlichkeit und hübscher Haltung: Mehr noch, er war »ein Mann mit einer Vergangenheit«, und zwar einer schmerzvollen, mit dem größten Interesse an den zarten Brüsten der orleanistischen Prinzessinnen. Obwohl arm und zu einer ruinierten Familie gehörig, waren seine Aussichten am Hof Charles X. gut und eine der bedeutendsten Damen des Hofes hatte ein Auge auf ihn geworfen, als passende Partie für ihre Tochter. Die junge Dame, ganz und gar nicht unwillig, hatte den Hochzeitsvorschlag mit Eifer angenommen, der von der Herzogin   6 Dritter Stand

von Angoulême sekundiert wurde und von dem Versprechen eines
ranghohen Postens bei seiner Realisierung unterstützt war. Eine
Hochzeit lässt sich in Frankreich schnell arrangieren; nicht so die
Fixierung eines Ehevertrages, der aufgrund von Verzögerungen ebenso anstrengend ist wie die noch zögerlicheren Gesetzesentwürfe; um
diese erdrückende Zeitspanne zu überdauern erschien es ratsam, den
Grafen von Cambis nach Holland zu schicken, um Pferde für den
königlichen Stall zu kaufen. In Den Haag angekommen, erkrankte er
an Pocken, was ihn an das ärmliche Bett in der miserablen Herberge
fesselte, in die er nach Ankunft seines Schiffes geführt worden war.
Hier lag er einige Zeit lang inkognito, seine Identität jedem unbekannt, mit Ausnahme seines treuen Dieners, der ihn so lange pflegte,
bis er vollständig von der Krankheit genesen war, die dennoch die
fürchterlichsten Spuren in Form von Narben, Fugen und Furchen von
der Stirn bis zum Kinn hinterlassen hatte. Der hübsche junge Kavalier, der so voller Hoffnung und Geist am Quai von Den Haag angekommen war, stieg mit einem aufgeblähten und verfärbten Gesicht
aus seinem Bett, zerfurcht, vernarbt und von Pocken gezeichnet, seine ehemals üppigen Locken waren schmal und feucht, seine Wimpern
verschwunden, seine ganze Erscheinung so verändert, dass er, als er
sich zum ersten Mal im Spiegel betrachtete, von solcher Verzweiflung
erfasst wurde, dass, wie er seinen Freunden später erzählte, er von
dem Fenster, an dem er stand, in den Kanal gesprungen wäre, hätte
ihn nicht der starke Arm seines Dieners Dulac zurückgehalten. Eine
schreckliche Zeit von Qual und Depression folgte auf diese erste Er-
regung, aber er erwachte davon und kehrte erneut ins Leben zurück,
ein traurigerer und weiserer Mann. Als der erste Eindruck von
Schrecken und Bestürzung verflogen war, war sein Entschluss wieder
gefasst. Er entschloss sich, die Dame von ihrem Gelöbnis zu entbin-
den und setzte sich nieder, um die Worte zu schreiben die sein Herz
entzweien sollten. In diesem Moment trat Dulac mit einem Päckchen
voller Briefe in das Zimmer, die gerade über Estafette von Paris angekommen waren. Darunter war einer der Mutter der jungen Dame, voll
süßem Scherz und würdevoller Fröhlichkeit, die fröhlichen Gescheh-
nisse in den Tuilerien beschreibend und die Freude ihrer Tochter
anlässlich der Vorstellung, dass sie die Herzogin von Angoulême zum
Ball begleiten dürfe, der zu Ehren des Besuches eines spanischen Prinzen in Paris gegeben wurde. Sie schilderte mit größter Lebhaftigkeit
die Details der Kleidung, die die teure kleine Adèle tragen würde und

die Freundlichkeit der Königlichen Prinzessin und endete mit dem
gütigsten Ausdruck von Betroffenheit angesichts der Abwesenheit des
Verlobten ihrer Tochter bei diesem Fest, in spielerischen Ausdrücken
von der Gefahr schreibend, denen Adèles Herz bei dieser Ansammlung so vieler neuer und hübscher Kavaliere ausgesetzt wäre, die auf
den spanischen Prinzen warten, gäbe es nicht die Vorsichtsmaßnahme, die Locke mit dem Porträt ihres mutigen und schönen Liebhabers als Schutz vor diesen Attacken zu tragen – die Miniatur, die er
ihr beim Abschied gegeben hatte. Er beendete diesen Brief mit einem
tödlichen Schauer in seinem Herzen: Er zerdrückte ihn in seiner
Hand und warf ihn in das flammende Holz des Ofens, drückte es mit
der Zange nieder, bis der letzte Funke erloschen war, dann betrachtete er die schwarzen Flocken, wie sie eine nach der anderen den
Kamin hinauf flogen; und als der letzte verschwunden war, strich er
sich die Tränen von den Augen und zur großen Überraschung und
Bestürzung Dulacs, befahl er ihm zu packen und alles für seine sofor-
tige Rückkehr nach Frankreich vorzubereiten.

Am selben Abend setzte er mit der Fähre über und erreichte Paris
in der Nacht des Balles in den Tuilerien. Mit der befremdlichen Selbst-
aufopferung, die in manchen Charakteren von Verzweiflung ausgelöst
wird, ließ er sich vom Quai zum Platz Louis XV. fahren und den Fahrer anhalten, so dass er sich damit quälen konnte, die Lichter und
Schatten der Tänzer zu betrachten. Er stieg dann vor seiner eigenen
Tür ab, vor dem Tor in der Rue de Rivoli, die zu diesem Zeitpunkt verlassen und ruhig war, denn die Fahrzeuge waren alle in den Hof des
Place du Carrousel gefahren. Die gähnenden Diener nickten nur
zustimmend, als er das Passwort äußerte, bis zum Kinn eingehüllt, glitt
er geräuschlos über den polierten Fußboden des Vestibüls und eilte
die Treppen hinauf. Dulac war froh, wieder zu Hause zu sein, mit Ent-
zückung die Freude der Erholung erwartend, die er nach einer solch
ausdörrenden, schnellen Reise verdient hatte. Wie bestürzt war er
demzufolge, als der Herr Graf seine Absicht verkündete, dem Balle
beizuwohnen und ihn beauftragte, in aller Eile das Hofkostüm für diesen Zweck vorzubereiten! Dulac war es gewohnt, ohne Widerspruch
zu gehorchen und obwohl er sich über diese plötzliche Laune seines
Herrn wunderte, der sonst in allen Dingen so vernünftig war, beeilte
er sich seiner Bitte nachzukommen. Die Toilette wurde schweigend
vollendet. Einige Tränen wurden von Dulac über die dünnen,
strähnigen Locken vergossen, die er frisierte und als alles fertig war

und er die Girandole[7] hoch gehalten hatte, um ihm die Hintertreppen zu leuchten, die von den Mitgliedern des königlichen Haushalts genutzt wurden, um Zutritt in die Räume des königlichen Palastes zu gewinnen, ohne die Menge im Vorzimmer durchqueren zu müssen, kehrte der treue Gefährte gebrochenen Herzens in das Zimmer seines Herren zurück.

Der Graf von Cambis betrat den Ballraum in dem Moment, in dem sich eine Quadrille formte und der Instinkt seiner Liebe – denn es kann kein reiner Zufall gewesen sein – führte ihn sogleich in den Raum und an die Stelle, wo Fräulein von B... neben ihrer Mutter saß. Der Graf hat seinen Freunden oft erzählt, dass er so heftig zitterte, dass er für einige Minuten weder sprechen, noch sich bewegen konnte, sondern da stand und die junge Dame leise und bewegungslos anstarrte, als hätte er Wurzeln geschlagen. Das alles erschien ihm wie in einer Wunderlampe abzulaufen und als er durch das Erstaunen, das die Haltung der beiden Damen ausdrückte, schließlich wieder zu sich fand und es wagte, seine wunderschöne Verlobte um einen Tanz zu bitten, erstaunt es nicht, dass sie seine Stimme nicht erkannte, so erstickt und heiser war sie vor Rührung. Aber die junge Dame wandte sich abrupt mit ungeduldiger Geste von ihm ab und ersuchte ihre Mutter mit anflehenden Blicken um Hilfe, den Angriff dieses abstoßenden Verehrers abzuwehren. Auf ein Zeichen der Mutter, das dem Grafen nicht entging, beugte sie ihren Kopf und der Graf, sich ebenfalls beugend, fasste das Flüstern auf: »Nein, mein Kind, so hässlich wie er ist, darf er nicht zurückgewiesen werden oder du kannst heute Abend mit keinem anderen tanzen.« Mit schmollenden Lippen und tränenerfüllten Augen reichte die junge Dame ihm ihre Hand, aber als sie ihre Augen wieder aufrichtete, war der Bittsteller durch die Tür verschwunden, sein Verschwinden war so mysteriös wie sein erstes Erscheinen und er ward nie wieder gesehen. Er hatte die Locke gesehen, seine Miniatur mit den hellen Augen und dem vollen Haar, den langen schwarzen Wimpern und dem gewichsten Bart. Es schien ihm den Betrug vorzuwerfen, den er an dem lieblichen Mädchen plante, für das er, wenn er dem Diktat des Schreckens gehorcht hätte, von nun an tot sein müsste – einer, der in der Tat vor vielen Jahren gestorben war.

Seine Qualen waren intensiv. Die Liebesprüfung war betrügerisch, die Probe war gescheitert, das Urteil sprach gegen ihn. Er

7   Leuchter aus Silber oder Bronze mit rundum angeordneten Armen

kehrte in seine Kammer zurück, wo Dulac noch immer damit beschäftigt war, seinen Koffer auszupacken, bat den erstaunten Diener alles wieder einzupacken, was er bereits heraus genommen hatte und zur Pferdepost zu eilen, um Pferde für die Rückkehr nach Den Haag zu organisieren. Sobald er dort angekommen war, schrieb er einen langen Brief an die Mutter des jungen Mädchens, dass er ihre Tochter von allen Verpflichtungen ihm gegenüber freispricht und kündigte seinen Entschluss an, sie nie wieder zu sehen. Die Herzogin von Angoulême, die vom Leben nur Enttäuschungen kannte, bemühte sich darum, die Geschichte nicht an die Öffentlichkeit dringen zu lassen und half dabei, eine andere Partie für die Verlassene zu finden.

Unterdessen wurde die Restauration mit ihren Enttäuschungen und gebrochenen Versprechungen durch die Regierung Louis Philippes mit ihren Hoffnungen und Versprechungen ersetzt. Der Graf von Cambis, dessen offizielles Amt von dem Sturm vernichtet wurde, der über das Königreich hinweg fegte, fand sich plötzlich mit einer ganzen Armee von Amtsträgern dazu gezwungen, zwischen Armut und Dunkelheit oder Verrat an seinen früheren Gönnern zu wählen. Wenn dieser Kampf zwischen Herz und Bauch stattfindet, trägt letzterer für gewöhnlich den Sieg davon; so auch in diesem Fall. Der Graf von Cambis folgte der Mehrheit darin, sich an die Interessen der orléanistischen Familie zu binden. Louis Philippe, der wie alle französischen Herrscher unangemessenen Eifer zeigte, die alten Diener der vorangegangenen Dynastie zu nutzen, wartete nicht lange bis er von dem Angebot des Grafen von Cambis, zu seinen Diensten zu stehen, Gebrauch machte. Man fand einen Platz für ihn als Superintendant des königlichen Gestüts und hier zeigte er vollkommen die Selbstlosigkeit in seinen Handlungsweisen, die ihm die höchste Wertschätzung einbrachte. Der Herzog von Orléans, dessen aristokratische Geschmäcker schon immer dazu führten, dass er hohe Geburt bevorzugte, behandelte den Grafen von Cambis mit besonderer Bevorzugung; und der Graf war seinerseits darauf bedacht, den Instinkten seiner Königlichen Hoheit zu schmeicheln, indem er das Verhalten und den Gang der alten *raffinés* der Königlichen Garde annahm. Eines der größten Vergnügen des Herzogs war es, seine Haushaltsvorschriften nach dem Vorbild des Herzogs von Angoulême auszuschmücken und der Graf wurde sein Hauptberater in allen Sachen, die die Etikette betrafen, die in einem gut geführten Hof beachtet werden muss. Die bis zuletzt aufrecht erhaltene Tradition der Königlichen

Ställe zeugt von dem Verhängnis, das den Graf von Cambis zum
Rächer der Restauration machte, die er durch seine Beteiligung an der
Katastrophe verleugnet hatte, die den Julithron seinem Erben entzog.
Es war der 13. Juli 1842. Es war ein schöner Tag. Der Herzog er-
schien an einem Fenster, das zum Hof hinauszeigte, wo der Graf von
Cambis Befehle für den Tag gab. »Heute die Victoria,« rief Seine
Königliche Hoheit vom Balkon. – »Und Tom?« war die Frage, die zum
Herzog hinaufgeschickt wurde. – »Nein, lassen Sie mich Kent haben:
Er passt am Besten zu Ridge, « antwortete der Herzog. – »Aber Kent
wurde in letzter Zeit viel beansprucht, mein Herr, und …« – »Nun gut,
Cambis, wie Sie meinen: Sie wissen es am Besten,« so die endgültige
Antwort, als der Herzog sich vom Fenster entfernte und sich in die
Kammer zurückzog. In diesem Moment trat einer der Kammerdiener,
der in respektvoller Entfernung gestanden und die Unterhaltung über-
hört hatte, hervor und bat mit geheimnisvoller Stimme darum, den
Herrn Grafen darüber informieren zu dürfen, dass mit Tom etwas
nicht stimme, denn es wurde beobachtet, dass er den ganzen Morgen
ruhelos und irritiert sei und ob er nicht von einem Arzt untersucht
werden sollte. »Puh! Puh!« rief der Graf. »Ihr seid alle ängstlich in
Euerm Stall – beschwert Euch immer über Tom, dessen einziger Fehler in seinem Geist liegt. Er zeigt nur seine hohe Zucht und der Herzog möchte beim Start einen ritterlichen Eindruck machen. Dort hat
sich bereits eine Menge am Tor versammelt, die ihn davonreiten
sehen will.« Also wurde Tom angeschirrt und der Postillion,[8] der Pie-
defer ritt, erklärte, dass er von Anfang an annahm, dass Tom krank
war, denn er sah einen teuflischen Blick in seinem Auge und eine Deh-
nung der Nüstern, die niemals etwas Gutes verheißt.

Der Herzog von Orléans wurde in bester Gesundheit und Laune aus
dem Tor gefahren. Er sollte nach Neuilly geleitet werden um sich von
seiner Mutter, Königin Amélie, im kleinen Sommerschlösschen zu
verabschieden. Kritiker des Herzogs und seines Verhaltens werden
Ihnen erzählen, dass er unterwegs anhielt und einen Besuch unange-
messen ausdehnte, den er nicht hätte machen sollen und dass er demzufolge gezwungen war, den Postillion zu größerer Eile anzuhalten.
Was auch immer die Ursache war, beim Eintreffen auf der Route de la
Révolte kam es zum gefürchteten Ausbruch des jähzornigen Tom.
Zunächst nur unruhig und mit der größten Umsicht vom englischen
Postillion behandelt, dann übellaunig und
unberechenbar, von Seite zu Seite aus-

8 Kutscher

brechend, so dass zur Selbstverteidigung die Peitsche nötig wurde –
»Aber nur sanft und leichthändig, wie man es manchmal tun muss, um
zu zeigen, wer der Herr ist,« so die Erklärung des armen Burschen,
unter bitteren Tränen, die er beim Bericht der Katastrophe vergoss –
als Tom sich plötzlich aufbäumte und stürzte und in wahnsinnigem
Galopp davonstieß, den zu stoppen keine menschliche Hand die Kraft
haben konnte. Der Postillion behielt einen kühlen Kopf und einen
ruhigen Sitz: Nicht so der Herzog von Orléans, der besorgt aufstand,
just in dem Moment als die Räder der Kutsche gegen einen Stein schlugen. Der Aufprall ließ ihn das Gleichgewicht verlieren: Er wurde heftig zu Boden geworfen und nach einigen Stunden lag die Hoffnung
Frankreichs tot in dem kleinen Hinterzimmer eines kleinen Händlers.

Es war ein fürchterlicher Schlag – schlimmer als ein rein häuslicher
Verlust. Man spürte, dass die königliche Familie ihren Halt über die
Nation verloren hatte, nicht den der Autorität, aber den des Mitge-
fühls – dass die Dynastie, für die so viel Opfer gebracht worden waren,
für immer zerstört war. Doch niemand wurde verantwortlich
gemacht, außer vom Grafen von Cambis selbst, der die schmerzliche
Verantwortung anerkannte, die er übernommen hatte, indem er sein
Amt sofort niederlegte und den Hof verließ. Vergeblich versuchte
Louis Philippe ihn zur Rückkehr zu überreden; vergeblich demen-
tierte die Königin persönlich, selbst inmitten der Verzweiflung des
ersten Sturmes von Trauer, jede Schuldzuweisung des Grafen; vergeblich schrieb der Herzog von Némours mit eigener Hand die
dringende Bitte, dass er sein Amt wieder aufnehmen möge, wenn
auch nur für kurze Zeit, um der Welt zu zeigen, dass jedes Mitglied
der Königlichen Familie davon überzeugt sei, dass es weder Nachlässigkeit noch Sorglosigkeit von seiner Seite aus gab. Es nützte alles
nichts: Der Graf von Cambis beharrte auf seinen Rückzug und verschwand vollständig vom Hof.

Erst im Sommer 1847 wurden die Beziehungen wieder aufgenommen. Es war ein Festtag und der Palast war bis zu später Stunde gefüllt.
Ein Garten unter den Fenstern, umgeben von einem niedrigen Eisen-
gitter und als Garten des Grafen von Paris bezeichnet, war gerade für
die Nacht geschlossen wurden. Das Geräusch von Trommeln, die die
retraite[9] schlagen, war bereits in der Entfernung zu hören. Die Menge hatte sich zurückgezogen und nur eine einsame Figur war noch
da, trostlos gegen das Geländer gelehnt,
wehmütig in den Garten blickend und dann   9 Rückzug

und wann verstohlene Blicke auf den Balkon, der zu dem Zimmer gehörte, das die Herzogin von Orléans bewohnte. Ein Kind kam die Treppe herunter und ging auf das Gitter zu, an dem der Graf lehnte, seine Stirn gegen die Gitterstäbe gepresst, seine Hand die Eisenstangen umschließend. Dann wurde der Schlüssel im Schloss umgedreht, eine kleine Hand schob sich in die des Grafen von Cambis und eine sanfte Stimme flüsterte in sein Ohr:»Kommen Sie rein! Kommen Sie rein! Wir sind heute alle da – Großvater und alle. Wir möchten Sie so gern sehen. Es ist Mamas Fest.« Es gab keinen Widerstand auf diese Bitte. Der *premier gentilhomme de France* wäre gezwungen, seinen Titel abzugeben, hätte er die Einladung verweigert und die Hände des Kindes umfassend ging er ruhig durch den Garten und fand sich bald inmitten der Königlichen Familie, die vereint war, um das Fest von St. Helena im Familienkreis zu feiern. Die Ansicht gut erinnerter Gesichter, das Lächeln und die Grüße der Königlichen Familie, die herzliche Güte des Königs, das ruhige Mitgefühl der Königin, das sanfte Willkommen der Herzogin spendeten dem verletzten Geist des Grafen ausreichend Trost und ohne weiteres Aufheben willigte er ein, sein altes Amt wieder aufzunehmen; und am nächsten Tag, als man ihn neben der königlichen Kutsche auf der Champs Élysées galoppieren sah, wurde er mit herzlichen Rufen des Erkennens von den Flaneuren beider Seiten begrüßt. Alles lief den gewohnten Gang. Die Intimität der Familie von Orléans war ihm wieder gewährt und er hatte seinen Platz wieder gewonnen und das Vertrauen seines Herrschers, bis die Februarrevolution die Familie von Orléans ins Exil zwang. Er zog sich mit einer Würde und Erhabenheit zurück, die dem ersten *gentilhomme* Frankreichs würdig ist – ohne Schande, ohne einen Makel auf seinem Wappen. Er verweigerte die verlockendsten Angebote am kaiserlichen Hof und wurde nicht mehr gesehen, außer dann und wann, den Boulevard mit schnellen Schritten heruntergehend. Er wurde an seinen langen weißen Haaren und der paspelierten Jacke erkannt, mit dem beständigen Namenszeichen des Königlichen Hauses, mit dem er so lange Jahre verbunden war. Dann, als er mit Reitpeitsche in der Hand und klingelnden Sporen an den Fersen vorbeieilte, sagte ein alter Bourgeois, in einem Café sitzend und an einer Tasse nippend:»Dort geht der Graf von Cambis, der letzte *gentilhomme* Frankreichs.«

Die Imperialisten bemühten sich verzweifelt ihren eigenen ersten *gentilhomme* in der Person des Grafen Morny[10] einzusetzen, der sich

bemühte, die Traditionen von Grammont und Montrond wiederzu-
beleben. Er war mutig, besaß *wit*, von seinem Körper könnte man
sagen, dass er dem Ideal der Rolle entsprach, aber seine Moral gründete auf den Theorien der bonapartistischen Schule. Grammont
erzählt uns, wie er den fettigen Schafhändler betrog; Montrond bringt
uns zum Lachen, wenn er erzählt wie er bei seiner Vermittlung mit
dem Fürsten Talleyrand gewohnt war, Schmiergelder von zwei Prinzen zu nehmen, jeder bereit eine beträchtliche Summe zu bieten, um
den anderen zu verwirren; aber weder Grammont noch Montrond
hätten dazu eingewilligt, ihre Hände mit solch gemeinen kommer-
ziellen Spekulationen zu beschmutzen wie den Kohlengruben von
Anzin oder dem Vieille Montagne oder sich zu derart entwürdi-
genden Mystifikationen wie der »Affäre
Jecker«[11] in Mexiko herabzulassen.

Es wäre unmöglich, den Unterschied
zwischen dem *gentilhomme* und dem *gentleman* zu erklären. Man fühlt und versteht es,
kann es aber nicht beschreiben. Der Begriff
gentleman ist konventionell. Weder Geburt
noch Leistungen, noch vornehme Manieren sind für eine unbestreitbare Annahme
des Titels notwendig. Der Mann, der als
Anwaltshilfe arbeitet, kann nicht als Gentleman bezeichnet werden, entsprechend
dem Urteil von Richter Keating, denn der
Titel hat keinen Platz in der Sprache des
Gesetzes, wenn er wegen einer Straftat
angeklagt werden würde, würde er als
»Arbeiter« bezeichnet werden. Sergeant
Talfourds rauschende Theorie, dass der
Begriff »*gentleman*« auf jeden Mann
anwendbar ist, der nichts zu tun hat und
außerhalb des Arbeitslebens steht, kann
nicht akzeptiert werden, da sie notwen-
digerweise Diebe, Bettler und Almosenempfänger einschließen würde. Die ameri-
kanische Polizei wurde dazu gezwungen,
die Grenze der vornehmen Herkunft gegen
die Übergriffe ihrer vagabundieren Gold-

10 Charles Auguste Louis Joseph,
Herzog von Morny (1811–1865),
französischer Politiker und
Lebemann. Morny spielte eine
tragende Rolle bei dem Staats-
streich von 1851, der seinen
Halbbruder Napoleon III auf
den Thron brachte. Er hatte
zudem eine Leidenschaft für
Kunst und Ästhetik und veröffentlichte unter dem Pseudonym
M. de St. Rémy mehrere Dra-
men.

11 Jean-Baptiste Jecker (1812–1871),
Schweizer Börsenschwindler,
erwarb in Mexiko als Industriel-
ler und Bankier sowie als
Minenbesitzer ein Vermögen.
Ein lukratives Abkommen über
die Umwandlung der Ausland-
schulden mit dem mexikani-
schen Präsidenten, das sein
Nachfolger nicht anerkennen
wollte, verwickelte Jecker in die
politische Krise, die zur französischen Intervention (1862–67) in
Mexiko führte. Jecker, ein
Günstling des kaiserlichen Regi-
mes, wurde während der Pariser
Kommune gefangen genommen
und getötet.

sucher, Falschspieler und Rohlinge zu verteidigen und den Begriff auf Leute von ehrenswertem Ruf zu beschränken. In Kalifornien kann der Begriff auf jedes männliche Individuum kaukasischer Abstammung angewandt werden, wobei die Grenze bei Chinesen gezogen wird. Ein amerikanischer Schriftsteller bestreitet die Akzeptanz des Begriffs, der für Nicht-Engländer zu vage und unbestimmt sei, um verstanden zu werden und schlägt vor, dass eine weniger konventionelle Bezeichnung als die derzeit benutzte gefunden werden sollte, um die Idee zu bezeichnen. In moralischer Hinsicht wäre es natürlich anzunehmen, dass vielmehr Charakter als Ansehen das wichtigste Merkmal bei dieser Frage sind; aber dem ist nicht so. Im Vierer-Ruder-Rennen von Gentleman-Anfängern, das letztes Jahr in Agecroft in Lancashire abgehalten wurde, gewann eine Mannschaft die Silbermedaille, die komplett aus Grubenarbeitern bestand, die nur unter Protest rudern durften und nicht als »Gentleman-Amateure« anerkannt wurden. Nachdem das Rennen vorbei war und die Grubenarbeiter die Medaille gewonnen hatten, fand eine Untersuchung durch das Komitee statt. Das Ergebnis war einstimmig gegen die Akzeptanz der Qualifikation der Gewinner. Dies ist das beste Beispiel für das moderne Verständnis des Begriffs, denn die »*gentlemen*«, die Geld als notwendig erachten um Stolz in die Brüste all jener zu bringen, deren Qualität als Gentleman unbeachtet bleibt, brachten eine beträchtliche Summe auf, die unter der enttäuschten Mannschaft verteilt wurde. Aber auch hier wurde wieder ein Beweis für die vage Unbestimmtheit des Begriffs gegeben, denn die Mannschaft der Grubenarbeiter waren Gentlemen genug, das angebotene Geschenk mit Verachtung zurückzuweisen.

DIE WITS UND BEAUX DER GESELLSCHAFT

Grace und Philip Wharton widmen sich in ihrem Buch *The Wits and Beaux of Society* den Vorfahren Brummells, den *wits* des 17. Jahrhunderts und den *beaux* des 18. Jahrhunderts. In einem zuvor erschienen Buch *The Queens of Society* hatten sich die Autoren bereits mit den Damen der fashionablen Gesellschaft beschäftigt, die oftmals über den Aufstieg oder Fall der Herren entschieden. Denn es waren die Damen, die bestimmten, wer in welche Kreise aufgenommen wurde. Die Auszüge aus diesem Buch bringen uns die individuellen Charaktere der *wits* und *beaux* näher, sei es die Ruchlosigkeit eines George Villiers, Duke of Buckingham, die Exzentrizität eines Lord Herford oder die Narreteien eines Lord Rochester. Als die Schönheit der Kleidung von guten Manieren und einem ästhetischen Lebensstil erweitert wurde, trat der *beau* in Erscheinung. Beau Nash ist nach Brummell der wohl bekannteste dieser Art. Er gestaltete eine ganze Stadt nach seinen Vorstellungen und brachte es fertig, dass sich die fashionable Gesellschaft in Bath seinen Gesetzen unterwarf.

DIE WITS UND BEAUX DER GESELLSCHAFT

Grace & Philip Wharton

Der Erfolg der *Queens of Society* hat den Weg gebahnt für die *Wits and Beaux*, mit denen diese schönen Damen während der Ferienzeiten ihres Lebens so sehr verbunden waren. Die »Königinnen«, ob sie nun alle *wits* waren oder nicht, müssen die Ursache des *wit* in den anderen gewesen sein. Ihr Einfluss auf den Dandysmus ist legendär, ihre Macht, aus einem Schurken einen Mann von Welt zu machen, nahezu historisch. Insoweit ist eine Chronik des Lebens der *wits* es wert, als Pendant zu dem der »Königinnen« zu dienen. Es käme der Gesellschaft zugute, wenn die Annalen der ersten den Biographien der letzteren mehr ähneln würden. Aber es soll nicht so sein: Männer unterliegen Verlockungen, Niederlagen, Verbrechen und Katastrophen von denen Frauen nur träumen und die sie nur bedauern und bemitleiden können.

Unsere *wits* – um sie von den *beaux* zu unterscheiden – waren Männer, die in den aufwühlenden Ereignissen ihrer Tage oftmals eine aktive Rolle spielten. Sie glaubten Staatsmänner zu sein, obwohl sie allzu oft lediglich Politiker waren. Sie waren mutig und loyal. In der Ära der Stuarts waren tatsächlich alle *wits* Kavaliere, ebenso wie die *beaux*. Man hört von keiner Schlagfertigkeit unter Cromwells Anhängern, keinem Schabernack, keiner Belustigung unter Fairfax' Leuten. Eloquenz, in der Tat, aber kein *wit* bei den Parlamentariern. Zur Zeit Charles II. hätte der König die Liste der *wits* vielleicht selbst angeführt, denn erwiesenermaßen war seine Majestät für einen feuchten Abend oder einen vergnügten Sonntag immer zu haben, ein berühmter Geschichtenerzähler und ein perfekter Auswärtsesser. Kein Wunder, dass seine Zeit George Villiers hervorbrachte, 2. Herzog von Buckingham, Abkömmling jener Familie, die jeden Anspruch auf jede Leistung in sich vereint hatte – der »Inbegriff der Menschheit«. Kein Wunder, dass wir von Grammont[1] und Saint Evremond[2] an unseren Hof locken konnten, sowie Rochester[3] und Beau Fielding hervorbringen – wenn auch in gewisser Weise zu unserer Schande. Jede Ära hat ihre *wits*,

1 Philibert Graf von Gramont (1621–1707), französischer Offizier
2 Charles von Marguetel von Saint-Denis, Seigneur von Saint-Évremond (1613–1703), französischer Schriftsteller
3 John Wilmot, 2. Graf von Rochester (1647–1680), englischer Schriftsteller und Libertin am Hof Charles II.

aber zu Charles' Zeiten waren es so viele, dass die Epoche als eine von besonderer Brillanz herausragt. Glauben Sie nicht, dass diese Annalen keinen moralischen Auftrag haben. Sie zeigen, dass die sprühenden Eigenschaften, die hier porträtiert werden, kein Glück bringen und um wie viel mehr die seltenen, und mit Sicherheit echten Züge wahrer Gefühle und starker Zuneigung, die hier und dort selbst in den Biografien der gedankenlosesten *wits* und *beaux* auftauchen, den Charakter in der Jugend erhöhen oder den Geist im Alter trösten. Sie zeigen, wie weise der gesellschaftliche Wandel war, der die *wits* heute als markante Klasse zurückweist und dass durchschnittliche Geister zur Kompensation für verlorene Schlagfertigkeiten oder längst veraltete Scherze benötigt werden.

»Nicht alle Männer sind böse« und so entdecken wir, dass George Villiers gütig und frei von Heuchelei war. Seine alten Diener liebten ihn und waren ihm treu ergeben. Diese Tatsache spricht für einen unserer wildesten *wits and beaux*. Von Grammont, das geben wir zu, besaß außer seiner Gutartigkeit wenig zu seiner Rettung. Rochesters letzte Tage wurden durch seine Buße nahezu geheiligt. Chesterfield kommt seine Freundlichkeit den Iren gegenüber und die Zuneigung zu seinem Sohn zugute. Horace Walpole[4] besaß menschliche Neigungen, wenngleich einen zutiefst inhumanen Stift und Wharton[5] war wegen seines Humors berüchtigt.

Die Zeiten, in denen *wits and beaux* am Üppigsten florierten waren natürlich jene ohne Krieg und Kriegsgerüchte: Die Restauration, die frühe Periode des Augustinischen Zeitalters und der Beginn der Hannoveranischen Dynastie wurden von *wits and beaux* erheitert, die wie Pilze nach einem Regenguss sprossen, sobald sich der politische Horizont klärte. Wir haben Congreve,[6] der vorgab sowohl ein *beau* als auch ein *wit* zu sein. Lord Hervey,[7] mehr ein Höfling als ein *beau*, ein *wit* durch Erbschaft und ein Peer, gelangte durch königliche Bevorzugung und Prestige in eine überragende Position. All diese Männer waren Abkömmlinge eines bestimmten Zustandes ihrer Zeit, in früheren Perioden wären sie als unmännlich erachtet worden, in späteren als absurd.

Dann wandelt sich das Bild: der Intellekt schritt gigantisch voran, die Welt wurde

4 Horace Walpole, 4. Graf von Orford (1717–1797), britischer Schriftsteller, Politiker und Künstler

5 Philip Wharton, 1. Herzog von Wharton (1698–1731)

6 William Congreve (1670–1729), englischer Dramatiker und Dichter

7 John Hervey, Lord Hervey (1696–1743), englischer Höfling. *Wit*, Politiker und Schriftsteller

anspruchsvoll, streitbar und kritisch und Männer wie Horace Walpole und Brinsley Sheridan erscheinen. Doch die Charakterzüge des *wit*, die dieses Zeitalter schmückten, wurden von den kraftloseren Talenten eines Selwyn[8] und Hook[9] geschwächt.

Der *wit* und der *beau*, sei er englisch oder französisch, ist keine mittelalterliche Erscheinung. Die gegenwärtige Aristokratie zählt zu seinen unmittelbaren Nachkommen. Er ist die Gestalt einer modernen und künstlichen Zeit und mit seiner Karriere sind viele Eigenschaften des zivilisierten Lebens, der Sitten, Gewohnheiten und Spuren der Familiengeschichte verbunden, die, so glauben wir, für die Mehrheit der englischen Leser noch immer interessant sind.

George Villiers, Second Duke of Buckingham

George Villiers war der Gespiele, Klassenkamerad, Freund und manchmal der Bettgefährte von Pepys,[10] der, so vulgär er auch war, trotzdem eine Universitätsausbildung genossen hatte. Er war der Alkibiades seiner Zeit. George Villiers wurde am 30. Januar 1627 im Wallingford Haus geboren, in der Gemeinde von St. Martin-in-the-Fields. Sein Vater war George Villiers, der Liebling James I. und Charles I., seine Mutter Lady Katherine Manners, Tochter und Erbin von Francis, Graf von Rutland.

Er ging nach Cambridge und reiste anschließend unter der Obhut eines Lehrers namens Aylesbury durch Frankreich. Er wurde von seinem jungen, hübschen, feingeistigen Bruder Francis begleitet. Sein Vater hatte ihm tatsächlich, wie sich sein Biograph Brian Fairfax[11] ausdrückt, den größten Namen Englands hinterlassen, seine Mutter den größten Nachlass – in jeglicher Hinsicht. Mit diesem Erbe wurde ihm auch die wunderbare Schönheit und die unnachahmliche Würde seines vom Unglück verfolgten Vaters weitergegeben. Große Fähigkeiten, Mut, faszinierende Umgangsformen waren ihm ebenso eigen. Er war energisch und gewandt, aber er war nicht mit einem starken Charakter ausgestattet. Selbst in seiner

8 George Augustus Selwyn (1719–1791), englischer Politiker und *wit*

9 Theodore Edward Hook (1788–1841), englischer Schriftsteller

10 Samuel Pepys (1633–1703), englischer Politiker und Schriftsteller, bekannt für sein *Diary*

11 Bryan Fairfax: *Life of George Villiers, second Duke of Buckingham, the celebrated Poet*. London, 1758

verdorbenen Zeit waren die Charakterzüge, die sein Ruin wurden, klar erkennbar.

Niemals hatte es einen fröhlicheren, einnehmenderen Kavalier gegeben. Er konnte selbst einem *roundhead* schmeicheln. Der herbe und presbyterianische Bischof Burnet berichtet uns, dass »er ein Mann von nobler Präsenz war, einen äußerst regen Geist besaß und die besondere Fähigkeit, alles mit gewagten Bildern und natürlichen Beschreibungen ins Lächerliche zu ziehen.« So unwiderstehlich sein Äußeres gewesen war, so war der originelle Geist von Villiers noch einflussreicher. Von Grammont erzählt uns:»Er war außergewöhnlich schön, aber glaubte sich noch schöner, als er tatsächlich war. Obwohl er ein gutes Urteilsvermögen besaß, führte seine Eitelkeit dazu, dass er manche Höflichkeiten, die lediglich seinem *wit* und seiner Drolligkeit gewidmet waren, fälschlicherweise auf seine Person bezog.« Doch diese extreme Eitelkeit, so unangenehm bei einem alten Mann, ist bei einem jungen *wit* amüsant. Am Hof erwies sich der junge Adlige als mutig und als Mann von Esprit.

Doch in puritanischen Ohren war der Name Villiers verhasst. »Schlagt auf sie ein, Wurzel und Zweig!«[12] war auch die Losung, welche das Militär in Bewegung setzte. Seine extreme Pracht brachte ihre Rache zur Verzweiflung. Buckingham kämpfte im Bürgerkrieg auf Seiten des Königs und flüchtete 1648 auf den Kontinent. Seine Güter wurden konfisziert. Um diese zurückzubekommen, schmiedete Buckingham einen Plan. Er beschloss inkognito nach England zurückzukehren, um seine Hand Mary Fairfax anzubieten und sein Eigentum wieder zu erlangen. Er vertraute auf seine Anziehungskraft. Und wenn man den Erzählungen glaubt, war er tatsächlich einer jener rücksichtslosen, hübschen, spekulativen Charaktere, die oftmals an besseren Männern als sich selbst Gefallen finden. »Er hatte«, sagt Burnet, »nichts für Literatur übrig, ihn interessierte nur Chemie. Einige Jahre glaubte er, kurz davor zu stehen, den Stein der Weisen zu finden, was den Effekt hatte, den es immer auf Männer seiner Art hat: sich ganz hinzugeben, wenn sie fasziniert sind.« Er hatte keine Prinzipien in Hinsicht auf Religion, Tugend oder Freundschaft. Freude, Ausgelassenheit oder extravagante Ablenkung war alles, was ihm am Herzen lag. Er war keiner Sache treu, da er sich selbst nicht treu war. Er besaß weder Standhaftigkeit noch Benehmen. Er konnte kein Geheimnis bewahren, noch irgendein Vorhaben durchführen, ohne es zu ruinieren. Er   12 Im Sinne von Vater und Sohn

konnte niemals seine Gedanken beisammen halten, noch seinen Besitz regeln, obwohl es damals der größte Englands war. Er war dem König treu ergeben und hatte lange Jahre einen großen Einfluss auf ihn, aber er sprach immer voller Verachtung über ihn, so dass er schließlich eine dauerhafte Ungnade über sich zog. Und er hat sowohl seinen Körper wie seinen Geist, sein Glück und seinen Ruf, außerordentlich zu Grunde gerichtet.

Er setzte seinen Willen durch: Mary Fairfax wurde am seine Frau und durch den Einfluss von Fairfax, so sagt man, wurde ihm sein Besitz, oder zumindest ein Teil seiner Einnahmen von circa 4.000 Pfund im Jahr, zurückgegeben.

1658 wurde Villiers im Tower inhaftiert, da man ihn der Organisation eines Komplotts gegen die Regierung beschuldigte. Nach seiner Entlassung lebte er für einige Zeit ruhig und anständig mit General Fairfax und der spröden Mary in Nun-Appleton. Aber die Restauration ruinierte seinen Körper und Geist. Er wurde Lord der Bedchamber, Mitglied des Privy Council und danach Master of the Horse und Lord Lieutenant von Yorkshire.

Sein Vater galt als der athletischste Mann Englands und George Villiers der Jüngere glich George Villiers dem Älteren in allen persönlichen Eigenschaften. Wenn er die Presence-Chamber betrat folgten ihm alle Augen. Jede Bewegung war würdevoll und herrschaftlich. Sir John Reresby erklärte, er sei »der vornehmste Gentleman, den er je gesehen hat.« »Er war«, erklärte Madame Dunois, »für Edelmut und Herrlichkeit geboren.« Sein *wit* war tadellos, doch sein Verhalten war einnehmend. Dennoch glitten seine witzigen Einfälle oft zu Possen herab und er verschonte niemanden in seinen fröhlichen Launen.

Die Kehrseiten des Glücks, die George Villiers dazu brachten das Elend zu verachten, waren in einem sehr großen Maß durch sein eigenes Fehlverhalten verursacht, durch seine Verdorbenheit, seine Verschwendung des Lebens, seine Perversion der noblen mentalen Kräfte: und doch war er in vielerlei Hinsicht seiner Zeit voraus. Er befürwortete im House of Lords Toleranz gegenüber den Dissentern.[13] Er schrieb einen *Kurzen Diskurs über den Sinn einer Religion oder Gottesverehrung*, doch trotz dieser Arbeit und einer namens *Bekundung der Gottheit*, die er kurz vor seinem Tode schrieb, unterstützte er Lord

13 Die nicht zur anglikanischen Kirche von England gehörigen Gruppen (Kongregationalisten, Presbyterianer, Baptisten, Quäker)

Rochester bei seinem atheistischen Gedicht über *Nichts* – von dieser Art war seine Widersprüchlichkeit.

Butler,[14] der Autor von *Hudibras*, sprach all zu wahr über Villiers, »dass er den ganzen Körper des Lasters studiert hatte« – ein allzu schrecklicher Tadel und eine zutiefst bedeutsame Beschreibung eines schlechten Mannes. »Seine Teile,« fügt er hinzu, »sind unproportional zum Ganzen, und wie ein Monster hat er von einigen mehr, von anderen weniger, als es sein sollte. Er hat alles niedergerissen, was die Natur in ihm erhöht hatte und sich selbst erneut nach seinem Modell geformt. Er hat all die Lichter eingedämmt, die die Natur in die edelsten Kandidaten der Welt einfügte, und öffnete andere kleine blinde Hintertürchen, indem er den Tag zur Nacht und die Nacht zum Tag machte.« Die Übersättigung und das darauf folgende Elend, die durch sein schreckliches Leben entstanden, wurden von Butler gekonnt beschrieben.

1666 bat Villiers um das Amt des Lord President of the North.[15] Es wurde ihm verweigert. Er wurde unzufrieden, zettelte Aufrühre an und erregte zuletzt die Empörung seines allzu duldsamen Herrschers. Charles entließ ihn von seinem Posten, nachdem er ihn einige Zeit in Gewahrsam gehalten hatte. Danach hörte man nur noch wenig von Buckingham, das nicht maßlos war. Er wurde wieder in Whitehall[16] eingesetzt und hatte laut Pepys sogar vertraute Unterredungen mit Charles, bei denen der Herzog von York ausgeschlossen war.

Unter Berücksichtigung seines Lebensstils, der, so Clarendon,[17] »mehr ein Leben der Nacht als des Tages war, mit allen Freiheiten, die die Natur verlangen und *wit* erfinden kann,« ist es erstaunlich wie umfangreich sein Einfluss in beiden Parlamenten war. »Sein Rang und seine herablassende Haltung, sein angenehmer Humor und Konversation sowie die Extravaganz und Kühnheit seines *wit*, der nicht durch Bescheidenheit oder Religion gemäßigt wurde, sorgten dafür, dass Personen jeder Meinung und Veranlagung gern in seiner Gesellschaft waren. Sie glaubten, dass sein Leichtsinn und seine Eitelkeiten mit dem Alter verschwinden würden und dass noch genug Gutes übrig bleiben würde, damit er etwas Nützliches für sein Land tut, für welches er eine wunderbare Zuneigung zeigte.«

14 Samuel Butler (1612–1680), englischer Dichter und Satiriker

15 Amt: die Vertretung des englischen Monarchen im Norden Englands

16 Hauptresidenz des Königs in London

17 Vermutlich Sir Edward Hyde, 1. Graf von Clarendon und Viscount Cornbury, (1609–1674), englischer Staatsmann und Historiker

Zu Anfang des Jahres 1662 war der Herzog von Buckingham in Handlungen gegen die Krone verwickelt: Er verschleierte tiefe Absichten, indem er den oberflächlichen Genussmenschen spielte. Nirgends gab es so viel Pracht wie im Wallingford House – soviel *wit* und Edelmut, eine so perfekte gute Erziehung, solch offensichtlich freigebige Gastfreundlichkeit. Bei diesen prächtigen Banketts, zeigte John Wilmot, Earl of Rochester, »ein Mann den die Musen gern inspirierten, sich aber schämten, anzuerkennen«, sein »hübsches Gesicht«, wie es genannt wurde und ergriff das Wort mit dem *wit,* für den das Zeitalter berühmt war. Die Besucher des Wallingford Houses glänzten in ihrer Unanständigkeit. »Man staunt,« beobachtet Horace Walpole, »wenn man hört, dass das Zeitalter von Charles höflich genannt wird.«

Buckingham wurde erneut in den Tower verbannt. Mary Fairfax bat um seine Freiheit und um die Restitution seiner Güter. Villiers wurde zum freien Mann erklärt – ein seltsamer Fall des »Narrenspiels« seiner Zeit, wie Pepys bemerkt. Buckingham war nun so eingebildet wie immer: Er hatte ein eigenes Theater und zeigte bald seine gewohnte Arroganz, als er Henry Killigrew[18] auf der Bühne schlug und seinen Mantel und sein Schwert wegnahm – all das geschah Pepys zufolge sehr »unschuldig«.

Aber seine Karriere von öffentlicher Bösartigkeit und privater Lasterhaftigkeit näherte sich dem Ende. Nicht mehr länger ein Alkibiades – sein Äußeres vom Laster abgenutzt, sein Geist von finanziellen Schwierigkeiten gebrochen – schwand Buckinghams Bedeutung sichtlich. »Letztlich war er«, um die Worte Humes zu gebrauchen, »so unfähig Schaden anzurichten, wie er jemals das geringste Bedürfnis hatte, der Menschheit Gutes zu tun.« Sein Reichtum war nun auf 300 Pfund an Grundbesitzeinnahmen im Jahr geschwunden. Er verkaufte Wallingford House und zog wieder in die Stadt.

Und nun zeigten sich die Früchte seines Elends. Wie Lord Rochester, der all seine unmoralischen Arbeiten verbrennen ließ, wollte auch Buckingham die Vergangenheit zurückholen. 1685 schrieb er die religiösen Arbeiten, die einen so krassen Kontrast zu seinen anderen Arbeiten darstellen.

Er lebte jahrelang mit der Gräfin von Shrewsbury zusammen und zwei Monate nach dem Tod ihres Ehemanns holte er sie in sein Haus. Schließlich bemerkte die Herzogin von Buckingham entrüstet, dass sie und die Gräfin unmöglich miteinander leben können.

18 Henry Killigrew (1613–1700), englischer Schriftsteller

»Das dachte ich mir, Verehrte.« war die Antwort. »Deswegen habe ich den Wagen bestellt, um Sie zu Ihrem Vater bringen zu lassen.« Er hinterließ kaum einen Freund, der um sein Leben getrauert hätte, denn er war zu niemandem aufrichtig gewesen. Er starb manchen Berichten zufolge am 16. April, anderen zufolge am 3. dieses Monats 1687, im 61. Jahr seines Lebens.

Graf von Grammont,
St. Evremond und Lord Rochester

Grammont, sagt man, »schlief weder am Tag noch in der Nacht.« Sein Leben war eine Szene von nicht endender Aufregung. Sein Vater glaubte, dass er der natürliche Sohn von Heinrich dem Großen von Frankreich war und verheimlichte diese Tatsache nicht, sondern hatte das Bedürfnis sie öffentlich zu machen: denn die Moral seiner Zeit war so verdorben, dass es ehrenhafter schien der uneheliche Sohn eines Königs zu sein, als der rechtmäßige Sohn von niederen Eltern. *Wit*, Mut, Gutmütigkeit, ein reizendes Wesen und grenzenloses Vertrauen waren das Erbe von Philibert von Grammont. Schönheit war nicht in seinem Besitz. Gutmütigkeit, eine beliebte Eigenschaft, hatte er im Überfluss.

Könnte man königliche Herrschaften in die eher vergnügliche als ehrenwerte Kategorie der *Wits and Beaux of Society* aufnehmen, sollte Charles II. an ihrer Spitze stehen. Er war der angenehmste Gefährte und der schlechteste König, den man sich vorstellen konnte. Tatsächlich war der König angenehm, doch weniger würdevoll, als vielmehr dass, was die Franzosen als *distingué* bezeichnen. Er war groß und auf seine Art elegant, mit einem langen französischen Gesicht, das in seiner Kindheit am unteren Ende der Wangen dick und voll war, nun aber anfing in die bekannte, hagere, dunkle, geschmeidige Haltung zu sinken, in der wir jedoch nicht die Fröhlichkeit des Mannes erkennen, dessen Name die Assoziationen von Vergnügen, Höflichkeit, guter Gesellschaft und all die Attribute eines erstklassigen *wit* mit sich bringt – ausgenommen die nahezu unvermeidbare Bösartigkeit. In der Physiognomie von Charles II. findet sich die Melancholie, die oft in den Gesichtern derjenigen zu beobachten ist, die einzig Genussmenschen sind.

In diesen fröhlichen Zeiten traf von Grammont die fashionablesten Schönheiten des Hofes: zu seinem Glück sprachen sie alle ein tolerables Französisch und er wurde schnell willkommen geheißen, selbst unter den Wenigen – und es waren in der Tat wenige – die sich mit einem tadellosen Ruf schmückten. Bisher waren die französischen Adligen, die sich in England zeigten, arm und lächerlich gewesen. Der Hof war überfüllt von einer Truppe impertinenter Pariser *coxcombs*, die vorgaben, alles Englische zu verachten und die die Einwohner behandelten, als wären sie Aussätzige in ihrem eigenen Land. Von Grammont war im Gegenteil mit jedem vertraut: er aß, er trank, er lebte den Gewohnheiten des Landes entsprechend, das ihn freundlich aufnahm und dessen Einwohner ihm umso mehr Respekt entgegenbrachten, weil sie von anderen beleidigt worden waren.

Er führte nun die *petit soupers* ein, die nirgendwo so gut verstanden wurden wie in Frankreich. Er genoss die Gesellschaft und den Rat des berühmten St. Evremond, der zu dieser Zeit im französischen Exil lebte und sich nach England geflüchtet hatte. Dieser gefeierte und wohlerzogene Mann hatte einige Ähnlichkeiten mit von Grammont.

Noch berühmter als ein *beau* und *wit* seiner Zeit war John Wilmot, Lord Rochester. Verkleidungen und Scherze waren in diesen Tagen Mode. Der Gebrauch der Maske, die durch Proklamation untersagt wurde, sobald Königin Anne den Thron bestieg, diente zu einer Reihe von Scherzen mit denen Lord Rochester sich während der Zeit seines Lebens, als er sich in London versteckte, die Zeit vertrieb.

Wenn die Regierung von Charles zu Recht ein Zeitalter von Hochkultiviertheit genannt wird, war es auch eines von extremer Gutgläubigkeit. Religiöser Unglaube ging Hand in Hand mit blindem Glauben an Astrologie und Hexerei, an Omen, Prophezeiungen und Weissagungen: Lasst uns diese Schwäche unserer Ahnen nicht zu sehr verachten. Die Verbreitung von Wissen war begrenzt, ebenso die öffentlichen Journale, der Teil der Presse dem wir nun unaussprechliche Dankbarkeit für seine allgemeine Genauigkeit schulden, seine ausgeweiteten Ansichten, seine Reinheit. Information war damals ein kärglicher Ausdruck trockener Fakten: eine Ankündigung, kein Kommentar.

»Dr. Bendo«, wie Rochester genannt wurde – hübsch, *witty*, skrupellos und mit dem damals kleinen Hof bestens bekannt – war bald ob seiner wunderbaren Offenbarungen geachtet. Wenn Lord Rochester des Astrologendaseins müde war, streunte er als Bettler auf den Straßen herum. Er hatte einen Diener, der den Hof gut kannte. Den kleidete er in einen roten Mantel, stattete ihn wie einen Wachposten mit einer Flinte aus und beauftragte ihn, die Türen aller feinen Damen zu beobachten, um herauszufinden, was sie tun. Danach zog sich Lord Rochester aufs Land zurück und schrieb Verleumdungen über diese unbescholtenen Opfer. Eines Tages bot er an, diese Schmähschriften dem König auszuhändigen. Aber als er angetrunken war, gab er Charles stattdessen eine über ihn selbst.

Lord Rochester war noch nicht dreißig Jahre alt, als er glücklicherweise aufgeweckt wurde und sich ein Gefühl von Schuld einstellte. Die Vergeltung kam in Form eines frühen aber sicheren Verfalls. Ein so ernstes Leiden mentaler und körperlicher Qualen, dass nie ein Mann so deutlich wie Rochester zur Reue gezogen wurde. Die Bekehrung kam nicht unverzüglich, sie kam allmählich, durchdringend, nachhaltig und aufrichtig. Diejenigen, die die Neugier über das Sterbelager eines so notorischen Sünders befriedigen wollen, werden Burnets Erzählung über Rochesters Krankheit und Tod mit großem Interesse lesen.[19] Nichts ist so interessant wie ein Totenbett.

Es gab andere Schmetterlinge in diesem ausgelassenen Hof, *beaux* ohne *wit*, erbarmungslose *rakes*, eines noblen Gedankens oder eines höheren Strebens unfähig und unter den albernsten und fashionablesten von ihnen war Henry Jermyn, Lord Dover.[20] Von Grammont scheint Jermyn abgrundtief gehasst zu haben, nicht weil er unmoralisch, impertinent und verachtenswert war, sondern weil Jermyn damit prahlte, dass ihm keine Frau, ob gut oder schlecht, widerstehen konnte.

Beau Fielding

Ein *beau* ist ein Fuchs, aber kein Narr – ein sehr schlauer Gefährte, der – um die Schwächen seiner Brüder und Schwestern in dieser Welt wissend – daraus seine Vorteile zieht, um selbst zu Ruhm und Reichtum zu gelangen. Nash, der Sohn eines Glashändlers – Brummell, der Hoffnungsträger eines kleinen Ladeninhabers – wurden die Vertrauten von Prinzen, Fürsten und *fashionables*, waren unbedeutende Könige des Jahrmarkts der Eitelkeiten und wurden von ihren Untertanen verehrt. Im Königreich des Blinden, ist der Einäugige König. Im Reich der Narren ist

19 Gilbert Burnet: *Some passages of the life and death of the right honourable John, Earl of Rochester*, erschienen 1680
20 Henry Jermyn, Graf von Dover (1636–1708)

der Gauner Monarch. Einzige Bedingung ist, dass der Betrug nicht mit der Gesetzgebung in Konflikt kommt. Solch ein Betrug ist der *beau* oder Dandy oder feine Gentleman, der durch seine Kleidung und Erscheinung über die Öffentlichkeit herrscht. Treuherzige Monarchen haben soviel getan: Louis XIV. gewann den Titel Le Grand Monarque selbst durch sein Gebaren, seine Kleidung und seine Eitelkeit. Fielding, Nash und Brummell haben nicht mehr getan. Die Frage ist nicht, ob derartige Wege zur Eminenz verwerflich sind oder nicht, sondern ob dies an einem Zeitpunkt des Lebens eher zutrifft als an einem anderen. War Brummell verachtenswerter als »Wales«?[21] ...Ich glaube nicht. Welches Recht hat dann der *beau* auf einen Platz unter den *wits?* Ich glaube Chesterfield wäre sehr empört, seinen Namen in dieser Ausgabe direkt neben dem von Nash zu finden; und doch hatte Chesterfield bei einem Besuch in Bath keine Bedenken, den König dieser Stadt zu ehren und war vielleicht stolz darauf, Prisen aus diamantbesetzten Schnupftabakdosen mit diesem prächtigen goldverschnürten Würdenträger im Pump Room auszutauschen. Sicher, Menschen, die wenig von Philip Dormer Stanhope hielten, hielten viel vom ruchlosen Sohn des Glashändlers solange er herrschte, und unterwarfen sich ohne Widerspruch seinen Unverschämtheiten. Tatsache ist, dass die *beaux* und *wits* enger miteinander verbunden waren als Letztere eingestehen würden: Die *wits* waren oder wollten *beaux* sein, und die *beaux* hatten ihren Anteil an *wit*. Beide widmeten ihr Leben dem gleichen Zweck: in der Gesellschaft zu glänzen. Beide nutzten die gleichen Mittel: Anzüge und *bon mots*. Der einzige Unterschied ist, dass die Kleider der *beaux* schöner waren und ihre Aussagen nicht so gut wie die der *wits*; während die Konversation der *wits* unterhaltsamer war und ihr Äußeres nicht so bemerkenswert wie das der *beaux*. Nun, Lord Chesterfield, die Sie ebenso stolz darauf waren ein feiner Gentleman zu sein wie ein erlesener *wit*, Sie können sich nicht über die Nähe zu Mr. Nash und anderen beschweren, die erlesene Gentlemen waren und feine *wits* gewesen wären, wenn sie gekonnt hätten.

Robert Fielding war vielleicht der unbedeutendste der *beaux*, allerdings gehörte er einer adligen Familie an. Die jungen Dandys aus der Zeit Charles II. stolzierten in fröhlichen Wamsen umher, schwörten flüchtige und unsinnige Eide, rauchten echten Tobago aus riesigen Pfeifenköpfen und machten den schönen, aber nicht allzu ver-

21 George IV., Prince of Wales, später König von England

legenen Damen, die in ihren Wagen rechts und links vorbeikamen, schöne Augen.

Seine Gliedmaßen waren Fieldings besonderer Stolz. Er erfreute sich der Kraft seiner Arme und Beine und wenn er die Straße hinunterging, wurde er von einer ihn bewundernden Menge verfolgt, die er mit soviel Stolz behandelte als wäre er der Kaiser persönlich und nicht sein fünfhundertfach entfernter Cousin. Er nutzte seine Kraft zu guten und schlechten Zwecken und war ein gefürchteter Kämpfer und Tyrann, obwohl dennoch gutartig. Wenn er an der Mall vorbeistolzierte, war er der Blickfang aller weiblichen Augen. Seine Kleidung besaß alle Eleganz, zu der das Kostüm der damaligen Zeit fähig war, obwohl Fielding sich nicht wie Brummell auf das Geheimnis eines ruhigen, aber wohlüberlegten Stils verstand. Es waren einfachere, in gewisser Weise ehrlichere Zeiten. Ein Mann hatte es weder nötig seine Laster zu verhüllen, noch sich seiner Verhüllung zu schämen. Der damalige *beau* erfreute sich in offener und arroganter Weise an der Pracht seiner Kleidung und Prahlerei war Teil seines Charakters. Fielding wurde von seinem Schneider gemacht, Brummell machte seinen Schneider. Die einzige Gemeinsamkeit der beiden war, dass keiner von ihnen die Rechnungen seines Schneiders bezahlte.

Unter den Stuarts war der elegante Gentleman nur in seiner Spitze und dem Samtwams fein. Seine Sprache war ungehobelt, seine Manieren noch gröber und seine Laster die schlimmsten. »Orlando«, so nannte ihn der *Tatler*,[22] trug die feinsten Bänder und die schwersten Schwerter. Seine Perücke war zur Perfektion gekämmt und in seiner Tasche trug er einen kleinen Kamm, mit dem er sie von Zeit zu Zeit in Form brachte, so wie der Dandy von heute seinen Backenbart oder seinen Schnurrbart zwirbelt. An einem solchen Mann konnte man nicht vorbei gehen und dementsprechend zählte er die Hälfte der Offiziere und Ritter der Stadt zu seinen Freunden. Er trank, fluchte und prahlte und die Snobs seiner Tage nannten ihn einen »vollkommenen Gentleman.«

Die Rolle des *beau* aufrechtzuerhalten ist teuer und unser Friedensrichter konnte nicht wie Nash sein Einkommen durch Glücksspiel verdoppeln. Er geriet schnell in Schulden, wie jeder berühmte Dandy. Die letzten Tage der *beaux* und *fops* waren nie glorreich. Brummell starb in liederlicher Armut, Nash in Verachtung. Fielding verfiel in düsterste Finsternis und soweit es bewiesen

22 1709 von Richard Steele gegründete Zeitung

werden kann gibt es genauso wenig Verlässliches über seinen Tod wie über den des Ewigen Juden.

Beau Nash

Die Menschheit, als Ganzes, hat ihre Dummheit in tausend Arten bewiesen, aber wohl in keiner so lächerlich wie in ihrem Respekt vor dem Anzug eines Mannes. Doch es ist nicht immer ein Narr, der den Wert eines Anzugs zu schätzen weiß und einige der weisesten und größten Männer waren Dandys erster Klasse. König Solomon war einer und Alexander der Große war ein anderer, aber es gab keinen despotischeren Monarchen, keiner, dem seine Untertanen bescheidener gefolgt wären, als der König von Bath, und er gewann seine Herrschaft durch den Schnitt seines Anzugs. Aber wie Herkules durch ein Frackhemd getötet wurde, haben sich die *beaux* der modernen Welt im Allgemeinen durch ihre Kleidung umgebracht, brachten Reue in ihre Herzen oder Verachtung seitens der Menschen, die sie einst verehrt hatten. Der Ehemann von Frau Damer, der zweimal am Tag in einem neuen Anzug erschien und dessen Kleidung für 15.000 Pfund verkauft wurde, hat sich in einem Café das Hirn weggeschossen. Beau Fielding, Beau Nash und Beau Brummell sühnten ihre verachtenswerte Eitelkeit in verworrenem Alter voller Not und Elend. Da die Welt voller Narrheit ist, ist die Geschichte des Narren ein ebenso guter Spiegel wie jeder andere, aber im Fall von Beau Nash ist die einzige Frage, wer der größere Narr war: er oder seine Untertanen.

Sein Vater war so unbekannt und wurde so selten erwähnt, dass man annahm der prächtige *beau* sei perfekt gekleidet und gepudert vom Himmel gefallen. Nash war, obwohl ein *fop* und ein Narr, kein Mann von schlechtem Herzen, wie wir sehen werden. Und gäbe es keinen anderen rettenden Punkt in seinem Charakter, müsste man ihm zugute halten, dass er, in einer Ära des Kriechertums, den Adel genauso behandelte wie den Nichtadel und sein Bestes dafür tat, die abscheulichen Unterschiede zu entfernen, die der Stolz in seinem Herrschaftsgebiet aufrechterhalten hätte. In der Tat sollte man König Nash dafür danken, dass er durch seine Energie die ersten Elemente einer Mittelschicht in die Gesellschaft einführte, die nur in England gefunden werden kann.

Was könnte ein hübscher Junge mit guten Anlagen tun, um den Körper und – nicht die Seele, sondern die Kleidung – zusammenzuhalten? Er hatte nur ein Talent und das war Kleidung. Ach, unsere entarteten Tage. Wenn wir auf eigenen Füßen stehen wollen, müssen wir arbeiten und das ist ein ziemlich ungentlemanartiges Benehmen. Aber zu Beginn des letzten Jahrhunderts war so eine degradierende Maßnahme nicht notwendig. Es waren immer genug Möglichkeiten zur Hand, durch die ein Junge die notwendigen Mittel bekam, seinen Schneider zu bezahlen, solange ihm das Glück hold war. Und wenn nicht, konnte er die Mode seiner Zeit befolgen und sich dem zuwenden, was die Japaner *»den fröhlichen Abgang«* nennen. Nash nahm vermutlich an, dass er kein Gehirn zum Auspusten hatte und so nahm er sich umso fester vor, sich das Glück hold zu machen. Er ging an den Spieltisch, und machte aus einer Guinea zehn, und aus den zehn hundert und glänzte bald in goldener Spitze und einem neuen Schwert, der besonderen Freude der Dandys.

In dem entzückenden Ort Bath ließ sich die Offenbarung des Gottes der Etikette, personifiziert in Richard Nash, irgendwann um das Jahr 1705 nieder, um die Barbaren zu erneuern. Die Bathianer waren alarmiert und bestürzt als der junge Nash, der sich bereits als *macaroni* ausgezeichnet haben muss, hervortrat und anbot, den wütenden Arzt impotent zu machen. Er hielt nach seinen Erfahrungen in der Stadt offensichtlich sehr wenig von dem Badeort und bereitete sich darauf vor, ihn dementsprechend zu behandeln. Er stellte eine Kapelle im Pump Room auf, brachte die Gesunden wie die Kranken dorthin und erhöhte den Ruf von Bath bald dahingehend, ein Ferienort zu sein, der Vergnügen und Mineralwasser bietet. Kurz, er zeigte ein überraschendes Talent dafür, alles und jeden zu ordnen und wurde dafür bald – in Geheimwahl – zum König von Bath gewählt.

Er bewies seine Qualifikationen für diese Position sehr schnell. Zuerst sicherte er seine orpheanische Harmonie indem er ein Abonnement für eine Kappelle einrichtete, die zwei Guineas pro Stück an sechs Musiker gab. Dann engagierte er einen offiziellen Pumper für den Pump Room und zuletzt – nachdem er erkannte, dass die Badenden sich noch immer in einer Kabine verschanzten um ihren Tee zu trinken und zu klatschen – beauftragte er einen Mann namens Harrison damit, Gesellschaftsräume zu bauen und garantierte diesem drei Guineas pro Woche, die durch Abonnements erhoben wurden.

All das bedingte ein breites Maß an Unverschämtheit auf Mr. Nashs Seite und die besaß er im Überfluss. Die Abonnements trafen regelmäßig ein und Nash fühlte seine Macht mit seiner Verantwortung wachsen. So beschloss unser kleiner Monarch despotisch zu werden und legte in kurzer Zeit Regeln für die Gäste nieder, die sie unterwürfig zu befolgen hatten. Nash besaß ein großes Maß an Selbstsicherheit, doch nicht viel *wit*, aber diese Regeln waren sein *chef d'œuvre*. Machen Sie sich mit einigen vertraut:

1. Dass ein zeremonieller Besuch zuerst bei der Ankunft und erneut beim Abschied von vornehmen und modischen Damen erwartet oder erwünscht wird, ausgenommen von unverschämten.
4. Dass es niemand übel nimmt, wenn jemand zum Spiel oder zum Frühstück eines Anderen geht statt des seinigen – ausgenommen pedantische Naturen
5. Dass ein Gentleman sein Ballticket nur einer vornehmen Dame gibt. N.B. – Es sei denn, er kennt keine solchen Damen.
6. Dass Gentlemen, die sich beim Ball vor den Damen versammeln, schlechte Manieren zeigen und dass in Zukunft niemand solches tun wird – ausgenommen diejenigen, die niemanden als sich selbst respektieren.
9. Dass die jüngeren Damen bemerken, wie viele Augen auf ihnen liegen. N.B. – Das bezieht sich nicht auf die *Have-at-alls*.
10. Dass jedwedes lügen- und tratschhaftes Geflüster auf den Autor zurückfällt.

Nun, dieses Gesetz muss einige Male in Bath abgeschafft worden sein. Noch mehr das folgende:

11. Dass Nachahmer dieser Lügen und Gerüchte von jedem gemieden werden, außer von denen, die des gleichen Verbrechens schuldig sind.

Sein nächster Angriff galt dem Tragen von Schwertern; und in dieser Hinsicht wurde Nash zu einem öffentlichen Wohltäter, denn in jenen Tagen und obwohl Chesterfield der Benimm-Autor war, waren die Menschen nicht wohlerzogen genug, um ihre Launen in Griff zu halten und Männer, die beim Menuett um die Hand einer Frau rivalisierten oder Spieler, die sich über ihre Karten stritten, regelten ihre

Streitigkeiten ausnahmslos durch die Wahl zwischen Selbstmord oder Mord – unter dem höflichen Namen des Duells. Nachdem diese Punkte erledigt waren, legte der Autokrat Regeln nieder, was die Zeiten der Besucher betraf, und diese, die für einige die Mode setzten, wurden bald Gesetz für alle.

Nash verdiente genug Geld, um seinen Standard zu halten, der gewöhnlich majestätisch war. Er fuhr in einem Triumphwagen, mit flammenden Wappen und gezogen von sechs Grauschimmeln, mit Vorreitern, laufenden Lakaien und all dem Zubehör, das auf die einfachen Seelen der Besucher seines Königreichs einen so großen Eindruck machte. Seine Kleidung war prächtig, sein goldener Tüll unendlich, seine Anzüge immer neu. Nur sein Hut war immer von der gleichen Farbe – weiß; und wie der Kaiser Alexander sich durch seine purpurfarbene Tunika abhob und Brummell durch seine Verbeugung, so war Kaiser Nash in ganz England durch seinen weißen Hut bekannt.

Das Ende des *beau* von Bath war etwas weniger tragisch als das seines Londoner Nachfolgers – Brummell. Nash hing in hohem Alter und Armut in den Klubs und an Esstischen herum, knopflosen Jungen, die ihn als langweilig erachteten, sponn er sein langes Garn und versuchte gegen Ende des Jahrhunderts seines Lebens auf veraltete Moden zu bestehen.

Lord Hervey

Er gehörte zu der Clique, die man damals die *macaronis* nannte; eine Gruppe feiner Gentlemen, denen die gegenwärtige Welt nicht würdig war, nur dazu geeignet, vergängliche Majestät in einer Postkutsche herumzufahren und die zum Spaß getäuscht wurde. Sie waren exquisit in jedem Accessoire, zu fein für die gewöhnlichen Gebräuche der Gesellschaft, zurechtgestutzt – nicht nur in jeder Locke und Rüsche, sondern in jeder Haltung und jedem Schritt. Männer mit vollen Satinrosen auf ihren glänzenden Schuhen, diamantbesetztem Ring an ihren Zeigefingern, mit Schnupftabakdosen, deren Wert fast ausreichte um eine Farm zu kaufen; Borten, die von einem Altartuch stammen und von den delikaten Fingern einer Ahnin hergestellt wurden, die aus irgendwelchen religiösen Gründen zur Einsiedlerin wurde; alte Spitze, dunkel wie Kaffeewasser; mit bestickten Westen, auf denen exquisite Stickrahmen-Bekleidung um jede kapriziöse Kante und Tasche gewunden ist; mit geschliffenen Stahlknöpfen, die neben den höfischen Wachslichtern hervorscheinen: mit diesen und fünfzig anderen kleinen aber kostspieligen Eigenschaften, die den Ruf eines aufsteigenden *macaroni* rechtfertigten. Lord Hervey war in Wirklichkeit eine unmännliche Erscheinung: zu anmutig um zu laufen, zu kostbar um seinen Körper einem Pferderücken anzuvertrauen und dazu neigend, die ein wenig einsiedlerischen Gewohnheiten zu imitieren, die die deutschen Herrschaften im Hof eingeführt haben. Er war bereit für Annehmlichkeiten bei Kerzenlicht und Cockney-Ablenkungen, für Marybone und die Mall und schreckte vor den athletischen und sozialen Vergnügungen zurück, die – wie so vieles, das männlich und englisch war – fast auf den englischen Kavalier beschränkt wurde – *pur et simple* – nach dem hannoveranischen Eintritt, als so viel Degeneration für einige Zeit den englischen Charakter verdunkelte, seinen Ton verdarb, seine besten Rassen schwächte, seine Literatur verunglimpfte, seine Moral korrumpierte, seine Kleidung veränderte und seine Architektur herabwürdigte.

Hinter all der Effeminität des *macaroni* war Lord Hervey ein sorgfältiger und kultivierter Intellekt und einer der wenigen, die viel Schmuck in jedes winzige Teil einarbeiteten. Um ein perfekter *macaroni* zu sein, war es ratsam – wenn nicht unerlässlich – etwas erlerntes Halbwissen und einen Anspruch an *wit* mit seinem Super-Dandysmus zu vereinen, der Autor irgendeiner persönlichen Glosse zu sein oder der Übersetzer eines Klassikers. Königin Caroline war selbst zu kultiviert, als dass sie Narren an ihrer Seite geduldet hätte und Lord Hervey war ein Mann nach ihrem Geschmack. Als Höfling war er im Wesentlichen ein feiner Gentleman und darüber hinaus konnte er der entzückendste Gefährte sein, der vernünftigste Ratgeber und der siegreichste Freund am Hof. Seine kränkelnde Gesundheit, die er bewusst verbarg, sein Anspruch und seine ultradelikaten Gewohnheiten bildeten einen angenehmen Kontrast zur groben Robustheit von »Sir Robert«[23] und stellte – nach der Gesellschaft des vulgären, willensstarken Ministers, der eher für die Rednerbühne und das House of Commons geboren war, als für den höfischen Zeichenraum – eine Befreiung dar.

23 Sir Robert Walpole (1676–1745), der erste britische Premierminister

Die Herveys waren schon immer eine exzentrische Familie gewesen und die Klassifikation in »Männer, Frauen und

Herveys« von Lady Mary Wortley Montagu war nicht weniger wahr als *witty*. In dieser ganzen Familie herrschte eine Exzentrizität, die an Lächerlichkeit grenzte, aber keineswegs einen Mangel an Vernunft oder Talent implizierte. Tatsächlich war diese dritte Art, »die Herveys« begabter als die große Masse von »Männern und Frauen«. John, Lord Hervey, wurde im Jahr 1714 Graf von Bristol. Der ältere Bruder einer früheren Heirat wurde der Thronfolger seiner Titel und Güter: der liederliche, schlaue, skurrile Carr, Lord Hervey. Carr war so deistisch wie jeder andere *macaroni* jener Tage und vermutlich liederlicher als die meisten. In einer Hinsicht hinterließ er eine Berühmtheit, die so fragwürdig sein mag wie sein *wit* oder seine Ehre: Man sagt, er sei der Vater von Horace Walpole und wenn wir den mutmaßlichen Beweis dieser Tatsache akzeptieren, wird die These eindeutig bekräftigt, denn in seinem *wit*, seiner Gleichgültigkeit der Religion gegenüber – um es gelinde zu sagen, seiner satirischen Art, seiner Liebe weltlichen Dingen gegenüber und seiner Verachtung für alles, was groß und gut war, ähnelt er seinem mutmaßlichen Sohn sehr.

Philip Dormer Stanhope, Vierter Graf von Chesterfield

Lord Chesterfield war als der ultimative »Spiegel der Mode« anerkannt, obwohl sein Alter und – laut Lord Hervey seine abscheuliche Person – verhinderten, dass er die »Formvorlage« war. »Ich weiß nicht warum,« schreibt Horace Walpole in den Hundstagen von Strawberry Hill, »aber die Menschen sind immer besorgter um ihr Heu, als um ihr Korn oder zwanzig andere Dinge, die sie mehr kosten: Ich nehme an, mein Lord Chesterfield oder irgendein anderer derartiger Diktator, machte es zur Mode sich um sein Heu zu sorgen. Niemand sorgt sich darüber, seine Erträge zu bekommen.« »Der Prinz der *wits*,« wie ihn dieselbe Autorität nennt – »sein Eintritt in die Welt wurde von seinen *bon mots* angekündigt, und seine schließenden Lippen ließen Schlagfertigkeiten fallen, die von seinem jugendlichen Feuer glühten.«

Niemand, so war allgemein bekannt, hatte eine derartige Kraft an *table-wit* wie Lord Chesterfield. Aber während die »Umgangsformen« immer sein Thema waren, gab er sich ohne Unterschied zahlreichen

Ausfällen hin. Demzufolge war er sowohl gesucht wie gefürchtet, gemocht aber nicht geliebt, weder Geschlecht, noch Beziehung, noch Rang, noch Freundschaft, noch Verpflichtung, noch Beruf konnte sein Opfer vor dem beschützen, was Lord Hervey »diese spitzen, funkelnden Waffen, deren Glanz nur ein Beobachter erkennen zu können schien, die aber tief in jene hinein schnitten, die sie trafen« nannte. Er hatte einen »unersättlichen Appetit für Missbrauch,« stolperte über jeden, der ihm in den Weg kam und behandelte so jeden seiner Gefährten auf Kosten des anderen. Horace Walpole (ein etwas nachsichtigerer Richter über Chesterfields Verdienste) bemerkt, dass »Chesterfield nicht weniger auf sich nahm, um als Phoenix der feinen Gentlemen zu gelten, wie Tully um sich als Redner zu etablieren.« Beide hatten Erfolg: Tully hat seinen Namen unsterblich gemacht, Chesterfields Herrschaft dauerte etwas länger als die einer fashionablen Schönheit.« Dass selbst sein brillanter *wit* nicht gefiel, obwohl er amüsierte und seine Hörer überraschte, lag vielleicht daran, dass – wie Dr. Johnson sagt – Lord Chesterfields *witty* Aussagen Wortspiele waren. Trotz Lord Herveys verächtlicher Beschreibung von Lord Chesterfields persönlichem Erscheinen, zeigt sein Porträt einen hübschen Mann, wenn auch mit harter Miene, gut gezeichnete Merkmale und seine Figur und seine Haltung scheinen elegant gewesen zu sein. Mit seinen dominierenden Geistesgaben, seiner wunderbaren Brillanz und seinem Gesprächsfluss, wäre er vielleicht manchmal ermüdend gewesen, wäre nicht seine beständige Fröhlichkeit gewesen. Unter den wenigen Freunden, die diesen sorgfältigen Mann von Welt wirklich liebten, war Lord Scarborough, und doch waren keine zwei Wesen unterschiedlicher. Lord Scarborough besaß Urteilsfähigkeit ohne *wit*, Chesterfield *wit* aber keine Urteilsfähigkeit. Lord Scarborough besaß Ehre und Prinzipien, Lord Chesterfield nichts von alledem. Jeder mochte den einen, wollte aber nichts mit ihm zu tun haben. Jeder lehnte den anderen ab, wollte ihn aber um sich haben. Tatsache war, Scarborough war »glänzend und abwesend.« Chesterfield »fröhlich und gegenwärtig.« *Wit*, Würde, ein aufmerksames Wesen und die Oberfläche eines hochkultivierten Geistes produzierten eine Faszination, mit der all die Ehre und Angesehenheit am Hof von George II. nicht konkurrieren konnten.

Lord Chesterfield fand Zeit, die er der Erziehung seines rechtmäßigen Sohnes widmete, Philip Stanhope. Seine berühmten Briefe an diesen Sohn erschienen jedoch weder zu Lebzeiten des Grafen, noch waren sie auf irgendeine Weise der Ursprung seiner Berühmtheit als *wit*. Dieser gründet sich auf seine Verdienste in dieser Kategorie selbst. Wenn wir sagen, dass Lord Chesterfield ein Mann ohne Freunde war, so fassen wir seinen Charakter in wenigen Worten zusammen. Er war ein Mann, der sein Leben lang nach falschen Prinzipien handelte und diese Prinzipien untergruben allmählich alles, was Edles und Großzügiges in seinem Charakter war. Chesterfield ging es immer nur um sich selbst.

Lord Chesterfield besaß nur ein vornehmes und echtes Gefühl und das war die Liebe für seinen Sohn. Doch in dieser Zuneigung kann der weltliche Mann in trauervollen Farben gesehen werden. Er trachtete nicht danach seinen Sohn zu einem guten Menschen zu machen. Sein einziges Verlangen war, ihm zum Erfolg zu verhelfen. Jede Lektion, die er ihn in diesen unnachahmlichen Briefen lehrte, die Chesterfields Berühmtheit tradiert haben, während seine anderen Produktionen nahezu vergessen sind, entlarven einen Code der Heuchelei, die Philip Stanhope in seiner Ehe auf seinen Vater übertrug, dem er so viel Fürsorge und Aufstieg verdankte. Diese Briefe sind in der Tat eine komplette Darstellung des Charakters von Lord Chesterfield und seiner Sicht auf das Leben. Kein anderer Mann hätte sie schreiben können. Kein anderer Mann begriff das Dasein als ein großes Bestreben zu täuschen und sich hervorzutun, und die Gesellschaft als eine gigantische Lüge. Aber sie waren an jemanden adressiert, der davor stand das Labyrinth einer diplomatischen Karriere zu betreten und müssen daher mit Vorbehalt genossen werden. Sie wurden zurecht wegen Immoralität verurteilt, aber wir müssen uns daran erinnern, dass die Ära, in der sie geschrieben wurden, eine von lockeren Ansichten war, besonders unter Männern von Rang, die alle Frauen haben konnten – entweder durch Indiskretion oder aufgrund unterlegenen Ranges – und die sich dementsprechend benahmen.

George Selwyn

George Augustus Selwyn, berühmt für seinen *wit* und berüchtigt für seine Vorliebe für Grausames, war der zweite Sohn eines Country-Gentleman, aus Matson in Gloucestershire, Colonel John Selwyn, der einer von Marlboroughs Flügeladjutanten gewesen war und danach ein Besucher der Höfe der beiden ersten Georges. Er erbte seinen *wit* hauptsächlich von seiner Mutter Mary, die Tochter von General Farington oder Faringdon, aus der Grafschaft Kent. George Augustus Selwyn wurde am 11. August 1719 geboren. Er schlug seine Berufung ein: »die eines *wit*, Spielers, Klubgängers und *lion*, denn all diese Charaktere finden sich in dem einen, der gewöhnlich als *wit* bezeichnet wird.« Erinnern wir uns daran, dass er ein gutherziger Mann war, der keine bösen Absichten hatte, obwohl er von den falschen Ideen seiner Tage durchdrungen war. Er war kein großer Mann, aber ein großer *wit*. Selwyn war ein regelmäßiger Besucher von Brooks's. Bei Brooks's und White's erschien Selwyn in zweifachem Ruhm, dem eines Verkünders von *bon mots* und dem eines Liebhabers von Grausamkeiten. Sein *wit* war von der kuriosesten Art. Ruhig, fast scheinheilig, äußerte er diese hübschen und aufschlussreichen Aussagen, die am nächsten Tag als »Selwyns letzte« durch England gereicht wurden. Selwyn hatte keinen anderen Beruf als den eines *diseur de bon mots*, denn obwohl er einen Sitz im House hatte, nahm er keine prominente politische Rolle ein und obwohl er intensiv spielte, spielte er nicht nur um des Geldes willen. So war sein Leben nur das eines Londoner Junggesellen, mit wenigen markanten Vorfällen, und deswegen muss sich eine Erinnerung mehr oder weniger in einer Reihe von Anekdoten seiner Exzentrizität und einer Liste seiner *witticisms* auflösen.

Richard Brinsley Sheridan

Sheridans Leben teilte sich in zwei Phasen – das eines Politikers und das eines Mannes von Welt. Wenn wir ihn einen unehrlichen Mann nennen, sollte nicht angenommen werden, dass er dies von Herzen war. Ihm wird zugute gehalten, dass er seine Gläubiger »um des Spaßes willen« austrickste, wie ein moderner Robin Hood und wie der kecke Waldbewohner war er mächtig großzügig mit dem Geld anderer Männer. Ohne Zweifel muss viel von Sheridans Verdorbenheit seiner Intimität mit einem Mann zugeschrieben werden, den zu kennen für einen Jungen damals eine große Ehre war, der aber wahrscheinlich selbst heute von einem Londoner Klub ausgekundschaftet worden wäre – der Prinz von Wales. Die Rolle eines Höflings zu spielen ist degradierend genug, aber der Höfling eines Prinzen zu sein, dessen Gunst durch Fertigkeiten im Laster und Mut zu Torheiten gewonnen wurde, seinen Geschmäckern unterwürfig zu sein, sein

Lächeln durch das Erfinden eines neuen Genusses zu gewinnen und seinen Beifall durch das Ersinnen einer neuen Schurkerei: was für eine Aufgabe für den Autor der *School of Scandal* und den Redner, der berühmt dafür ist, die Verdorbenheit von Warren Hastings[24] anzuprangern! Es war schlimm genug für solch bloße Weltlinge wie Captain Hanger und Beau Brummell, aber für einen Mann von höheren und edleren Gefühlen wie Sheridan, der trotz all seiner Fehler Poesie in seiner Seele hatte, war eine solche Karriere doppelt entwürdigend. Wir müssen Sheridan nun in seinem allmählichen Fall folgen. Einer der Gründe – soweit es Geld betrifft – war seine extreme Trägheit und äußerste Nachlässigkeit. Er vertraute seinem stets bereitem *wit* und seinem rasanten Genie viel zu sehr. Andere Gründe waren seine Extravaganz und Zügellosigkeit. Es gab einen äußersten Mangel nach selbst gewöhnlicher Mäßigung in allem, was er tat. Wann immer sein jungenhafter Geist eine Laune erfand, wann immer ein Bedürfnis irgendeiner Art ihn beherrschte, egal was die Konsequenzen davon sind oder sein werden, er raste kopflos in den Genuss hinein. Vielleicht hatte der Feind nie einen einfacheren Widersacher. Jede Sünde, in der eine Darbietung von gegenwärtiger Fröhlichkeit oder einfachem Vergnügen war, wurde schnell von Sheridan aufgenommen, als hätte er nicht einen Funken Bewusstsein oder religiöses Gefühl und doch sind wir nicht bereit zu sagen, dass ihm eines von beidem fehlte, er hatte nur beide durch exzessives Eintauchen in seine Launen abgetötet. Die Versuchung von Reichtum und Ruhm waren zu viel für einen armen und unbedeutenden jungen Mann, der ihnen so plötzlich ausgesetzt war – und, wie es oft passiert, die Talente, die seinen Ruhm hätten begründen sollen, wurden sein Ruin.

Sheridans Zügellosigkeit war so groß und unheilbar wie seine Extravaganz, und wir denken sein Geist, wenn nicht sein Körper, lebte nur durch Stimulanzien. Aber so lange Richard Brinsley ein Führer der politischen und fashionablen Kreise war, so lange er eine Position zu halten hatte, ein Bestreben, das befriedigt werden wollte, eine Arbeit zu vollenden, war sein Trinken, wenn auch nicht moderat, so doch nicht außergewöhnlich für seine Zeit und seine Gefährten. Aber wenn der Ehrgeiz eines Mannes sich auf den einfachen Erfolg beschränkt – wenn Ruhm und Eigenliebe alles sind, worum es geht – und es gibt kein Motiv, das wahrer und größer ist, um die Position zu halten zu der er heraufgestiegen

24 Warren Hastings (1732–1818), Generalgouverneur in Britisch-Ostindien

war – wenn, um es kurz zu machen, es sein eigener Ruhm ist, nicht das Wohl der Menschheit, um das es ihm jemals ging – wehe, wehe, wehe wenn die Stunde des Erfolges kommt!

Theodore Edward Hook

Wenn er trotzdem ein *wit* war, war es *malgré soi*, denn Spaß, nicht *wit* war sein Bestreben. Dennoch nennt ihn die Welt einen *wit* und er hat seinen Anspruch auf die Nische. Es gab viele Männer in seinem *set*, die mehr echten *wit* besaßen. Aber Theodore konnte amüsieren, Theodore konnte erstaunen, Theodore konnte überall zu Hause sein. Er hatte all die Unverschämtheit, all die Gewandtheit, all die Gleichgültigkeit eines Possenreißers und ein Possenreißer war er. Der berühmte Theodore wurde im gleichen Jahr wie Byron geboren, 1788, der eine am 22. Januar, der andere am 22. September; somit war der Dichter nur um neun Monate älter. Der jüngere Sohn von Hook's Exercises entwickelte früh eine Vorliebe für die raffinierte Lüge – so sehr bewundert in seinem Vorgänger Sheridan. Er glaubte ein Genie zu sein und sich demzufolge vom Schulalter an unempfänglich für die herkömmlichen Gesetze, denen normale Menschen unterliegen. Besucher des nun fashionablen Preisringes – dank zweier Grobiane, die diesen degenerierten Zeitvertreib berühmt gemacht haben – werden viel über einen Mann hören, der mit sich selbst liebäugelt. Es ist allgemeiner Konsens und braucht wenig Erklärung. Hook liebäugelte von frühem Zeitpunkt an mit sich selbst und machte damit, trotz wiederholter Blamagen bis zu einem sehr reifen Alter weiter. In Harrow war er der Altersgenosse, aber kaum der Freund von Byron. Keine zwei Charaktere hätten verschiedener sein können. Jeder weiß, mehr oder weniger, wie der von Byron aussah; man muss nur sagen, dass der von Hook in jeder Hinsicht das Gegenteil war. Byron fühlte, wo Hook lachte. Byron war morbide, wo Hook fröhlich war. Byron schwor den sozialen Lastern, in die er eingeführt wurde, mit Ekel ab; Hook ließ sich hineinfallen. Byron genoss das Laster auf eine romantische Art; Hook auf die gröbste. Es gibt einige Entschuldigungen für Byron, soviel ihm vorgeworfen wurde. Es gibt wenig oder gar keine Entschuldigung für Hook, so sehr seine Fehler beschönigt wurden. Tatsache ist, dass Herzensgüte in den Gedanken der Männer einige oder alle Fehlverhalten abmildert. Hook schien ein wirklich gutes Herz zu haben, trotz vieler vulgärer *witticisms* und grausamer Späße.

Einer von Hooks intimsten Freunden berichtet, das er zu jeder gütigen Tat fähig war und aufgrund der Güte seines Herzens verließ er manchmal all seine städtischen Vergnügungen, um den Geist eines Freundes auf dem Land zu trösten, der in ernsthaften Schwierigkeiten war.

DIE SNOBS

Jules Lemaître (1853–1914), französischer Autor, Kritiker und Mitglied der Académie Française, widmet sich in seinem Buch *Les Contemporains: Études et Portraits* (1899) unter anderem der Erscheinung des Snobs, der sich zwangsläufig neben dem Dandy entwickeln musste. Eleganz *nascitur non fit*: Als Dandy wird man geboren. Wer trotzdem einer werden will, endet häufig als unvollkommener Nachahmer, eben als Snob. Seine Aufzählung der Snobs gleicht der dandystischen Entwicklung, doch ist der Dandy derjenige, der diese Entwicklungen lanciert, während der Snob ihnen nur blind folgt. Dennoch spielen die Snobs eine wichtige Rolle in der kulturellen Entwicklung, denn sie stellen die Masse, die die Neuerungen des Dandys salonfähig machen, diesen jedoch auch verdrängen.

DIE SNOBS

Jules Lemaître

Das Wort Snob ist seit einigen Jahren in aller Munde – auch bei den Snobs selbst, wie alle Modewörter. Ich gebrauche es, mit Ihrer Erlaubnis, in einem sehr erweiterten Sinn, so wie es die Pariser gern hören und auf eine Art, die den Autor des *Jahrmarkts der Eitelkeiten*[1] vielleicht erstaunen würde.

Wir hatten sukzessive die Snobs des naturalistischen und dokumentarischen Romans, die Snobs der künstlerischen Schreibweise, die Snobs der Psychologie, die Snobs des Pessimismus, die Snobs der symbolistischen und mystischen Dichtung, die Snobs Tolstois und des russischen Evangeliums, die Snobs Ibsens und des norwegischen Individualismus, die Snobs Botticellis, des heiligen Franz von Assisi und des englischen Ästhetizismus, die Snobs Nietzsches und die Snobs des Ich-Kultes, die Snobs des Intellektualismus, des Okkultismus und Satanismus, nicht zu vergessen die Snobs der Musik und der Malerei, und die Snobs des Sozialismus, und die Snobs der Kleidung, des Sports, der Gesellschaft und der Aristokratie – dies sind häufig die gleichen wie die literarischen Snobs, denn die Snobismen ziehen sich gegenseitig an und können sich sogar akkumulieren. Aber ich möchte Ihnen hier nur vom Snobismus der Literatur erzählen, und ehrlich gesagt weiß ich nicht, ob dies eine Satire oder eine Apologie wird.

Was ist der Snobismus überhaupt? Er ist die Allianz einer nahezu rührenden Gefügigkeit des Geistes und der lächerlichsten Eitelkeit. Der Snob bemerkt nicht, dass es närrisch ist, blindlings die Kunst und die Literatur von morgen zu bewundern; dass es weder originell ist, der Partei zu folgen, die alle Neuheit beansprucht, noch sich der Partei anzuhängen, die alle Tradition bewahrt; und dass die eine nicht mehr Anstrengung erfordert als die andere, denn, wie La Bruyère sagte, »zwei ganz verschiedene Dinge behagen uns gleichermaßen: die Gewohnheit und das Neue.« Durch den Kontrast seiner tatsächlichen Banalität und seines Anspruches an Originalität lädt der Snob zum Schmunzeln ein. Der Snob ist ein eitler Affe, ein Affe, der alles nachmacht, aber dabei vorgibt, etwas Besonderes zu sein.

1 William Makepeace Thackeray (1811–1863), Autor von *Vanity Fair* (1847/48)

Nun, diese eitle Gefügigkeit, diese falsche Kühnheit von mittelmäßigen und leeren Geistern, diese Sehnsucht nach Neuem nur weil
es neu ist oder weil man glaubt, dass es das wäre, all das ist sehr
menschlich. Und dies ist der Grund, warum, wenn auch das Wort
»Snobismus« in dem Sinn, in dem wir es verwenden, ein neues ist, die
Sache doch schon immer existierte.

Es gab Snobs im Hôtel de Rambouillet,[2] das waren die preziösen
Snobs. Cathos und Madelon[3] sind weibliche Snobs und die historischen Ahnen der bizarren Damen, die man in den Gängen des Théa-
tre de l'Œuvre sieht. »Das eben heißt, sich auf das Subtile der Dinge
zu verstehen, das wahrhaft Subtile, das Subtile des Subtilen« ist eine
Phrase des Snobs und auch des Ästheten. Madelon macht diesen Aus-
ruf der Bewunderung in Bezug auf das Impromptu Mascarilles. Sie
würde es heute anlässlich eines rückgratlosen symbolistischen
Gedichtes machen und genauso gehört werden. Der literarische Snobismus von Gorgibus' Mädchen verschlimmert sich übrigens mit dem
mondänen Snobismus und dem der Kleidung oder vielmehr: er vermischt sich mit diesem, denn sie beurteilen
die Verse von Mascarille mit dem gleichen
Esprit wie seine Hosen oder seine Rüschen.

Eine andere Art von Snob ist der
Marquis in der *Kritik der ›Schule der Frauen‹*:[4]
der aristotelische Snob und die drei Einheiten, die er im Abbé von Aubignac entdeckt.[5]
Denn die drei aristotelischen Einheiten, die
nicht in Aristoteles sind, waren eine Neuheit, eine Mode, »der letzte Schrei«, bevor
sie ein alter Hut waren und der Marquis
verteidigt sie im gleichen Gefühl und sogar
mit der gleichen Kompetenz, mit denen die
naive rote Weste sie 1830 ausbuhte.[6]

Als sich der junge Hof des alten Cor-
neilles zugunsten des Autors der *Androma-
que* und des *Bajazet* entledigte, kamen –
bezweifeln Sie es nicht – die Snobs von
Racine. Und im folgenden Jahrhundert gab
es die Snobs der Philosophie, die der Anglomanie, die des Gefühls und der Liebe zur
Natur, die Snobs von Rousseau und von

2 Stadtpalais der Marquise Cathe-
rine de Rambouillet
(1588–1665), französische
Gesellschaftsdame und Veran-
stalterin eines literarischen
Salons, der wegen seiner Aus-
stattung »Chambre bleue«
genannt wurde und als Treff-
punkt der Preziösen galt

3 Figuren aus Molières *Die lächerlichen Preziösen* (1659)

4 Stück von Molière (1663)

5 François Hédelin, Abbé d'Aubignac et de Meymac (1604-1676),
französischer Schriftsteller und
Theoretiker des französischen
Theaters, der eine Theorie der
aristotelischen drei Einheiten
entwarf: *La pratique du théâtre*
(1657)

6 Anspielung auf Théophile Gau-
tiers rote Weste, die er 1830 bei
der Uraufführung von Victor
Hugo's *Hernani* trug, um die Phi-
lister zu schockieren

Bernardin von Saint-Pierre. Die Bauernhäuser von Trianon[7] waren die Vergnügungen des charmanten Snobismus einer Königin. Die Snobs des Optimismus lancierten den Terror. Wenn ich noch die Snobs der Romantik nenne und die des Realismus und die des Positivismus, haben wir die Snobs der letzten zwanzig Jahre vereint, die ich am Anfang aufgezählt habe. Folglich stellt der Snobismus, parallel zur Reihe der innovativen Schriftsteller, entlang der ganzen Literaturgeschichte eine ununterbrochene Kette dar.

Was soll man sagen? Die Snobs spielen in der Entwicklung der Literatur eine unbewusste, aber manchmal wirkungsvolle Rolle. Sie verlieren sich ohne Zweifel in der Meinung, die sie von sich selbst haben und in den Rechtfertigungen, die sie sich von ihren Vorlieben geben, aber nicht immer in diesen Vorlieben selbst. Wenn sie ohne Unterscheidung allem hinterherlaufen, was sich auch nur einen Hauch von Originalität anmaßt, heften sie sich meist an lächerliche und vergängliche Moden. Aber es ist unausweichlich, dass sie manchmal an etwas Zukunftsträchtiges geraten und ihre Mitwirkung, nun, ist gar nicht belanglos. Sie sind zwar nicht in der Lage, das Falsche und Fragile und das, was sich nicht aus sich selbst heraus behaupten kann, auf Dauer zu unterstützen: Aber ihr Eifer, obgleich ignorant, kann den Triumph dessen, was zur Mode erhoben wird, beschleunigen. Ihre Fehler haben nie weit reichende Konsequenzen, aber der Lärm, den sie machen, kann nützlich sein, wenn sie sich zufällig nicht geirrt haben. Sie haben somit, in einem solchem Fall, ihren sozialen Nutzen. Aus diesem Grund muss man sie sanft behandeln und, wenngleich nicht honorieren, so doch zumindest freisprechen.

Und warum sollte man sie nicht honorieren? Ich glaube wirklich, dass einige der glücklichsten Ereignisse unserer Literatur ohne die Snobs nicht so schnell geschehen wären, zum Beispiel die Säuberung und Verfeinerung der Sprache in der ersten Hälfte des 17. Jahrhunderts, der Eintritt der Politik- und Naturwissenschaften in die literarische Domäne des 18. Jahrhunderts, die von Jean-Jacques Rousseau hervorgerufene Gefühls- und Naturbewegung und die romantische Entwicklung gefolgt von der realistischen Entwicklung, auf die die idealistische Reaktion folgte – mit ein wenig Aufruhr, den wir unterstützten. Weil die mittelmäßigen Geister zwangsweise immer in der Mehrheit sind, müssen es mittelmäßige, aber unruhige und mit Neuheiten beschäftigte Geister sein, die den Sieg existenzfähiger Innovationen

7   Lustschlösser im Park von Versailles, die Ludwig XIV. für seine Mätressen erbauen ließ

sicherstellen. Die so genannten guten Geister, also diejenigen, die fügsam und bescheiden sind, wären eher fähig, diesen Sieg zu verzögern. Die guten Geister sind misstrauisch; sie glauben eher, dass »alles gesagt ist, seit es Männer gibt, die denken.« Sie haben die Angewohnheit in den Sachen, die man ihnen als neu präsentiert, die alten wieder zu erkennen. Für sie gab es Ibsen und Tolstoi schon in George Sand, die ganze Romantik bereits in Corneille, allen Realismus in *Gil Blas*, das Naturgefühl in den Dichtern der Renaissance und darüber hinaus in den antiken Dichtern, das Theater in *Orestie* und den Roman in der *Odyssee*. Sie sagen zu jeder vermeintlichen Erfindung: »Wozu das alles? Das gibt es schon.« Die vertrauensseligeren Snobs finden, dass sie manchmal scharfsichtiger sind, ohne zu wissen warum. Fast alle Snobismen, die ich Ihnen aufgezählt habe, waren bewegte und verblüffte Hilfskräfte von letztlich interessanten Unternehmungen. Eine Geschichte des Snobismus kreuzt sich an vielen Punkten mit der Geschichte der Entwicklungen von Kunst und Literatur. Es geht weiter: Ich sagte, es sei ihre eitle und lärmende Folgsamkeit, die die Snobs von den anderen unterwürfigen und unoriginellen Geistern unterscheide. O weh! Unterscheidet sie das wirklich von ihnen? Man kann in der Unterwerfung unter das Vergangene, im Kult der Tradition und selbst der Routine genauso eitel und stolz sein. Die Menschen sind ebenso stolz darauf die Bewegungslosigkeit zu verteidigen, wie die Entwicklung vorwärts zu stoßen und man täuscht sich in dem einen ebenso wie in dem anderen. Letztendlich, Tradition oder Fortschritt, das eine entsteht und das andere endet nur durch die Folgsamkeit und Leichtgläubigkeit der unterwürfigen Geister und durch die Suggestion, die einige überlegene Geister über sie ausüben und um die sich, in zwei Lagern, die Snobs des Neuen und die Snobs der Gewohnheit aufstellen, oppositionell aber gleichermaßen fügsam und glücklich mit ihrem Zustand.

Das ist sehr schön. Man bemerkt dies, wenn man versucht sich selbst gegenüber ehrlich zu sein und nach eigenem Ermessen zu urteilen. Man entdeckt, dass einige unserer größten Bewunderungen uns aufgedrückt wurden; dass die, die uns das meiste oder das größte Vergnügen bereiten nicht immer die anerkannten und geweihten Werke sind, sondern ein weniger berühmtes Buch, das uns mehr anspricht und uns tiefer durchdringt ... Nun, wenn es jeder so machen würde, welch ein Durcheinander! Welche Anarchie! Eine Literaturgeschichte wäre nicht möglich, nicht einmal vorstellbar, wenn die Masse nicht manchen Worten blind Glauben schenken würde.

Allerdings, diese Suggestion, die die Führer der Seelen und, wenn sie wollen, die Kritiker, die dieses Namens würdig sind, über das Gewohnte ausüben, üben sie häufig auch über sich selbst aus. Ja, es gibt in der Kritik einen großen Anteil von Auto-Suggestion und – ich möchte fast sagen – von Auto-Snobismus. Der Mensch ist schließlich so geschaffen, dass ihn Bewunderung eitel macht: Er ist stolz, aus eigenen Stücken zu bewundern und er bewundert sich dann selbst, dass er mit soviel Originalität bewundert. Dadurch wird selbst der loyalste Kritiker dazu gebracht, das, was er in einem Schriftsteller an Schönheit empfindet, zu übertreiben und sie fast zu erfinden. Dogmatiker oder Impressionist, er fällt gern Urteile, die Herausforderungen ähneln und deren er sich umso mehr erhaben fühlt. Bei Nisard ist das genauso wie bei Taine zu beobachten, um nur Verstorbene zu nennen. Jeder Kritiker betrügt sich mehr oder weniger selbst mit seinen Theorien und allgemeinen Vorstellungen, die seine eigenen Urteile ohne sein Wissen verfälschen. Jeder Kritiker gibt vor, in bestimmten Momenten etwas zu sehen und endet damit, in einem Werk das zu sehen, was die anderen nicht sehen. Er könnte wie Philaminte sagen:

>»Zwar nur ein feiner Geist versteht, wie es gemeint, doch eine Million von Worten hör ich drin.«[8]

Folglich haben die Snobs des Gemeinen die erfinderischen und überlegenen Snobs als Leitfigur. Somit erscheint uns der Snobismus nur als ein weiterer Name für die universale Illusion, durch die die Menschheit dauert und sogar zu funktionieren scheint.

Jetzt gibt es die gerächten Snobs, meine ich. Sie sind derzeit allgegenwärtig und das ist ein gutes Zeichen, wenn es bedeutet, dass selten so viele Menschen an Kunst und Literatur interessiert waren. Das Florieren der Snobs beweist nicht die Gesundheit, sondern die Fülle und die Intensität der literarischen Produktion. Und das ist der Grund, warum ich Ihnen gerne von den Snobs erzählt habe.

8 Aus Molières *Die gelehrten Frauen* (1672)

LADY BLESSINGTON UND GRAF VON ORSAY

Lyndon Orr berichtet in seinem Buch *The Famous Affinities of History. The Romance of Devotion* unter anderem über die Beziehung zwischen Lady Blessington, berühmt unter anderem für ihre *Conversations with Lord Byron*, und dem nach Brummell wohl vollkommensten Dandy, dem Grafen von Orsay. Ihre Häuser – Seamore Place und Gore House – waren das Mekka der fashionablen Gesellschaft, weshalb diese beiden Biographien nicht unterschlagen werden sollen.

LADY BLESSINGTON UND GRAF VON ORSAY

Lyndon Orr

Oftmals sind Männer in Erscheinung getreten, die sich entweder durch natürliches Talent, durch Unverschämtheit oder durch eine Mischung von beidem, zum anerkannten Führer der englischen Welt der Mode emporgeschwungen haben. Einer der ersten dieser Männer war Richard Nash, unter dem Titel »Beau Nash« bekannt, der im 18. Jahrhundert herrschte. Nash war ein Mann von zweifelhafter Herkunft. Äußerlich war er kaum attraktiv, denn er war eine enorme, plumpe Kreatur mit Zügen, die ebenso unregelmäßig wie herb waren. Nichtsdestotrotz war Beau Nash nahezu fünfzig Jahre lang ein Schiedsrichter der Mode. Sein Biograph Goldsmith erklärte seine Überlegenheit mit seinen angenehmen Manieren, »seinem Fleiß, der schönen Kleidung und einem ebensolchen Maß an *wit* wie die Damen, denen er sich widmete.«[1] Er verwandelte die Stadt Bath aus einem sittenlosen kleinen Dorf in ein englisches Newport, dessen sozialer Autokrat er selbst war. Er zauberte sogar einige schriftlich fixierte Regeln hervor, die Menschen von bester Herkunft und besten Manieren sklavisch befolgten.

Noch geläufiger ist uns George Bryan Brummell, gewöhnlich als »Beau Brummell« bekannt, der durch seine Freundschaft mit George IV. – dem Prinzregenten – ein Orakel am Hof war, dessen Prophezeiungen alles, was mit Kleidung, Etikette und der richtigen Lebensart zu tun hatte, betrafen. Sein Gedenken wurde vor allem von Richard Mansfields[2] berühmter Personifikation aufrechterhalten. Das Stück basiert auf wahren Begebenheiten, denn nachdem Brummell in königliche Ungnade gefallen war, starb er als geistig verwirrter Almosenempfänger in der französischen Stadt Caen. Auch er hat einen hervorragenden Biographen, da Bulwer-Lyttons Roman *Pelham* tatsächlich die Geschichte von Brummells kurioser Karriere ist.[3]

Lange nach Brummell führte Lord Ranelagh die goldene Jugend Londons an und es

1 Oliver Goldsmith: *The Life of Richard Nash, Esq.; late Master of the Ceremonies at Bath.* London, 1762
2 Richard Mansfields (1857–1907), englischer Schauspieler, spielte in dem Stück namens *Beau Brummell* von Clyde Fitch
3 Diese Behauptung ist wissenschaftlich nicht zu belegen und anzuzweifeln. Brummells Aufstieg gelang vielmehr im Regiment, wo er dem Prinzen von Wales auffiel.

war in dieser Zeit, dass die berühmte Lola Montez ihren ersten Auftritt in der britischen Hauptstadt hatte.

Diese drei Männer – Nash, Brummel und Ranelagh – hatten den Vorteil, Engländer zu sein und dadurch den typisch englischen Verdacht gegen Ausländer nicht auf sich zu ziehen. Ein viel höherer Typus des sozialen Schiedsrichters war ein Franzose, der zwanzig Jahre lang, während der frühen Periode von Königin Victorias Regentschaft, der großen Welt der Mode das Gesetz diktierte, abgesehen davon, dass er einen deutlichen Einfluss auf die englische Kunst und Literatur ausübte.

Dieser Mann war Graf Albert Guillaume von Orsay, der Sohn von einem der Generäle Napoleons und aus einer morganatischen Ehe[4] des Königs von Württemburg stammend. Der alte General, sein Vater, war ein Mann von großem Mut, beeindruckendem Auftreten und kühnem Intellekt, Eigenschaften, die er allesamt auf seinen Sohn übertrug. Der junge Graf von Orsay fand, als er volljährig wurde, die Napoleonische Ära beendet und Frankreich unter der Regierung von Louis XVIII. Der König gab dem Grafen von Orsay einen Posten in der Armee, in einem Regiment, welches in Valence im südostlichen Teil Frankreichs stationiert war. Er hatte bereits England besucht und die englische Sprache erlernt und er knüpfte dort einige bedeutende Freundschaften, unter anderem mit Lord Byron und Thomas Moore.

Bei seiner Rückkehr nach Frankreich begann er sein Garnisonsleben in Valence, wobei er einige der besseren Qualitäten seines Charakters enthüllte. Er war nicht nur hübsch und kultiviert und besaß die Fähigkeit, die Zuneigung all derer zu gewinnen, die über ihm standen. Im Gegensatz zu Nash und Brummel, war er in jeder Hinsicht ein Gentleman und seine Großzügigkeit war von höchster Art. Bei den Regimentsbällen wählte er immer die einfachsten Mädchen und zeigte ihnen die schmeichelnsten Aufmerksamkeiten, obwohl ihm mehr als jedem anderen Offizier gehuldigt wurde. Kein »Mauerblümchen« wurde vernachlässigt, wenn von Orsay anwesend war.

Es ist seltsam, wie vollkommen menschliche Wesen in der Hand des Schicksals

4 Eine staatlich und kirchlich ordnungsgemäß zustandegekommene Ehe, bei der auf Grund mangelnder Ebenbürtigkeit der Braut nicht alle sonst üblichen Rechtsfolgen einer Ehe eintraten, u. a. wurden die Ehefrau und die Kinder nicht Mitglied der Familie des Bräutigams, hatten keinen Anspruch auf Namen, Titel und Wappen des Mannes, keine vermögensrechtlichen Ansprüche gegenüber der Familie des Mannes und keine Thronfolgeansprüche.

sind. Hier war ein junger französischer Offizier in einer Provinzstadt im Rhone-Tal stationiert. Wer hätte vermutet, dass er nicht nur ein Londoner werden würde, sondern ein Günstling am britischen Hof, ein Gott der Mode, ein Diktator der Etikette, allbekannt für seine Leistungen, der Mäzen von Schriftstellern und berühmten Künstlern? Aber all diese Dinge passierten lediglich aufgrund eines Zufalls.

Während seines ersten Besuchs in London, der bereits erwähnt wurde, wurde Graf von Orsay ein- oder zweimal zu Empfängen eingeladen, die vom Graf und der Gräfin von Blessington gegeben wurden, bei denen er gut aufgenommen wurde, obwohl dies nur ein Zwischenakt in seinem englischen Aufenthalt war. Bevor die Geschichte weitererzählt wird, ist es notwendig, eine Beschreibung des Grafen und der Gräfin von Blessington zu geben, da deren beider Karrieren, um das Mindeste zu sagen, ungewöhnlich waren.

Lord Blessington war ein irischer Peer, für den ein alter Adelstitel wiederbelebt worden war. Er war entfernt mit den Stuarts von Schottland verwandt und hatte demzufolge königliches Blut, mit dem er prahlen konnte. Er wurde gut erzogen und war in vielerlei Hinsicht ein Mann mit angenehmen Manieren. Er hatte früh ein sehr großes Grundstück geerbt, das ihm ein jährliches Einkommen von rund dreißigtausend Pfund garantierte. Er besaß Grundbesitz in Irland und nahezu eine ganze fashionable Straße in London, inklusive der darauf errichteten Gebäude.

Dieses Schicksal und die Abwesenheit von jemandem, der ihn kontrollieren konnte, hatten ihn eigensinnig und extravagant gemacht und in ihm eine herzhafte Neigung zur persönlichen Zurschaustellung geweckt. Schon als Kind forderte er lautstark in die prächtigsten Uniformen gekleidet zu werden; und als er über sein Grundstück verfügen konnte, entwickelte sich seine Liebe zur Selbstdarstellung nahezu in eine Monomanie. Er baute ein Theater neben seinen Landsitz in Irland und holte Schauspieler aus London und woanders her, um dort zu spielen. Er liebte es sich unter die Mimen zu mischen, verschiedene Kostüme anzuziehen und stolz umher zu paradieren, heute als orientalischer Prinz und morgen als römischer Kaiser.

In London verkehrte er häufig in den *green-rooms*[5] und war überall dort gesehen, wo sich Schauspieler und Schauspielerinnen versammelten. Seine Liebe zur Bühne war so groß, dass er in diesen Beruf hinein-

5 Bezeichnet die, meist mit grünen Wänden ausstaffierten, Räume im Theater, in denen die Schauspieler auf ihren Auftritt warteten

heiraten wollte und sein Herz an ein Mädchen namens Mary
Campbell Browne verschenkte, die sehr hübsch anzusehen war, die
aber weder für ihren Verstand noch für ihre Moral berühmt war. Als
Lord Blessington sie um ihre Hand bat, musste sie ihm sagen, dass sie
bereits einen noch lebenden Ehemann habe, dass sie aber durchaus
willig war, mit ihm zu leben und auf die Hochzeitszeremonie ver-
zichten könne. So lebte sie mehrere Jahre mit ihm und gebar ihm zwei
Kinder.

Es spricht für den Grafen, dass, als der lästige Ehemann starb, sofort
eine Hochzeit stattfand und Mrs. Browne eine Gräfin wurde. Dann,
nachdem andere Kinder geboren waren, starb die Dame und ließ den
Grafen im Alter von ungefähr vierzig Jahren als Witwer zurück. Der
einzige rechtmäßige Sohn aus dieser Ehe folgte seiner Mutter ins
Grab und so schien die Grafschaft von Blessington zum dritten Male
auszusterben. Der Tod seiner Frau bot dem Grafen jedoch die besondere Gelegenheit, seinen extravaganten Geschmack zum Ausdruck zu
bringen. Er gab mehr als vierzigtausend Pfund für die Beerdigung aus,
importierte einen riesigen schwarzen, mit Samt ausgeschlagenen
Leichenwagen aus Frankreich, der kurz zuvor bei der öffentlichen
Beerdigung von Napoleons Marschall Duroc genutzt worden war,
während das Haus von enormen Wachskerzen glühte und von Gold-
gewebe glänzte.

Lord Blessington stürzte sich bald wieder in das hektische Leben
Londons. Da er nun keinen Erben hatte, bestand keine Notwendigkeit sich in seinen Ausgaben einzuschränken und er lieh große Summen Geld, um zusätzliche Grundbesitztümer und Häuser zu kaufen
und um den herrlichen Genuss des verschwenderischen Lebens zu
genießen. Zu dieser Zeit hatte er seine Besitztümer in Irland, ein
Stadthaus in St. James Square, ein anderes in Seymour Place und noch
ein anderes, das später als Gore House in Kensington zu Ruhm gelangen sollte.

Einige Jahre zuvor hatte er in Irland eine Dame namens Mrs.
Maurice Farmer kennen gelernt und es geschah, dass sie nun nach
London kam. Die frühere Geschichte ihres noch jungen Lebens muss
an dieser Stelle berichtet werden, denn ihr Name wurde später
berühmt und die Geschichte illustriert auf wunderbare Weise die rau-
he, barbarische, gesetzlose Phase der Regentschaft, als England einen
langen Krieg mit Napoleon führte, als der Prinzregent alle Laster der
alten französischen Könige imitierte, als Preiskämpfe, um die Wette

trinken, Duelle und Glücksspiel ohne Einschränkung in allen Groß-
und Kleinstädten des Vereinigten Königreiches praktiziert wurden. Es
war, wie Sir Arthur Conan Doyle sagte, »ein Zeitalter von Narretei
und Heroismus«, denn während es einige der größten Unholde der
Geschichte produzierte, brachte es auch Männer wie Wellington und
Nelson, die beiden Pitts, Sheridan, Byron, Shelley und Sir Walter
Scott hervor.

Mrs. Maurice Farmer war die Tochter eines kleinen irischen
Grundbesitzers namens Robert Power – seines Zeichens die Inkarna-
tion aller Laster dieser Zeit. Es gab kaum eine Gesetzgebung in Irland,
nicht einmal die der öffentlichen Meinung, und Robert Power ging
ausgiebig jagen, spielte waghalsig und versammelte in seinem Haus
alle Arten von Schurken, mit denen er schreckliche Orgien feierte, die
von Sonnenuntergang bis zum -aufgang anhielten. Seine Frau und seine jungen Töchter betrachteten ihn mit Schrecken und das Leben,
das sie lebten, war aufgrund der bestialischen Trinkgelage, an denen
ihr Vater teilnahm, ein permanenter Albtraum. Er verschwendete sein
Geld und verpfändete seinen Grundbesitz, bis das Ende seiner wilden
Karriere in greifbare Nähe gerückt war.

Es geschah, dass in Clonmel ein Regiment der Infanterie stationiert
wurde, in dem ein Captain Maurice St. Leger Farmer diente. Er war
ein Mann mit Vermögen, aber sehr exzentrisch. Sein Temperament
war so vollkommen unkontrolliert und er war so seltsamen Launen
ausgesetzt, dass selbst seine Offiziersbrüder kaum mit ihm leben
konnten. Auf einem Ball in Clonmel traf er die junge Tochter von
Robert Power, damals noch ein Kind von vierzehn Jahren. Captain
Farmer verliebte sich in das Mädchen und ging nahezu unverzüglich
zu ihrem Vater, hielt um ihre Hand an und schlug vor, einen Geldbe-
trag für sie festzulegen, wenn sie ihn heiraten würde.

Der leidenschaftlich jagende kleine Gutsbesitzer sprang bei dem
Angebot auf. Sein eigener Besitz war im Begriff zu schwinden. Hier
bot sich eine Gelegenheit, für eine seiner Töchter zu sorgen oder vielmehr, sie loszuwerden, und er willigte sofort in die Heirat ein. Als er
nach Hause ging informierte er das Mädchen kurz, dass sie die Frau
von Captain Farmer werden würde. Er tyrannisierte seine Frau so
sehr, dass sie gezwungen war, ihm beizupflichten.

Was sollte die arme kleine Margaret Power tun? Sie war noch ein
Kind. Sie wusste nichts von der Welt. Sie war daran gewöhnt, ihrem
Vater zu gehorchen, wie einem bösen Geist, der sie in Besitz ge-

nommen hatte. Es gab Tränen und Wehklagen. Sie war halb zu Tode geängstigt, doch es gab keine Rettung für sie. Und so fand die Hochzeit statt, sie war noch keine fünfzehn Jahre alt und die unglückliche Sklavin eines halbverrückten Tyrannen. Sie war damals in keinerlei Weise hübsch. Sie war vollkommen unentwickelt – dünn und blass, und mit sprödem Haar, das über ihre ängstlichen Augen fiel. Doch Farmer wollte sie und er setzte sein Geld auf sie, ebenso wie er es ausgegeben hätte um jede andere plötzliche Laune zu befriedigen.

Das Leben, das sie einige Monate lang mit ihm lebte, zeigte, dass er eher ein Teufel als ein Mann war. Es machte ihm besondere Freude, sie zu erschrecken und sie allen möglichen Gräueln auszusetzen. Auch unterließ er es nicht, sie mit Fäusten zu schlagen. Das Mädchen konnte viel aushalten, aber das war zu viel. Sie kehrte in das Haus ihres Vaters zurück, wo sie von den bittersten Vorwürfen empfangen wurde, wo sie aber zumindest Schutz fand, da ihr Besitz einer Mitgift sie zu einer nicht ganz unwichtigen Person machte.

Nicht lange danach geriet Captain Farmer in einen Streit mit seinem Oberst, Lord Caledon, in dessen Verlauf er sein Schwert vor seinem befehlsführenden Offizier zog. Das Kriegsgericht, das zusammengerufen wurde, um ihn zu verurteilen, hätte ihn wahrscheinlich erschießen lassen, bestünde nicht die allgemeine Auffassung, er sei verrückt. So wurde er nur zur Kasse gebeten und dazu verpflichtet, den Dienst zu quittieren und sich an einem anderen Ort niederzulassen. Somit war das Mädchen, das er geheiratet hatte, frei – frei, ihr elendes Heim und sogar Irland zu verlassen.

Sie verließ Irland und ließ sich in London nieder, wo sie einige Bekannte hatte, darunter den Grafen von Blessington. Wie bereits gesagt wurde, hatte er sie in Irland getroffen, als sie mit ihrem Ehemann dort lebte, und nun sah sie ihn von Zeit zu Zeit auf freundschaftlicher Ebene. Nach dem Tod seiner Frau verliebte er sich in Margaret Farmer. Sie war die meiste Zeit allein und seine Aufmerksamkeit bot ihr Unterhaltung. Ihre vergangene Erfahrung hatte dazu geführt, dass sie nicht wirklich an die Liebe glaubte. Sie hatte jedoch begonnen, sich ein wenig für Literatur und Kunst zu interessieren, mit dem eifrigen Bestreben sich als Schriftstellerin einen Namen zu machen. Es geschah, dass Captain Farmer, dessen Namen sie trug, einige Monate bevor Lord Blessington sich dazu entschied zu heiraten, gestorben war. Der Graf hielt um Margaret Farmers Hand an und die beiden wurden vermählt.

Die Gräfin von Blessington – um der Dame ihren neuen Titel zu geben – war nun achtundzwanzig Jahre alt und hatte sich zu einer sehr schönen Frau entwickelt. Sie fiel durch den besonders lebhaften und strahlenden Ausdruck auf, der immer auf ihrem Gesicht war. Sie hatte eine Art lebhafte Anmut, begleitet von Würde, Einfachheit und einer Figur mit ausgezeichneten Proportionen. Das hässliche Entlein war ein Schwan geworden, denn nun war kein Zeichen ihrer früheren Schlichtheit mehr zu sehen.

Die Liebe war in ihrem Leben noch nicht zu ihr gekommen. Ihr erster Ehemann wurde ihr aufgebunden und hatte sie schmählich behandelt. Ihr zweiter Ehemann war viel älter als sie und obwohl sie demjenigen, der gut zu ihr war, ein gewisses freundliches Gefühl entgegenbrachte, hatte sie ihn doch in erster Linie wegen seines Titels und seines Ranges geheiratet.

Da sie in Armut erzogen wurde, hatte sie keine Vorstellung von dem Wert des Geldes und obwohl der Graf außerordentlich extravagant war, war es die neue Gräfin noch mehr. Eines nach dem anderen wurden ihre Londoner Häuser geöffnet und mit der größtmöglichen Freigebigkeit dekoriert. Sie gaben unzählige Gesellschaften, nicht nur für den Adel und Männer von Rang, sondern – denn dies war Lady Blessingtons besonderer Tick – für Künstler, Schauspieler und Schriftsteller aller Couleur. Der Amerikaner N. P. Willis hat in seinem *Pencilings by the Way* eine interessante Schilderung der Gräfin und ihrer Umgebung gegeben, wohingegen der junge Disraeli (Lord Beaconsfield) Orsay als Graf Mirabel in *Henrietta Temple* gemalt hat. Willis sagt:

»In einer großen Bibliothek, abwechselnd mit prächtig gebundenen Büchern und Spiegeln gestaltet, und mit einem tiefen Fenster von der Breite des Raumes, das sich nach Hyde Park öffnete, fand ich Lady Blessington allein. Das Bild, das sich mir auftat, als ich die Tür öffnete, war äußerst reizend – eine Frau von bemerkenswerter Schönheit, zur Hälfte in einen Sessel aus gelbem Satin vergraben, unter einer wunderbaren Lampe lesend, die von der Mitte der gewölbten Decke hängt. Sofas, Couches, Ottomanen und Büsten, in einer eher überbordenden Pracht im Raum angeordnet, emaillierte Tische, in jeder Ecke mit teuren und eleganten Biskuits bedeckt und eine zarte weiße Hand als Stütze auf dem Rücken des Buches, auf die das Auge durch den Glanz diamantener Ringe gelenkt wurde.«

All diese »überfüllte Pracht« lag in dem Geschmack Lady Blessingtons begründet. Darin empfing sie königliche Herzöge, Staatsmänner wie Palmerston, Canning, Castlereagh, Russell und Brougham, Schauspieler wie Kemble und Matthews, Künstler wie Lawrence und Wilkie und Schriftsteller wie Moore, Bulwer-Lytton und die beiden Disraelis. Um diesen Lebensstil aufrecht zu erhalten, trieb Lord Blessington große Summen an Geld auf, ungefähr eine halbe Million Pfund Sterling, indem er seine verschiedenen Besitztümer verpfändete und seinen Geldleihern Schuldscheine ausstellte. Natürlich gab er diese riesige Summe nicht sofort aus. Mit seinem Einkommen hätte er vermutlich in verhältnismäßigem Luxus leben können, aber er war ein ruheloser, eifriger, unbedachter Adliger und seine Extravaganzen wurden von den Ansprüchen seiner Frau angespornt.

In dieser ganzen Zurschaustellung, die Lady Blessington sowohl anregte wie auch teilte, spiegelt sich eine psychologische Verfasstheit. Sie ging nun auf die dreißig zu – eine Zeit, die im emotionalen Leben einer Frau eine sehr kritische ist, wenn sie sich nicht schon der Liebe überlassen hat und im Gegenzug geliebt wird. Lady Blessington hatte in frühen Jahren auf vielfältige Weise gelitten und so ist es wahrscheinlich, dass kein Gedanke an Liebe Eintritt in ihre Seele fand. Sie war nur allzu froh, der Härte ihres Vaters und der Grausamkeit ihres ersten Ehemannes entkommen zu sein. Dann kam ihre Entwicklung zu einer schönen Frau, die zufrieden war, auf angenehme Weise zu verharren und die Ruhe und den Frieden zu genießen, die sich ihr nun boten.

Als sie Lord Blessington heiratete, hatte ihr Liebesleben noch nicht begonnen und tatsächlich konnte es in einer solchen Ehe kein Liebesleben geben – eine Hochzeit mit einem Mann, der viel älter war als sie, verwirrt, prahlerisch und ohne geistige Vorzüge. So suchte sie eine Zeitlang Befriedigung in sozialen Triumphen, darin, politische und literarische Löwen zu erbeuten um sie in ihrem Salon auszustellen, und das Geld rechts und links verschwenderisch zu verteilen. Aber letztlich können diese Dinge die inneren Bedürfnisse einer Frau ihres Temperaments nicht befriedigen. Schön, voller keltischer Lebhaftigkeit, fantasievoll und eifrig, würde eine Natur wie die ihre letzten Endes verhungern, wenn ihr Herz nicht tief berührt wird und wenn sich all die angestauten Emotionen nicht vollkommen in der großen Hingabe entfalten können.

Nach einigen Jahren in London wurde sie unruhig und unzufrieden. Ihre Umgebung ermüdete sie. In ihr war ein Verlangen nach mehr, als sie bislang erlebt hatte. Der Graf, ihr Ehemann, war von Natur aus nicht weniger ruhelos und so, ohne den Grund zu kennen – dessen sie sich in der Tat nicht bewusst war – stimmte er bereitwillig einer Reise auf den Kontinent zu.

Als sie südwärts reisten, kamen sie in der Stadt Valence an, wo der Graf von Orsay noch mit seinem Regiment niedergelassen war. Ein vages, undefinierbares Gefühl der Anziehung überfiel diese Frau, die nun eine Dame von Welt war und doch recht unerfahren in Dingen, die das Herz betreffen. Allein die Stimme des französischen Offiziers, der bloße Anblick seines Gesichts, das reine Bewusstsein seiner Anwesenheit, erregten sie, wie sie bis dahin noch nichts erregt hatte. Und doch scheinen weder er noch sie sich des Geheimnisses ihrer Zuneigung sofort bewusst gewesen zu sein. Es war ausreichend, dass die Gegenwart des jeweils anderen sie beruhigte und entspannte.

Seltsamerweise erlag der Graf von Blessington Orsay ebenso wie seine Frau. Die beiden drängten den Grafen, eine Beurlaubung zu erwirken und sie nach Italien zu begleiten. Dies war schnell getan und die drei verbrachten Wochen und Monate eines müßigen und reizenden Lebens an den Seen und unter dem verführerischen Einfluss des romantischen Italiens. Was in dieser Zeit wirklich zwischen dem Grafen von Orsay und Margaret Blessington geschah, kann niemand wissen, denn das Geheimnis starb mit ihnen. Aber es ist sicher, dass sie schnell herausfanden, dass der eine dem Anderen unentbehrlich war.

Die Situation wurde durch den Grafen von Blessington kompliziert, der völlig arglos vorschlug, dass der Graf Lady Harriet Gardiner heiraten solle, seine älteste rechtmäßige Tochter aus erster Ehe. Er zwang dem verlegenen Grafen von Orsay die Partie auf und bot eine Mitgift von vierzigtausend Pfund. Das Mädchen war weniger als fünfzehn Jahre alt. Sie war weder mit Schönheit noch mit Intelligenz gesegnet und darüber hinaus war Orsay nun ernsthaft in ihre Stiefmutter verliebt.

Auf der anderen Seite wurde seine Situation bei den Blessingtons von Tag zu Tag schwieriger. Die Leute begannen über die fast offene Beziehung zwischen dem Grafen von Orsay und Lady Blessington zu sprechen. Lord Byron spricht in einem Brief, den er an die Gräfin schrieb, offen und spielerisch von »IHREM Orsay.« Die Sitten und Moral der Zeit waren entschieden locker. Doch früher oder später musste der Graf irgendeinen Hinweis darauf bekommen, was sich alle erzählten. Deswegen, sehr entgegen seiner eigentlichen Begierde, aber um seine Beziehung zu Lady Blessington zu schützen, stimmte Orsay der Hochzeit mit Lady Harriet zu.

Dies ließ die Intimität zwischen Orsay und den Blessingtons nicht ungewöhnlich erscheinen, doch im Grunde war die Heirat keine

Heirat. Das unattraktive Mädchen, das nur eine Braut geworden war, um die Indiskretionen ihrer Stiefmutter zu verstecken, blieb ganz sich selbst überlassen, während die ganze Familie bei ihrer Rückkehr nach London ein gemeinsames Heim in Seymour Place bezog.

Hätte Graf von Orsay in die Zukunft blicken können, hätte er niemals etwas getan, was seiner immer so vollkommen unwürdig erscheinen wird. Innerhalb von zwei Jahren wurde Lord Blessington krank und starb. Hätte Orsay nicht geheiratet, stünde es ihm nun frei, Lady Blessington zu heiraten. So wie es nun stand, war er fest an ihre Stieftochter gebunden und da es zu dieser Zeit in England kein Scheidungsgericht gab, und da er keinen Grund hatte, eine Scheidung zu beantragen, war er verpflichtet viele Jahre in einer zutiefst zweideutigen Situation zu leben. Dennoch trennte er sich von seiner kindlichen Braut und nachdem er das getan hatte, nahm er offen seine Residenz im Gore House mit Lady Blessington ein. Zu diesem Zeitpunkt hatte die Beziehung der beiden allgemeine Billigung gefunden und in diesem entspannten Zeitalter nahmen es die Menschen als eine Selbstverständlichkeit hin.

Die beiden waren nun in der Lage so zu leben wie sie es wollten. Lady Blessington wurde auf verschwenderische Weise glücklich und Graf von Orsay wurde in London als Orakel der Mode akzeptiert. Jeder wollte Gore House besuchen und dort empfingen sie alle angesehenen Männer der Zeit. Der Leichtsinn Lady Blessingtons schmälerte sich jedoch in keinster Weise. Sie lebte auf ihren Gütern, gab unbekümmert Kapital wie Zinsen aus und versammelte unter ihrem Dach ein seltenes Museum künstlerischer Arbeiten, von Juwelen und Kuriositäten bis zu wundervollen Bildern und schönen Statuen.

Orsay hatte genug Selbstachtung um nicht von dem Geld zu leben, das Lady Blessington von ihrem Mann geerbt hatte. Er war ein begabter Maler und übte seine Kunst professionell aus. Sein Porträt des Herzogs von Wellington wurde von diesem berühmten Soldaten vor allen anderen, die man von ihm gemacht hatte, präferiert. Der eiserne Herzog war in der Tat ein häufiger Besucher des Gore House und er hatte eine sehr hohe Meinung von Orsay. Lady Blessington selbst beschäftigte sich damit Romane der »höheren Gesellschaft« zu schreiben, von denen einige in ihrer Zeit sehr beliebt waren. Doch von allem, was sie schrieb, bleibt nur ein Buch von dauerhaftem Wert – ihre Unterhaltungen mit Lord Byron, ein sehr wertvoller Beitrag zu unserem Wissen über den brillanten Dichter.

Doch ein Untergang sollte das Paar ereilen. Geld floss wie Wasser durch Lady Blessingtons Hände und ihr konnte nie verständlich gemacht werden, dass ihr Besitz vielleicht nicht für immer bleiben werde. Schließlich war alles weg, doch ihre Extravaganz hielt an. Die Schulden türmten sich bergeweise. Sie unterschrieb Schriftstücke, ohne sie überhaupt zu lesen. Sie übernahm Verpflichtungen jeder Art, ohne einen Moment zu zögern.

Für lange Zeit wahrten ihre Gläubiger Distanz, da sie nicht glaubten, dass ihre Ressourcen tatsächlich erloschen waren. Aber letztendlich kam ein Zusammenbruch, der so plötzlich wie vernichtend war. Als ob sie vom gleichen Impuls gesteuert wären, erwirkten ihre Schuldner eine Zwangsvollstreckung und fielen wie ein Schwarm über Gore House her. Das war im Frühjahr 1849, als Lady Blessington sechzig Jahre alt war und Orsay einundfünfzig.

Es ist ein seltsamer Zufall, dass ihr erster Roman die Zerstörung eines großen Haushaltes wie den ihrigen beschrieb. Über die Szene im Gore House schrieb Mr. Madden, der literarische Biograph von Lady Blessington:

»Zahlreiche Gläubiger, Wechselmakler, Geldleiher, Juweliere, Verkäufer von Spitze, Steuereintreiber, Vertreter von Gasgesellschaften, alle Personen, die Ansprüche zu mahnen hatten, fielen zu dieser Zeit gleichzeitig auf sie ein. Eine Schuldpfändung über viertausend Pfund wurde schließlich von einem Unternehmen veranlasst, das größtenteils mit Seide, Spitze, indischem Tuch und origineller Juwelierarbeit handelte.«[6]

Diese Summe von viertausend Pfund war nur ein nominaler Anspruch, aber es öffnete allen Gläubigern von Lady Blessington die Tore. Mr. Madden schreibt weiter:

»Am 10. Mai 1849 besuchte ich Gore House zum letzten Mal. Die Auktion hatte begonnen. Es gab eine beträchtliche Menge fashionabler Menschen. Jeder Raum war gedrängt voll; der bekannte Bibliothekssalon, in dem die Unterhaltungen stattgefunden hatten, war überfüllt, aber nicht von Gästen. Der Armsessel, in dem die Dame des Hauses es gewohnt war zu sitzen, war von einem stämmigen, ungehobelten Gentleman jüdischen Glaubens besetzt, tief damit beschäftigt, eine marmorne Hand an einem Buch zu betrachte, die Finger waren nach einem Abdruck der abwesenden Dame des Hauses modelliert. Menschen stöberten in den Möbeln, als sie die Räume durchschritten, nahmen die wertvollen Kunstobjekte und Orna-

6   Madden, Richard Robert: *The literary life and correspondence of the Countess of Blessington*. London, 1855

mente verschiedener Stile, die auf dem Tisch lagen; und manche machten Scherze und derbe Witze über die Szene, deren Zeugen sie waren.«

Bei diesem erzwungenen Verkauf wechselten die Dinge für weniger als die Hälfte ihres Wertes den Besitzer. Bilder von Lawrence und Landseer, eine Bibliothek, die aus tausenden von Bänden bestand, Vasen von erlesener Gestaltung, Kronleuchter aus teilweise vergoldeter Bronze und wertvolles Porzellan – alles wurde unerbittlich zu lächerlichen Preisen verscherbelt. Lady Blessington blieb nichts übrig. Sie wusste, dass die Stunde geschlagen hatte und war schnell auf dem Weg nach Paris, wohin Graf von Orsay schon gegangen war, nachdem ihm von einem Bootsmacher, dem er fünfhundert Pfund schuldete, mit Gefängnis gedroht worden war.

Orsay ging ganz natürlich nach Paris, denn wie sein Vater war er immer ein leidenschaftlicher Bonapartist gewesen und jetzt war Prinz Louis Bonaparte zum Präsidenten der Zweiten Französischen Republik gewählt worden. Während des langen Aufenthalts des Prinzen in Paris war er der Gast des Grafen von Orsay, der ihm sowohl mit Geld wie mit Einfluss geholfen hatte. Orsay erwartete nun eine Gegenleistung für seine frühere Großzügigkeit. Sie kam, aber sie kam zu spät. 1852, kurz nachdem Prinz Louis den Titel des Kaisers übernommen hatte, wurde der Graf zum Direktor der Schönen Künste ernannt. Doch als ihm die Nachricht überbracht wurde, lag er schon im Sterben. Lady Blessington starb kurz nach ihrer Ankunft in Paris, vor Ende des Jahres 1849.

QUELLEN

R. S. B.:»Diary of a modern Dandy.« In: *Notes and Queries*. 30. März 1907, 170: 243.

Edward Bulwer Lytton: *Pelham or Adventures of a Gentleman*. New York, o. J.: 165–168.

Hermann Fürst von Pückler-Muskau: *Briefe eines Verstorbenen*. Berlin, 1986.

»L'homme du monde.« In: *Lycée Armoricain*. 1829, 13: 250–251.

Roger de Beauvoir:»De la vie de Londres.« In: *Revue de Paris*. 1835, 24: 4–26.

Alfred de Musset: *Le Boulevard de Gand*. http://www.univie.ac.at/Romanistik/Noea/Musset-Edition/main_gand.html (25. Oktober 2006).

Le Commandeur d'Espalières:»Les lions d'autrefois.« In: *La Mode*. 4. Juli 1840: 1–4.

Roger de Beauvoir:»Les lions d'aujourd'hui.« In: *La Mode*. 11. Juli 1840: 31–34.

»The Dandy of the present Day and the Beau of former Times« In: *Bentley's Miscellany*. 1840, 8: 40–44.

»Le monde parisien.« In: *Revue de Paris*. 1840, 16: 309.

Frédéric Soulié: *Le lion amoureux*. Paris, 1841.

»The World of London. Part IV. The Idler of Bond Street.« In: *The Blackwood Edinburgh Magazine*. August 1841: 201–202.

»The World of London, Second Series. Part One.« In: *The Blackwood Edinburgh Magazine*. Januar 1843: 67–83.

»The World of London. Second Series. Part Two.« In: *The Blackwood Edinburgh Magazin*. Februar 1843: 225–234.

»Beau Brummell.« In: *The Blackwood Edinburgh Magazine*. Juni 1844: 769

»Sigismund Fatello.« In: *The Blackwood Edinburgh Magazine*. Dezember 1848: 714–715.

»Tom Eglantine.« In: *Harper's New Monthly Magazine*. Dezember 1853: 128–130.

Oliver Wendell Holmes: *The Autocrat of the Breakfast Table*. 1858. Project Gutenberg. E-Book #751.

G. Colmache:»Gentilhomme and Gentleman.« In: *Lippincott's Maga-*

zine of Popular Literature and Science. Januar 1876: 81–89.

Grace and Philip Wharton: *The Wits and Beaux of Society. Zwei Bände.* Project Gutenberg. E-Book #182020.

Jules Lemaître: »Les Snobs.« In: Ders. *Les contemporains: études et portraits.* 1899: 95–102.

Lyndon Orr: *The Famous Affinities of History. The Romance of Devotion.* Project Gutenberg Etext #4693.

ABBILDUNGSNACHWEIS

Sämtliche Abbildungen stammen von dem englischen Maler
Christopher Clark (1875–1942)

Günter Erbe

**Dandys – Virtuosen
der Lebenskunst**

Eine Geschichte
des mondänen Lebens

2002. 340 Seiten. 20 s/w-Abb.

Gb. mit Schutzumschlag.

ISBN 978-3-412-05602-5

In unserer glitzernden Medienwelt, in der Schein mehr gilt
als Sein, kommen die Attitüden des Dandys, die früher nur in
exklusiven Kreisen Resonanz fanden, wieder in Mode. Der
Dandy, der modebewusste Beau, in der Regel ein Aristokrat
und Müßiggänger, beherrschte zu Anfang des 19. Jahrhunderts
die elegante Männerwelt und erlebte im Fin de siècle eine
Renaissance. Welche Faszination ging von ihm aus?
Von der Regency-Epoche über die Ära des Bürgerkönigs
Louis Philippe, die Belle Époque, bis zu seinen letzten Aus-
läufern im 20. Jahrhundert wird dieser Gesellschaftstypus in
europäischem Maßstab dargestellt. Im Dandy, begriffen als
komplexe soziale Erscheinung, durchdringen Mode-, Gesell-
schafts- und Literaturgeschichte einander auf spannende Weise.
Zugleich bietet das Buch auch eine Geschichte der mondänen
Gesellschaft der europäischen Metropolen, in der prominente Dandys wie George Brummell, Lord Byron, Benjamin
Disraëli, Baudelaire oder Oscar Wilde zu Wort kommen.
Memoiren, Briefe, Tagebücher von Zeitzeugen, Biografien,
Reiseliteratur, Anstandsbücher und Traktate, sittengeschicht-
liche Darstellungen, Artikel der Modepublizistik und Karikaturen sowie Werke der schönen Literatur sind die Quellen, auf
die sich Günter Erbe in seiner Untersuchung stützt.

KÖLN WEIMAR

Böhlau

URSULAPLATZ 1, D-50668 KÖLN, TELEFON (0221) 91390-0, FAX 91390-11

+05602070706